16	3	2	13
5	10	11	8
9	6	7	12
4	15	14	1

Georg Simmel

CULTURA FILOSÓFICA

Tradução
Lenin Bicudo Bárbara

Apresentação
Leopoldo Waizbort

editora■34

EDITORA 34

Editora 34 Ltda.
Rua Hungria, 592 Jardim Europa CEP 01455-000
São Paulo - SP Brasil Tel/Fax (11) 3811-6777 www.editora34.com.br

Copyright © Editora 34 Ltda., 2020
Tradução © Lenin Bicudo Bárbara, 2020

A FOTOCÓPIA DE QUALQUER FOLHA DESTE LIVRO É ILEGAL E CONFIGURA UMA
APROPRIAÇÃO INDEVIDA DOS DIREITOS INTELECTUAIS E PATRIMONIAIS DO AUTOR.

Philosophische Kultur, publicado em 1911, foi revisto e ampliado
por Georg Simmel em 1918. É esta segunda edição, tal como fixada
no volume 14 das *Gesammelte Werke*, organizadas por
Otthein Rammsted, que serviu de base à presente tradução.

Título original:
Philosophische Kultur

Capa, projeto gráfico e editoração eletrônica:
Bracher & Malta Produção Gráfica

Revisão:
Camila Boldrini, Alberto Martins

1ª Edição - 2020

CIP - Brasil. Catalogação-na-Fonte
(Sindicato Nacional dos Editores de Livros, RJ, Brasil)

S551c
Simmel, Georg, 1858-1918
    Cultura filosófica / Georg Simmel;
tradução de Lenin Bicudo Bárbara; apresentação
de Leopoldo Waizbort. — São Paulo:
Editora 34, 2020 (1ª Edição).
336 p.

ISBN 978-65-5525-038-1

Tradução de: Philosophische Kultur

1. Filosofia da cultura. 2. Filosofia alemã.
3. Sociologia alemã. I. Bárbara, Lenin Bicudo.
II. Waizbort, Leopoldo. III. Título.

CDD - 190

CULTURA FILOSÓFICA

Apresentação, *Leopoldo Waizbort* 7

I. Introdução 17

II. Para a psicologia filosófica
A aventura 25
A moda 43

III. Para a filosofia dos sexos
O relativo e o absoluto no problema dos sexos 79
A coqueteria 117

IV. Para a estética
A asa do jarro 141
A ruína 150
Os Alpes 159

V. Sobre personalidades estéticas
Michelangelo 169
Rodin 196

VI. Para a filosofia da religião
A personalidade de Deus 217
O problema da situação religiosa 236

VII. Para a filosofia da cultura
O conceito e a tragédia da cultura 257
Cultura feminina 289

Sobre o autor 334

Apresentação

Leopoldo Waizbort

Quando *Cultura filosófica* veio à luz, em 1911, Georg Simmel (1858-1918) já havia publicado uma dezena de livros e uma centena de artigos e ensaios. Era amplamente conhecido no espaço de cultura de língua alemã e um professor com enorme sucesso de público em Berlim, onde vivia e lecionava, e também em Viena, onde frequentemente se apresentava como conferencista. Simultaneamente à publicação de *Cultura filosófica*, e em grande parte devido ao interesse e à intermediação de Henri Bergson, Simmel publicou em Paris uma coletânea de textos, *Mélanges de philosophie relativiste: contribution à la culture philosophique*, cujo subtítulo repete em parte o título do livro alemão e, embora o conteúdo dos dois livros não coincida, resultam ambos de uma mesma "atitude".[1] À época, os livros, artigos, ensaios e aulas de Simmel eram comentados, noticiados e discutidos, mas até então ele não havia reunido em volume textos publicados de modo avulso em variados jornais e revistas — e muitos deles publicados também em francês, italiano, russo e inglês. Assim, *Cultura filosófica* foi o primeiro e acabou sendo considerado pela crítica o único volume

---

[1] *Mélanges de philosophie relativiste* foi publicado em Paris por Félix Alcan em abril de 1912, poucos meses após o lançamento, em Leipzig, de *Philosophische Kultur*, em novembro de 1911. Ambos os livros foram concebidos ao mesmo tempo, embora para públicos distintos, pois o volume parisiense, menos coeso, foi pensado como uma apresentação ao público francês. No texto, decisivo, da "Introdução", *Mélanges* segue de perto o livro alemão, razão pela qual a fortuna crítica de Georg Simmel acabou por se referir a *Cultura filosófica* como o único livro de ensaios propriamente organizado pelo autor.

de ensaios de Simmel organizado pelo próprio autor. Somente após a sua morte, em 1918, surgiram outras coletâneas de ensaios seus, organizadas por terceiros, processo que culminou na publicação reunida de todos eles, na edição de suas obras completas em 24 volumes (1989-2015).

Cultura filosófica, portanto, ocupa uma posição singular na obra de Simmel, não somente por ser uma seleção de ensaios organizada pelo próprio autor para o público de língua alemã, mas sobretudo porque, além de assentar em rigorosa composição, ela de certo modo apresenta um modelo mesmo de seu pensamento. Movendo-se por entre a sociologia, a filosofia e a estética, perscrutando um espaço que designou como "cultura filosófica", Simmel percorreu um caminho próprio, sem se fixar em lugar algum, sempre em busca de algo novo, sempre penetrando em novos recantos, invariavelmente atento ao mundo em que vivia e que, incansável, inquiria. E o livro é um bom exemplo disso. Mas não só; oferece também uma chave para abrir o mundo de Simmel, pois que, como ele explica aos leitores logo na "Introdução", o que está em jogo é uma determinada "atitude". Essa atitude, que os leitores vão experienciar ao lerem o livro, é comum ao pensamento de Simmel e se espraia pelo conjunto de seus escritos. E não somente neles: a julgar pelos inúmeros e preciosos relatos deixados por vários dos que o assistiram em sala de aula ou conferência, é essa mesma atitude que se apresentava viva e pulsante em suas aulas; ou em suas conversas em pequenos grupos, entre amigos e conhecidos.

Embora ao longo dos anos seja possível discernir certas mudanças de acento no pensamento e nos interesses de Simmel, mesmo assim há um fio que alinhava seu trabalho e que está formulado na "Introdução" deste livro — talvez o texto mais conciso e explícito para entendermos o que ele pretendia, o sentido de seu esforço intelectual.

Logo no início de *Em busca do tempo perdido*, de Proust, lemos: "A imobilidade das coisas que nos cercam talvez lhes seja imposta por nossa certeza de que essas coisas são elas mesmas e não outras, pela imobilidade de nosso pensamento perante elas". Essa certeza, Simmel jamais a possuiu, antes o contrário: era perpassado por uma *skepsis*, um desconfiar, que nunca deixava de inquirir as coisas; jamais as considerava uma substância cristalizada, mas um devir constante. Um pensamento móvel e insaciável levava-o a vê-las sempre sob novos olhares, abrindo perspectivas inesperadas, revelando-as a cada vez sob uma outra luz, mostrando a seus ouvintes e leitores que aquilo não é somente o que parece ser — algo que a leitura deste volume há de deixar bem evidente.

Um de seus ouvintes, o educador norte-americano Abraham Flexner, observou:

> "Justamente no momento em que, numa de suas aulas, a gente sentia que ele chegara a uma conclusão, ele tinha um modo de erguer o braço direito e, com três dedos da mão, girar um objeto imaginário como que para exibir ainda uma outra faceta."

E Richard Lewinsohn, um de seus alunos que acabou se refugiando no Brasil durante a Segunda Guerra, complementou:

> "As coisas são, com um prazer incansável no pensar, viradas e reviradas, postas em novas relações e novamente em outras relações, como num caleidoscópio, até que mesmo naquilo que é insignificante a fonte última se esgote nas elucidações mais profundas. É por isso que não há sentido em esboçar um índice dos conteúdos dos livros de Simmel, pois seria preciso deixar de lado as centenas de reflexos de uma e mesma ideia."

Há muitos outros registros e lembranças como esses, pois a impressão que Simmel deixou em seus ouvintes foi marcante e duradoura. Nós outros, que não podemos mais ouvi-lo, podemos perceber, ao ler este livro, que esse modo de abordar os problemas se apresenta também em seus escritos e não é característico apenas de suas aulas e conferências.

Tal recorrência reclama a atenção para uma conjugação de pensamento, presença corporal e forma escrita, e vários outros relatos destacam a sua presença física, a gestualidade e a posse constante, nas preleções, do lápis na mão. Pensar com o lápis na mão

Apresentação

concretiza essa conjugação de escrita, pensamento e corporeidade, tão característica de Simmel, e com tal intensidade, que se lermos um bom conjunto de relatos dos que o assistiram e depois lermos seus ensaios, seguramente veremos surgir em nossa mente a figura do pensador berlinense, movendo-se na cátedra, lecionando e desdobrando a misteriosa afinidade dos movimentos do pensamento e do corpo.

Não por acaso, portanto, a forma do ensaio adquire em seu pensamento condensado em letra a posição mestra, relatada à etimologia do ensaiar: a tentativa, o risco, a aventura; como um caminho que se percorre, com desvios e meandros, quando importa menos o ponto de chegada do que a senda que se desbrava e vislumbra. O ensaísmo, inclusive, é teorizado, embora sem ser nomeado, na "Introdução" a seguir, onde Simmel, dentre outras coisas, destaca a mencionada "atitude": "determinada atitude espiritual diante do mundo e da vida", que é, se há alguma, a diretriz mestra de seu movimento.

Essa relação de sujeito e objeto, atitude diante do mundo e da vida, já é apresentada por Simmel desde os anos 1890 e encontra no "Prefácio" de *Filosofia do dinheiro*, publicado em 1900, uma de suas formulações mais exemplares, similar à que encontramos neste livro e em outros textos seus. Ali, Simmel nos diz que a tarefa a que se propõe, em sintonia com a forma do ensaio, é partir de um problema ou questão singular e, por meio de um alargamento contínuo, abarcar a totalidade da existência. Esse modo de proceder com os objetos e face ao mundo, Simmel apreendeu-o de Goethe, no que denominou um "panteísmo estético": seria possível "encontrar em cada singularidade da vida a totalidade de seu sentido", por meio de um "alargamento" do singular rumo ao universal. É por isso, como se verá ainda na "Introdução", que Simmel pode debruçar-se sobre a "totalidade da existência", embora esteja sempre discorrendo a partir de uma questão particular (seu modelo é a obra de arte). É esse ensaiar por entre o singular e o universal que oferece a caracterização mais feliz do pensamento simmeliano, ensaiar que é na mesma medida movimento incessante e aventura. Simmel é "o aventureiro do espírito" e não teme "adentrar na névoa".

A *skepsis* simmeliana é o questionamento constante de qualquer fundamento último, que para o nosso autor torna-se invariavelmente penúltimo e o leva a continuar procurando, inquirindo, perscrutando, escavando. Esse movimento o conduz ao concreto, ao cotidiano, às experiências da vida. É daí que vem sua fenomenologia da vida moderna e, em especial, da cidade grande e moderna. E é também daí que procede o ensaio, simultaneamente forma expressiva e forma de conhecimento, que se lança ao concreto, comparando, relacionando, em busca de sentidos até então desapercebidos e imprevistos. A analogia, utilizada como meio decisivo de conhecimento por Simmel, revela-se em sua plenitude justamente aí, onde pode relacionar aquilo que permanecia discreto e evidenciar um tecido complexo e infindo de relações.

Seu aluno Robert Musil o parafraseou inúmeras vezes em *Der Mann ohne Eigenschaften* [O homem sem atributos]:

> "Mais ou menos como um ensaio, na sequência de suas partes, toma um objeto por vários lados, sem apreendê-lo por inteiro — pois uma coisa apreendida inteiramente perde de uma só vez a sua abrangência e funde-se em um conceito [...]. Desse modo, originava-se um sistema infindo de relações, em que não havia mais quaisquer significados independentes [...]; o que parecia ser sólido tornava-se então pretexto permeável a muitos outros significados [...]."

Como os relatos de seus ouvintes sugerem, o impacto de Simmel foi intenso e as ondas de seu pensamento arrebentam hoje em domínios variados, que vão da sociologia e da antropologia social, passando pela filosofia, pelos estudos culturais e de gênero, pela economia, pela estética, pela arquitetura e o urbanismo, pela comunicação e pela psicologia, até os mais diversos campos das artes. As primeiras gerações de leitores e ouvintes reconheceram de imediato a força e o ineditismo de seu ensaiar e pensar; Walter Benjamin identificou-os:

"Sua dialética característica [...], hostil ao sistema, se volta para o conhecimento da essência de fenômenos e tendências espirituais singulares. [...] A filosofia de Georg Simmel já indica uma transição de uma filosofia rigorosamente de cátedra para uma filosofia determinada de modo ensaístico ou poético."

E, a seguir, Theodor Adorno:

"Mas Georg Simmel [...] foi então o primeiro [...] a realizar aquela virada da filosofia rumo aos objetos concretos, que permanece um cânone para aqueles que não se contentam com o matraquear da crítica do conhecimento ou da história do espírito."

Tal virada rumo aos objetos concretos, Simmel a intencionava decididamente; uma verdadeira transformação da filosofia, uma cultura filosófica, "em sentido amplo e moderno", como ele dirá.

Ao lermos esses dois trechos, percebemos tanto aproximação como distanciamento — uma dinâmica que, ademais, está no âmago da mobilidade de Simmel. Os ouvintes, os leitores e os herdeiros de Simmel foram e são muitos, e o reconhecimento do legado, como não poderia deixar de ser, é multifacetado e por vezes ambivalente. Certa feita o próprio Simmel escreveu acerca de sua herança intelectual:

"Sei que irei morrer sem herdeiros espirituais (e é bom que seja assim). Meu espólio é como uma herança em dinheiro vivo que é dividida entre muitos herdeiros e cada um converte a sua parte em alguma aquisição de acordo com a sua natureza: de modo que não se pode enxergar a sua proveniência daquele espólio."

A percepção demonstrou-se profética, pois cada um de seus leitores, dos grandes e famosos (Benjamin e Adorno, Lukács e Bloch, Kracauer e Mannheim, Elias e Anders, Heidegger, Sombart, Spengler, Plessner, Freyer, Weber e Buber, Von Wieser, Scheler e Musil), passando pela sociologia norte-americana, onde sua recepção foi rápida e significativa (Park, Small, Goffman, Blau, Coser, Levine, Blumer, Mead etc.), até os pequenos, os pouco conhecidos e os desconhecidos — cada um soube receber a sua parte e com ela se deleitar. Por vezes, reconhecendo a origem, prestando homenagem, por vezes ocultando-a mais ou menos intencionalmente, conforme o caso. A história da recepção de Simmel ainda está por ser escrita, mas talvez nunca o seja, por tão múltipla e cheia de meandros, por vezes até mesmo velada e secreta.

Cultura filosófica apresenta, pois, *in nuce* a fisionomia de Simmel, e os catorze ensaios coligidos no livro abrem-se de imediato para a totalidade da obra e do pensamento do autor. Aqueles que conhecem outros escritos seus saberão reconhecer a recorrência da atitude e o enlace dos temas e desenvolvimentos do livro com os abordados em outras obras e ensaios, e aqueles que agora se iniciam poderão sempre ir em busca de novos textos e desdobramentos nas veredas e desvios sugeridos por este volume. Ele é uma entrada privilegiada — em verdade a melhor entrada para se lançar ludicamente no mundo de Simmel, nele se perder e, nada surpreendente, vir a se reencontrar no nosso mundo.

Apresentação

CULTURA FILOSÓFICA

I.

Introdução

Quando se apresentam coligidos ensaios que, como os que seguem, não possuem nenhuma unidade quanto à sua matéria, então o direito interno para tal só pode estar num propósito integral que abarque toda a multiplicidade dos conteúdos. Aqui, um propósito como esse deriva de um conceito de filosofia em que o essencial não é, ou não é apenas, o conteúdo a cada vez conhecido, construído, acreditado, mas sim determinada atitude espiritual diante do mundo e da vida, uma forma e maneira funcionais de assimilar as coisas e de proceder interiormente com elas. Posto que as afirmações filosóficas situam-se a uma distância insuperável umas das outras e que nenhuma delas possui validade inconteste; posto que, apesar disso, sente-se nelas algo em comum, cujo valor sobrevive a toda contestação das afirmações individuais e leva o processo filosófico sempre para frente — então aquele algo em comum não pode estar em nenhum conteúdo, mas apenas nesse próprio processo. Isso até pode ser algo evidente como razão para manter o nome da filosofia diante de todas as contrariedades de seus dogmas. Menos evidente, porém, é que o essencial e o significativo da filosofia deva repousar sobre esse funcionamento, sobre essa mobilidade como que formal do espírito filosofante, no mínimo ao lado dos conteúdos e resultados dogmaticamente expressos, sem os quais, é verdade, o processo filosófico como tal e em isolamento não é capaz de transcorrer. Essa separação entre a função e o conteúdo, entre o processo vivo e seu resultado conceitual, denota uma tendência em tudo universal do espírito moderno. Quando a teoria do conhecimento, muitas vezes professada como o único objeto restante da filosofia, destaca e analisa o processo puro do conhecer de todos os seus objetos; quando a ética kantiana transpõe a essência de toda a moral para a forma da vontade pura ou boa, cujo valor seria autossuficiente e livre de toda definição por meio de conteúdos-fim; quando, para Nietzsche e Bergson, a vida como tal significa a realidade verdadeira e o valor último, que, ao invés de definir-se por qualquer conteúdo como que substancial, é o que primeiramente cria e ordena esse conteúdo — então nisso tudo consuma-se aquele destacamento entre processo e conteúdo, com o acento autônomo sobre o primeiro.

Assim, agora é possível conceber o impulso metafísico, o processo ou a postura espiritual que dele emana como um caráter ou valor que não é afetado por tudo que há de contraditório e insustentável em seus conteúdos ou resultados. E, desatrelado por princípio do vínculo rígido com estes, ele adquire uma flexibilidade e capacidade de expansão, uma ausência de predeterminação diante de todos os conteúdos possíveis, que seria impensável quando ainda se pretendia definir a essência da filosofia ou da metafísica a partir dos seus problemas *objetivos*. Caso se conceba o funcionamento, a atitude, a tendência arraigada e o ritmo do processo reflexivo como aquilo que torna esse processo filosófico, então seus objetos são de partida ilimitados e alcançam, junto àquele caráter comum do modo ou forma de pensar, uma unidade para as investigações mais heterogêneas em termos de conteúdo — aquela unidade que as investigações aqui expostas reivindicam para si.

A experiência histórica mostra que toda fixação do direcionamento da metafísica a um conteúdo sistemático deixou enormes domínios cósmicos e anímicos de fora da interpretação e da sondagem filosóficas; e isso não só como consequência da capacidade de realização sempre apenas relativa de todo princípio absoluto, mas sim sobretudo de seu empedernimento e falta de plasticidade, que impedem os segmentos menos notáveis contidos no círculo da existência de serem incluídos na profundidade metafísica. Esse movimento de fato não deveria deixar escapar nem mesmo as mais efêmeras e isoladas manifestações da superfície da vida; porém, não parece que há uma diretriz para remeter cada um desses fenômenos a algum conceito fundamental específico da metafísica. Se o processo filosófico deve realmente emanar da amplitude universal da existência, parece que ele precisaria mesmo correr em várias direções e de forma irrestrita. Algumas manifestações, disposições e associações do pensamento indicam à reflexão filosófica uma diretiva que, ao ser perseguida até o absoluto, seria um panteísmo, e outras, inversamente, apontam na direção do individualismo; às vezes essa reflexão parece obrigada a desembocar num *definitivum* idealista, às vezes num realista, aqui num racional, ali num voluntarista. Portanto, é evidente que há a mais íntima das relações entre toda a profusão da existência dada, que exige ser levada à camada filosófica profunda, e toda a profusão dos absolutos metafísicos possíveis. A articulação flexível entre ambas, a ligação possível para que se chegue a partir de todos os pontos de uma a todos os pontos da outra, deu-se por aquela mobilidade do espírito que não se fixa em nenhum absoluto, que é metafísica em si mesma. Nada a impede de trilhar em alternância os caminhos sugeridos e inúmeros outros; assim entregue à função metafísica, ela é mais fiel e mais adaptável aos sintomas das próprias coisas do que o ciúme de uma exclusividade material lhe permitiria ser. A pretensão do impulso metafísico não é atendida apenas no fim desse caminho, e aliás todo o conceito do caminho e do destino, que traz consigo a ilusão de um ponto necessariamente unitário de conclusão, é aqui insatisfatório e não passa de um abuso das analogias espaciais; digamos que as qualidades daquelas mobilidades só seriam nomeadas por tais meios caso os princípios absolutos pudessem governá-las na condição de pontos de chegada ideais. Só há uma contradição entre eles na cristalização dogmática, mas não dentro da mobilidade da própria vida filosófica, cujo caminho individual pode ser unitário e caracterizado de modo pessoal, qualquer que seja o número de inflexões e meandros por onde passe. Este ponto de vista se afasta o mais profundamente possível do ecletismo e ardil conciliador. Pois ambos não estão menos ancorados nos resultados empedernidos do pensamento do que o está uma filosofia enviesadamente exclusiva; a diferença é que ambas realizam a mesma forma não por meio de uma ideia principal, mas, no lugar disso, por meio de um mosaico formado com peças desse tipo, ou então pela atenuação gradual de suas contrariedades até um nível suportável. Mas aqui se trata da virada totalmente elementar da metafísica como dogma para, digamos, a me-

Introdução

tafísica como vida ou como função; não do tipo de conteúdo da filosofia, mas sim do tipo de forma de filosofar; não das diversidades entre os dogmas, mas sim da unidade do movimento pensante, que todas essas diversidades têm em comum até serem empedernidas num dogma e com isso desarticuladas da via de retorno aos pontos de intersecção de todos os caminhos filosóficos e, por conseguinte, à riqueza de todas as possibilidades de movimento e envolvimento.

Ora, não há dúvida de que nenhum dos criadores geniais incluídos na história da filosofia admitiria essa mudança de acento do *terminus ad quem* da diligência filosófica para o seu *terminus a quo*.[1] Entre eles, a individualidade espiritual é tão forte que só pode mesmo projetar-se numa imagem de mundo definida de modo pleno e unilateral quanto ao seu conteúdo, e que o radicalismo da atitude de vida filosófica formal funde-se com esse conteúdo numa unidade inextrincável e intransigente; da mesma maneira, por mais que a religiosidade de todas as pessoas realmente religiosas denote um ser e uma conduta interior sempre idênticos, no indivíduo, e especialmente no indivíduo religiosamente criativo, esse ser e conduta unificam-se de modo tão orgânico com um conteúdo determinado da crença (o que, justamente, marca essa individualidade), que para tais pessoas só mesmo esse dogma pode ser religião. Se, por conseguinte, o jeito de ser individual do filósofo produtivo como tal sempre se precipita numa concepção de mundo absoluta e excludente das demais — o que por sinal poderia ocorrer lado a lado com o reconhecimento elementar daquela mudança de acento da metafísica —, então para mim esta mudança aparece, em todo o caso, como condição para uma "cultura filosófica" num sentido moderno e mais abrangente. Pois esta com efeito consiste não na familiaridade com sistemas metafísicos ou no comprometimento com teorias individuais, mas sim numa conduta espiritual consistente diante de toda a existência, numa mo-

---

[1] A expressão latina *terminus ad quem* significa "ponto de chegada", ou, mais literalmente, o "termo ao qual" (se vai, se chega). Já *terminus a quo* significa "ponto de partida", ou seja, o "termo do qual" (se vai, se parte). (N. do T.)

bilidade intelectual aplicada à camada em que correm, nos mais variados graus de profundidade e em contato com as mais diversas realidades dadas, todas as linhas possíveis da filosofia — assim como uma cultura religiosa consiste não no reconhecimento de um dogma, mas sim nessa concepção e composição da vida que sempre toma como referência o destino eterno da alma, e assim como a cultura artística consiste não na soma das obras de arte individuais, mas sim em que os conteúdos da existência em geral sejam sentidos e formados de acordo com as normas dos valores artísticos.

Mesmo que a filosofia, em seu curso interior, permaneça na descontinuidade do partidarismo dogmático, tem-se ainda assim, aquém e além dela, duas unidades: a funcional, sobre a qual discorri em primeiro lugar, e essa teleológica, para a qual a filosofia é um veículo, um elemento ou uma forma da cultura em geral. Essas duas unidades têm uma espécie de ligação subterrânea; a cultura filosófica precisa, em todo o caso, manter a sua labilidade, precisa poder, diante de cada teoria singular, olhar para trás e retornar aos traços funcionais que todas elas têm em comum. Os resultados do esforço podem ser fragmentários, mas o esforço não o é.

A edição e compilação dos problemas deste volume emanam do interesse nessa postura filosófica. Demonstrar como exatamente seu fracionamento e heterogeneidade veiculam esse conceito básico da cultura filosófica ou então são por ele veiculados — isso não é mais assunto do programa, mas sim do próprio trabalho. Dependendo do ponto de vista assumido, ele ou assenta-se no pressuposto, ou traz a prova: é presunçoso achar que o aprofundamento a partir da superfície da vida, a escavação de camada após camada de ideia subjacente a cada um de seus fenômenos, isso a que se pode chamar de *interpretação* — que isso, enfim, teria de levar necessariamente a *um* ponto final e que este flutuaria desamparado no ar, se não fosse direcionado por um desses pontos.

Numa fábula, um camponês à beira da morte diz aos seus filhos que havia um tesouro enterrado em sua gleba. Eles então escavam e revolvem bem fundo toda a terra, sem encontrar o tesouro. Mas no ano seguinte a terra assim lavrada dá três vezes mais frutos. Isso simboliza a linha da metafísica aqui indicada. Não en-

Introdução

contraremos o tesouro, mas o mundo que escavamos à sua procura dará ao espírito três vezes mais frutos — mesmo se, na realidade, o interesse não se prendesse afinal ao tesouro, mas sim a que esse cavar seja a necessidade e a determinação interior do nosso espírito.

II.

Para a psicologia filosófica

A aventura

Cada fração do que fazemos ou experimentamos traz um significado duplo: ela gira ao redor do próprio centro, tem tanto em amplitude e profundidade, em prazer e sofrimento, quanto lhe dá o devir imediato de sua vivência; e é ao mesmo tempo o trecho de um percurso de vida, não apenas um todo circunscrito, mas também um membro de um organismo integral. Os dois valores designam uma configuração diversa a cada conteúdo da vida; eventos que podem ser muito semelhantes uns aos outros quanto a seu significado próprio, que se oferece apenas a si mesmo, são divergentes ao extremo, consoante as suas relações com o todo da vida; ou, sendo talvez incomparáveis quanto àquele primeiro aspecto, podem ser indiscernivelmente iguais em seus papéis como elementos da nossa existência integral. Se, de duas vivências que realmente não tenham grandes diferenças em seus conteúdos especificáveis, uma é percebida como "aventura", e outra não — nesse caso, é porque o que incide sobre um desses significados e recusa-se ao outro é aquela diversidade da relação com a totalidade da nossa vida.

E, no entanto, eis agora a forma da aventura, em termos os mais universais: que ela se descola do nexo da vida. O que afinal queremos dizer com essa totalidade da vida é que um processo vital unitário circula por seus conteúdos singulares, não importa o quão crassa e irreconciliavelmente se destaquem uns dos outros. Opondo-se ao engate dos anéis da vida, ao sentimento de que afinal um fio contínuo se trama a despeito de todas essas contracorrentes, sinuosidades e nós, está isso que chamamos de aventura, uma parte de nossa existência a que decerto outras se juntam imediatamente atrás e à frente — e que, ao mesmo tempo, em seu sentido mais profundo, transcorre fora da continuidade remanescente dessa vida. E, não obstante, ela é distinta de tudo que é simplesmente casual, alheio, de tudo que apenas resvala na epiderme da vida. Ao descolar-se do nexo da vida, a aventura, como que nesse mesmo movimento, já cai de novo em seu colo (isso se explicará aos poucos) — um corpo estranho em nossa existência, ainda assim de algum modo ligado ao centro. O lado de fora é, mesmo que por um rodeio grande e inusitado, uma forma do lado de dentro. Por essa posição anímica, a aventura facilmente adquire para a memória o colorido do sonho. Todos sabem quão depressa esquecemo-nos dos sonhos, pois eles também situam-se fora do nexo de sentido da vida como um todo. O que chamamos de "onírico" nada mais é, senão uma memória ligada com menos fios que as demais vivências ao processo unitário e contínuo da vida. Em certo sentido, localizamos nossa incapacidade de integrar uma vivência a tal processo por meio da ideia do sonho, em que teria ocorrido essa vivência. Quanto mais uma aventura é "aventureira", ou seja, quanto mais puramente satisfaz seu conceito, tanto mais "onírica" torna-se para a nossa memória. E ela amiúde se afasta tanto do ponto central do Eu e do percurso da vida como um todo (percurso, aliás, que deve sua congruência a esse ponto), que facilmente pensamos na aventura como se outrem a tivesse vivido; o quão distante a aventura paira para além desse todo, o quão estranha tornou-se para ele, exprime-se justamente nisto: seria por assim dizer compatível com o nosso sentimento outorgá-la a algum outro sujeito.

Em um sentido muito mais apurado do que o que estamos acostumados a empregar ao tratar das outras formas dos nossos conteúdos de vida, a aventura tem começo e fim. Esse é o seu desprendimento dos entrelaces e concatenações daqueles conteúdos, sua centralização em um sentido que existe para si mesmo. Quanto aos eventos do dia e do ano, sentimos de costume que um chega ao fim assim que, ou em virtude de que o outro começa; eles definem reciprocamente seus limites, e com isso se elabora ou se exprime a unidade do nexo vital. Mas a aventura, consoante o seu sentido como aventura, independe do antes e do depois, ela determina seus limites sem levá-los em consideração. Bem aí, onde a continuidade com a vida é rejeitada de um modo tão elementar, ou melhor, sequer precisa ser em primeiro lugar recusada, pois há desde o começo uma estranheza, uma intangibilidade, um ser-fora--de-série — é aí que falamos em aventura. Falta-lhe aquela permeação recíproca com as partes vizinhas da vida, por meio da qual esta se torna um todo. Ela é como uma ilha na vida, que se define em seu começo e em seu fim conforme suas forças formativas próprias, e não de uma só vez conforme o que está para cá e para lá dela, como a porção de um continente. Essa delimitação decisiva com que a aventura se destaca do percurso integral de um destino não é mecânica, mas sim orgânica: assim como o organismo não se define em sua forma espacial simplesmente por conta da barreira que a ele se impõe à esquerda e à direita, mas sim com base na força motriz de uma vida que se forma desde dentro — assim também a aventura não chega ao fim porque outra coisa se inicia, mas, em vez disso, temos na sua forma temporal, nesse seu radical chegar-ao-fim, a formulação exata de seu sentido interno. É nisso a princípio que repousa a profunda relação do aventureiro com o artista, e nisso também, quem sabe, que se fundamenta a inclinação do artista para a aventura. Pois essa é mesmo a essência da obra de arte: ela extrai uma fração das séries infinitamente contínuas do reino visível ou da vivência, desprende-a dos nexos com tudo que fica para cá e para lá e lhe dá uma forma autossuficiente, como que definida e tornada congruente a partir de um centro interior. Que essa fração da existência, enlaçada em sua cadeia ininterrupta, ainda assim seja sentida como um todo, uma unidade cerrada — eis a forma comum à obra de arte e à aventura. E em virtude dessa forma, ambas, apesar de toda a tendenciosidade e casualidade de seus conteúdos, são sentidas como se, de algum modo, a vida inteira se resumisse e se exaurisse em cada uma delas. E isso parece se dar não piormente, mas sim com perfeição ainda maior, se a causa para tal é que a obra de arte em geral situa--se para além dessa vida entendida como uma realidade, ou que a aventura em geral situa-se para além dessa vida entendida como um percurso ininterrupto, que enlaça de um modo inteligível cada elemento com seus vizinhos. Precisamente porque a obra de arte e a aventura opõem-se à vida (mesmo considerando o significado bastante equívoco de "oposição"),[2] tanto uma, como a outra são análogas à própria totalidade de uma vida, tal como se representa no caráter muito sumário e comprimido da vivência onírica. Por isso, o aventureiro é também o exemplo mais forte para o indivíduo a-histórico, a criatura do presente. De um lado, ele não é definido por nenhum passado (o que leva a sua contraposição com a velhice, a ser tratada mais adiante); de outro, o futuro para ele não existe. Um exemplo característico ao extremo é Casanova, que, como é possível depreender de suas memórias, intencionou repetidas vezes no curso de sua vida cheia de aventuras eróticas, e ainda assim com toda a seriedade, casar-se com uma mulher que presentemente amava. Para a índole e conduta de vida de Casanova, era impensável o contraditório, o impossível em termos tanto internos, como externos. Casanova não era apenas um conhecedor notável do ser humano, mas por evidente também um conhecedor solitário de si mesmo; e embora fosse obrigado a dizer a si mesmo que não suportaria quatorze dias de um casamento, e que as consequências miserabilíssimas desse passo seriam totalmente inevitáveis — ainda assim, o êxtase do momento (sendo que gostaria de pôr a ênfase mais no momento, do que no êxtase) tragava por assim dizer completamente e de um só gole a perspectiva do futuro. Já que o sentimento presente o dominava de modo incondicional, ele desejava se lançar numa relação com o futuro, impossível justamente por sua índole marcada pelo presente.

Que algo de isolado e casual possa conter uma necessidade e um sentido — eis o que define o conceito de aventura por contraposição a todas as frações da vida instaladas na periferia desta pela mera providência do destino. Algo do gênero só se torna aventura por meio de uma dupla atribuição de sentido: de um lado, ao ser uma composição de sentido de algum modo significativa e consolidada em si mesma por um começo e um fim, e, de outro, apesar de toda sua casualidade, de toda sua extraterritorialidade em relação à continuidade da vida, ao guardar nexo com a essência e

---

[2] A palavra que Simmel emprega no original, *Gegenüber*, passa as seguintes ideias, dependendo do contexto: "em contraposição a", "em relação a" e "em comparação a". (N. do T.)

a determinação de seu portador, agora conforme um sentido mais amplo, abarcante das séries de vida mais racionais, conforme uma necessidade enigmática. Aqui se nota a relação do aventureiro com o jogador. O jogador realmente se entrega à falta de sentido do acaso; mas ao contar com seu favor, ao considerar possível e realizar uma vida condicionada por esse acaso, o acaso de fato se estende a ele dentro de um nexo de sentido. A típica superstição do jogador nada mais é, senão a forma palpável e isolada, mas por isso mesmo também infantil, desse esquema profundo e abrangente de sua vida, para o qual haveria um sentido, um significado necessário qualquer (ainda que não necessário conforme a lógica racional) habitando o acaso. Pela superstição, com a qual o jogador pretende, recorrendo a auspícios e expedientes mágicos, atrair o acaso para dentro de seu sistema de fins, ele desonera o destino de seu inconveniente isolamento, busca uma ordem dentro dele, que, por mais que transcorra segundo leis fantásticas, ainda assim transcorre segundo leis. E assim, também o aventureiro de algum modo faz com que o acaso, situado fora da série vital unitária, guiada por um sentido, seja entretanto abarcado por esse mesmo sentido. O aventureiro arranja um sentimento central de vida, que se canaliza na excentricidade da aventura, ele produz uma necessidade nova e plena de significado para sua vida — e o produz no diâmetro exato da lacuna entre seu conteúdo casual e dado de fora, de um lado, e o centro congruente e atribuidor de sentido da existência, de outro. Entre acaso e necessidade, entre o caráter fragmentário do que é exteriormente dado e o significado unitário da vida que se desenvolve desde dentro, está em jogo um processo eterno que nos habita — e as grandes formas com as quais moldamos os conteúdos da vida são sínteses, antagonismos ou compromissos firmados entre esses dois aspectos básicos. A aventura é uma dessas formas. Tão logo o aventureiro profissional converte a falta de sistema de sua vida num sistema de vida, tão logo busca os acasos externos na sua nudez, montando-os a partir de sua necessidade interna e embutindo-os nela mesma — então com isso pode-se como que ver sob o microscópio a forma essencial da "aventura", inclusive a da pessoa não aventureira. Pois com a aventura, o que temos em mente é sempre um terceiro termo, para além tanto do

A aventura

29

incidente abrupto, cujo sentido vem de fora e simplesmente permanece fora de nós, como também da série unitária da vida, em que cada membro completa o outro rumo ao sentido integral. A aventura não é um amálgama dos dois, mas sim uma vivência de colorido incomparável, que só se deixa interpretar como uma forma especial do abarcamento daquele termo, casual e externo, por esse, interno e necessário.

Mas aqui e ali, toda essa relação é ainda encerrada por uma composição interna mais profunda. A aventura parece basear-se a tal ponto numa diferenciação intrínseca à vida, que até mesmo a vida como um todo pode ser sentida como uma aventura. Para isso não é preciso ser um aventureiro, tampouco passar por muita aventura individual. Quem tem essa atitude única perante a vida precisa sentir uma unidade mais elevada, acima do todo da vida, algo como uma supervida, que está para esse todo, assim como a totalidade da vida está para as experiências individuais que para nós são aventuras empíricas. Talvez façamos parte de uma ordem metafísica, talvez nossa alma viva uma existência transcendente, de tal modo que nossa vida consciente no mundo seja apenas uma parte isolada em relação a um nexo inominável de uma existência que vai se consumando acima dela. O mito da transmigração das almas pode ser uma tentativa balbuciante de exprimir esse caráter segmentário de toda vida que está dada. Quem sente, através de toda a vida real, uma existência secreta e atemporal da alma, que só está ligada a tais realidades como que à distância — esse alguém sentirá a vida em sua totalidade dada e delimitada, por contraste àquele destino transcendente e unitário em si, como uma aventura. Certas disposições religiosas parecem ter esse efeito. Onde quer que nossa trajetória pelo mundo seja considerada um mero estágio preliminar para o cumprimento do destino eterno, onde quer que tenhamos na Terra uma pousada provisória apenas, e não um lar, aí fica patente que o que está em jogo é apenas um colorido particular do sentimento universal de que a vida como um todo seria uma aventura; mas com isso, o que se expressa é pura e simplesmente que os sintomas da aventura nela confluem, ou seja: que ela está fora do sentido próprio e do decurso contínuo da existência, aos quais, mesmo assim, está ligada por um destino e por um simbolismo secreto; que ela é um acaso fragmentário, e mesmo assim cerrado do começo ao fim, como uma obra de arte; que, como um sonho, reúne em si todas as paixões, e mesmo assim, como tal sonho, está fadado ao esquecimento; que, como o jogo, entra em contraste com tudo que é sério, e mesmo assim, como o *va banque* do jogador,[3] cai na alternativa entre o ganho mais alto ou a liquidação.

A síntese das grandes categorias da vida — sendo que a aventura realiza uma de suas formações particulares — consuma-se, além disso, entre a atividade e a passividade, entre o que conquistamos e o que nos é dado. Diga-se que a síntese da aventura torna perceptível ao extremo a contraposição desses elementos. Com ela, por um lado, arrastamos à força o mundo para dentro de nós. Isso fica nítido pela diferença em relação ao modo como, no trabalho, extraímos os bens do mundo. O trabalho tem, por assim dizer, uma relação orgânica com o mundo, ele desenvolve suas matérias e energias de modo contínuo até seu ápice, orientando-se pela finalidade humana, ao passo que na aventura temos uma relação inorgânica com o mundo; ela traz consigo o gesto do conquistador, o apanhar rápido da chance, não importa se, com isso, destacamos e retemos uma porção harmônica ou desarmônica quer para nós, para o mundo, ou para a nossa relação com o mundo. Porém, por outro lado, na aventura estamos realmente mais entregues ao mundo, mais sem proteção, nem reservas, do que em todas as relações ligadas por mais pontes ao conjunto da nossa vida no mundo — e que, por isso mesmo, nos protege melhor contra choques e perigos, por meio de guinadas e adaptações já prontas. No caso da aventura, o enlace entre agir e sofrer, em que transcorre nossa vida, tensiona seus elementos para que o primado do conquistador, que deve tudo somente à força e presença de espírito próprias, coincida com o pleno abandonar-se às forças e chances do universo, que podem nos dar alegria, mas também, no mesmo fôlego, nos destruir; que a unidade que, a cada instante de nossa

---

[3] A expressão *va banque* tem aí o sentido de uma aposta valendo tudo ou nada, em que se arrisca tudo numa única cartada. (N. do T.)

A aventura

atividade e passividade frente ao mundo, orienta a nossa convivência (unidade essa que, em certo sentido, é, sim, a vida), impulsione seus elementos a um ápice tão extremo, e que precisamente com isso — como se tais elementos fossem apenas os dois aspectos de uma mesma vida, enigmaticamente indivisa — se faça sentir de modo tanto mais profundo: eis um dos estímulos mais fantásticos que torna a aventura tão atraente para nós.[4]

Se, além do mais, a aventura aparece para nós como um cruzamento entre os momentos de certeza e incerteza da vida, trata-se aí de algo mais do que um simples ajuste da mesma relação básica a outro ângulo de visão. A certeza com a qual sabemos (acertada ou erroneamente) que advirá um sucesso confere ao que se faz um colorido de qualidade especial; caso, pelo contrário, estejamos incertos se chegaremos ou não ao ponto para onde partimos, caso saibamos que não sabemos que advirá um sucesso, então essa não é simplesmente uma certeza reduzida em quantidade, mas significa, isso sim, uma conduta da nossa prática que é peculiar tanto interna como externamente. Ora, o aventureiro, para dizer numa palavra, maneja o que há de incalculável na vida do mesmo modo como nós de costume só nos portamos em relação ao que há de calculável. (Por isso, o filósofo é o aventureiro do espírito. Ele põe em prática a tentativa sem saída, mas não por isso desprovida de sentido, de dar a forma do conhecimento conceitual a uma conduta de vida, à sua disposição frente a si, ao universo e a Deus. Ele

---

[4] Nessa passagem, "estímulo" traduz o termo *Reiz*, que aqui aparece pela primeira vez ao longo do livro. O termo original diz muito sobre o que Simmel entende por "psicologia filosófica": como o nosso "estímulo", a palavra alemã também indica uma excitação, "pontada" ou provocação fisiológica que induz uma resposta sensorial, carregando ainda, em termos mais metafóricos, a conotação de "encorajamento". Mas, além disso, o termo alemão possui a carga semântica de um "charme", i.e., de um poder de atração, encanto ou sedução específico a algo ou alguém — algo que nos excita ou estimula no sentido mais particular de despertar atração. Tendo em vista que Simmel joga com os dois sentidos da palavra, puxando às vezes mais para um lado, às vezes mais para outro, optei por uniformizar a tradução em torno das expressões "estímulo" e "estimulante", cuidando indicar que não se deve perder de vista o charme desses termos. (N. do T.)

maneja o insolúvel como se fosse solúvel.) Sempre que o enredo com elementos incognoscíveis do destino torna duvidoso o sucesso do que fazemos, é claro que cuidamos restringir nosso investimento energético, deixar as vias de retorno abertas e à nossa disposição, dar cada passo como que a título de experiência, apenas. Na aventura, procedemos da maneira diretamente oposta: investimos tudo justo na chance flutuante, no destino e no que é fortuito, cortamos as pontes atrás de nós, adentramos a névoa, como se o caminho fosse obrigado a arcar conosco em quaisquer circunstâncias. Esse é o típico "fatalismo" do aventureiro. Decerto as obscuridades do destino não são mais transparentes para ele do que para os demais, mas ele procede como se o fossem. A ousadia peculiar com que ele sempre se desvencilha das seguranças da vida tem como alicerce, que ali está em certo sentido para justificá-la a si mesmo, um sentimento de certeza e de não ter escolha, senão o sucesso — que é via de regra cabível apenas em face da visibilidade de eventos sujeitos ao cálculo. A convicção fatalista de que nosso destino, que desconhecemos, recairá sobre nós com uma certeza inexorável, é apenas a inflexão subjetiva disto: o aventureiro crê que tal incognoscível virá com certeza, de um jeito ou de outro; é por isso que o ato aventureiro aparece como absurdo à pessoa sóbria, já que parece pressupor, para que tenha algum sentido, que se sabe o que não se pode saber. O Príncipe de Ligne disse a respeito de Casanova: "Ele não crê em nada, exceto no que há de menos crível". É evidente que isso se baseia naquela relação perversa ou pelo menos "aventureira" entre o estar e o não estar ciente. O ceticismo do aventureiro — o fato de que "não crê em nada" — é claramente um correlato para tal: a quem o improvável é provável, o provável torna-se facilmente improvável. Embora até certo ponto o aventureiro conte com a própria força, ele conta sobretudo com a própria sorte, ou, para ser mais exato, com a unidade curiosamente indiferenciada de ambas. A força, que lhe é certa, e a sorte, que lhe é incerta, convergem subjetivamente dentro dele formando um sentimento de certeza de si. Caso a essência do gênio seja possuir uma relação imediata com as unidades secretas, que se dispersam em manifestações totalmente isoladas com a experiência e com a análise do entendimento — então o aventureiro

A aventura

genial vive como que em companhia de um instinto místico, lá no ponto em que, por assim dizer, o curso do mundo e o destino individual ainda não se diferenciaram um do outro; por isso, no geral o aventureiro facilmente adquire um traço "genial". A partir dessa constelação particular — em que o aventureiro, com o que há de mais incerto, com o incalculável, constrói aquele mesmo pressuposto de seu agir, que os demais só constroem com o calculável —, torna-se concebível a "certeza sonâmbula" com que o aventureiro leva sua vida, e que prova, por ser assim tão inabalável mesmo diante de todas as negações impostas pelos fatos, o quão fundo tal constelação se enraíza no pressuposto de vida dessas naturezas.

Mesmo que a aventura seja uma forma de vida que pode realizar-se junto a uma imensidão não predefinida de conteúdos de vida, definições como estas ainda permitem conceber que certo conteúdo tende a vestir-se nessa forma antes de todos os outros: o conteúdo erótico — de modo que nosso uso coloquial da palavra "aventura" só raramente dá a entender outra coisa, senão uma aventura erótica. É verdade que uma experiência amorosa limitada a um tempo breve de modo algum é sempre uma aventura, mas sim, para que o seja, é preciso que se integrem a esse momento quantitativo aquelas qualidades anímicas especiais que, ao se encontrarem, perfazem a aventura. A tendência a tal conjugação será exposta passo a passo.

A relação amorosa contém em si aquela nítida junção dos dois elementos que também integram a forma da aventura: a força conquistadora e a concessão que não se obtém por imposição, o ganho baseado no próprio poder-fazer e a dependência da sorte que nos é dada de favor por algo de incalculável fora de nós. Certa equivalência entre essas propensões intrínsecas à vivência, obtida com base em sua diferenciação aguda, talvez só possa ser encontrada do lado masculino; e daí, talvez, que o seguinte tenha o peso de uma demonstração: via de regra, considera-se a relação amorosa como "aventura" apenas para o homem, ao passo que para a mulher a mesmíssima relação costuma cair sob outras categorias. A atividade da mulher nos romances literários de amor é desde o começo tipicamente entremeada pela passividade, atribuída à sua essência quer por forças naturais, quer por forças históricas; em contrapartida, seu consentimento e a perspectiva de fazê-la feliz são por excelência algo que elas concedem, dão de presente. Os dois polos da conquista e do favor, exprimíveis nas mais distintas colorações, estão mais estreitamente juntos para a mulher, ao passo que para o homem distanciam-se de modo mais decisivo, e por isso sua convergência na vivência erótica rende ao homem de modo tão mais inequívoco o *cachet* da "aventura". Que o homem de fato seja a parte solicitante, ofensiva, que amiúde sai impulsivamente à captura — isso facilmente faz perder de vista o momento fatídico de toda vivência erótica, seja qual for: a dependência em relação ao que não se define de antemão, que escapa a toda tentativa de imposição. Com isso não se tem em mente apenas a dependência relativamente à concessão da parte do outro, mas sim algo mais profundo. Também é certo que todo amor correspondido seja um presente, algo que não se pode "merecer", qualquer que seja o tamanho do amor oferecido, pois o amor foge à toda exigência e recompensa, estando já por princípio subsumido a uma categoria totalmente diversa da compensação de parte a parte (ponto esse em que se manifesta uma de suas analogias com a relação religiosa mais profunda). Porém, acima disso que recebemos do outro como uma dádiva sempre gratuita, há em toda boa ventura amorosa — como suporte impessoal mais profundo daquele elemento pessoal — ainda um favor do destino, nós não a recebemos apenas do outro, mas sim o que deste recebemos é um favor dos poderes incalculáveis. No incidente mais orgulhoso e seguro de si que se dá no domínio do amor, está algo que temos de acatar com humildade. Ora, assim que a força que deve a si mesma seu sucesso e que confere a todo ganho no amor certo tom de vitória e triunfo casa-se com aquela outra, a do favor do destino, já está em certo sentido pré-formada a constelação da aventura.

A relação que se trama a partir do conteúdo erótico até a forma mais universal da aventura enraíza-se em bases mais profundas. A aventura é o exclave do nexo da vida,[5] o que foi arrancado,

---

[5] "Exclave" é um termo bem conhecido no âmbito da geografia, ao la-

cujo começo e fim não têm nenhuma conexão com a corrente de algum modo unitária da existência — enquanto, ao mesmo tempo, como que passa por cima dessa corrente e, dispensando sua mediação, estabelece um nexo com os instintos mais secretos e com um propósito último da vida em geral, distinguindo-se assim do episódio meramente casual, do que meramente "passa" por nós na superfície. Ora, sempre que a experiência amorosa limita-se a um tempo breve, ela é vivida precisamente nesse enredo de um caráter meramente tangencial com outro, que permanece central. Pode ser que ela dê à nossa vida um brilho apenas momentâneo, como um lume que um raio passageiro lá fora projeta num espaço interior; ainda assim, com isso se satisfaz uma necessidade, ou então, de qualquer forma, isso é apenas possível devido a uma necessidade que — seja ela tratada como algo físico ou anímico ou metafísico — existe no fundamento ou no centro de nosso ser como que num estado atemporal, estando tão ligada à vivência fugidia, como em geral aquela luminosidade casual e logo perdida o está à nossa nostalgia pela luz. O fato de que a possibilidade dessa dupla relação esteja posta no erotismo reflete-se em seu duplo aspecto temporal. Os dois tempos que o erotismo revela — a saber: o êxtase, que se alça momentaneamente ao clímax e entra de súbito em declive, e a imortalidade, em cuja ideia se criou uma expressão temporal para aquele desígnio místico de duas almas feitas uma para outra, que aponta para uma unidade mais elevada — são comparáveis à dupla existência dos conteúdos espirituais, que, embora só possam vir à tona na fugacidade do processo anímico, diante do foco sempre apressado da consciência, possuem mesmo assim, em seu sentido lógico, uma validade atemporal, um significado ideal, em tudo independente daquele instante de consciência em que afinal se efetivam para nós. O fenômeno da aventura, com

do de "enclave". Nesse contexto, exclave refere-se a qualquer parte de uma unidade geográfica (país, estado, município etc.) que não possua nenhuma conexão com o restante do território dessa mesma unidade geográfica. Berlim Ocidental, p. ex., era um exclave da Alemanha Ocidental, já que não era possível chegar de Berlim Ocidental ao restante da Alemanha Ocidental sem passar por território estrangeiro (no caso, pela Alemanha Oriental). (N. do T.)

sua pontualidade abrupta, que move o fim para o horizonte visual do início, e sua simultânea relação com um centro vital, que distingue esse fenômeno de todo acidente meramente casual e sem a qual o "perigo de morte" não estaria por assim dizer já presente no estilo da aventura — tal fenômeno é, nesse sentido, uma forma que, por seu simbolismo temporal, parece como que predeterminada a acomodar o conteúdo erótico.

Essas analogias e formações em comum entre o amor e a aventura já sugerem por si mesmas que a aventura não se encaixa no estilo de vida da velhice. Em termos gerais, o decisivo para tal circunstância é que a aventura, consoante a essência e o estímulo que lhe são específicos, seja uma *forma* da *vivência*. O *conteúdo* do que se passa não compõe a aventura: que se passe por um perigo de morte ou se conquiste uma mulher para uma ventura passageira; que fatores desconhecidos com que se ousa jogar tenham levado à perda ou ao ganho surpreendente; que, sob um manto físico ou anímico, adentre-se nas esferas da vida, das quais, no regresso ao mundo familiar, se volta como quem volta de um mundo estranho — nada disso é necessariamente aventura, mas sim se torna aventura apenas por meio de certa tensão do sentimento vital, com o qual tais conteúdos se efetivam. Assim, é só quando uma corrente, indo de um lado a outro entre o que há de mais externo à vida e sua fonte central de energia, arrasta para dentro de si aqueles conteúdos, e quando o realmente decisivo é esse colorido, temperatura e ritmo todo especial do processo de vida, que num certo sentido predomina sobre o *conteúdo* desse evento — é só então que tal evento finalmente passa de uma vivência a uma aventura. Mas esse princípio da acentuação está afastado da velhice. Geralmente, apenas a juventude conhece tal preponderância do processo vital sobre os conteúdos da vida, ao passo que para a velhice (para quem aquele processo vital começa a ir mais devagar e empedernir) o que interessa são os conteúdos, que prosseguem ou persistem de um jeito de certo modo atemporal, mais indiferente em face da velocidade e paixão do devir de sua vivência. Ou a velhice trata de viver de modo em tudo centralizado, e aí os interesses periféricos entram em declínio e já não têm mais nenhum vínculo com a essência da vida e sua necessidade interna; ou então o

A aventura

centro se atrofia, e aí a existência se esvai apenas em miudezas isoladas e nas entonações de importância sobre o que é meramente exterior e casual. Em ambos os casos, já não é mais possível a relação entre o destino externo e a fonte interna da vida, constitutiva da aventura, e obviamente em nenhuma das duas pode-se chegar à sensação de contraste própria à aventura, a saber: que um ato que está completamente extirpado do nexo integral da vida mesmo assim dê lugar a que a força e a intensidade plenas da vida afluam em si. Essa contraposição entre a juventude e a velhice, graças a que a aventura se torna prerrogativa da primeira, e que faz o acento recair num caso sobre o processo vital, com sua métrica e antinomias, e noutro, sobre os conteúdos, para os quais a vivência aparece cada vez mais como uma forma relativamente casual — pode-se expressá-la como a contraposição entre os espíritos de vida romântico e histórico. Para a disposição romântica, o que interessa é a vida na sua imediaticidade, portanto também na individualidade de sua forma presente, de seu aqui e agora; ela sente a intensidade máxima da corrente vital antes de tudo na pontualidade de uma vivência arrancada, sim, do curso normal das coisas, mas até a qual ainda assim se estende um nervo a partir do coração da vida. Todo esse jogar-se-para-fora-de-si da vida, essa amplitude na contraposição dos elementos que são por ela atravessados, não pode se alimentar de outra coisa, senão de um excesso e de uma arrogância, tal como se passa na aventura, no romantismo e na juventude. Mas à velhice, se tem como tal uma postura característica, valiosa e bem-apanhada, o apropriado é a disposição histórica. Pode ser que isso se amplie rumo a uma visão de mundo, pode ser que seu interesse se confine ao passado imediatamente próprio — em todo o caso, ela se aplica, em sua objetividade e reflexividade retrospectiva, à imagem dos conteúdos da vida, a partir da qual desaparece a imediaticidade da própria vida. Toda história surge como imagem (no sentido estrito, científico da palavra) graças a essa sobrevivência dos conteúdos frente ao processo de seu presente, processo esse que é indizível e só se pode vivenciar. O vínculo que esse processo estabelece entre os conteúdos se decompõe e a partir daí precisa ser restabelecido em retrospectiva e com vistas a uma nitidez ideal de imagem, e isso por meio de fios completamente distintos. Com essa mudança de acento, omite-se todo o pressuposto dinâmico da aventura. Como já indiquei, sua atmosfera é o caráter incondicional do tempo presente, a escalada repentina do processo vital até um ponto sem passado, nem futuro, e que por essa razão concentra a vida em si mesma com uma intensidade frente a qual a matéria da ocorrência muitas vezes se torna relativamente irrelevante. Assim como, para a verdadeira natureza jogadora, o motivo decisivo não é em absoluto ganhar um monte de dinheiro, mas sim o jogo como tal, a veemência do sentimento de ser arrastado da sorte ao desespero e do desespero à sorte, a proximidade como que palpável das forças demoníacas, que decidem por uma ou por outra — assim também o estimulante da aventura inúmeras vezes não é de modo algum o conteúdo oferecido a nós (e que talvez, se fosse oferecido noutra ocasião, pouco se notasse), mas sim a forma aventureira de sua vivência, a intensidade e tensão com as quais, precisamente nesse caso, ele nos faz sentir a vida. É bem isso que vincula a juventude à aventura. A chamada subjetividade da juventude nada mais é, senão a circunstância de que o material da vida, no seu significado objetivo, não é tão importante para a juventude como o processo que suporta tal material. Que a velhice seja "objetiva", que a partir dos conteúdos que a vida escorregadia largou numa espécie particular de atemporalidade forme-se uma nova estrutura, a saber: a contemplação, a ponderação objetiva, a liberdade frente à inquietude com que a vida se faz presente — é precisamente isso que faz a velhice se estranhar com a aventura, que torna o aventureiro velho uma aparição repulsiva e sem estilo; não seria difícil desenrolar toda a essência da aventura a partir do fato de que ela simplesmente não é a forma de vida adequada à velhice.

Todas essas determinações e situações da vida que são estranhas e mesmo hostis à forma da aventura não impedem que esta, vista por um dos aspectos mais universais, apareça mesclada à toda existência humana prática, que venha à tona como um elemento existente por toda a parte, mas que muitas vezes não se vê em sua disposição mais refinada e por assim dizer microscópica, estando, no fenômeno, encoberto por outros elementos. Independente daquela concepção que vai fundo na metafísica da vida, segundo a qual, considerada como todo e unidade, nossa existência na Terra é uma aventura, e, ao invés disso, examinando apenas o concreto e o psicológico, constata-se que cada vivência contém certa quantia das determinações que, somadas numa certa medida, permitem chegar ao "limiar" da aventura. A mais essencial e profunda dessas determinações é nesse caso a separação que isola um evento do nexo integral da vida. Com efeito, o pertencimento a tal nexo não esgota o significado de nenhuma de suas partes individuais. Ao contrário, mesmo no caso em que tal parte forma um laço o mais apertado possível com o todo, mesmo no caso em que realmente pareça completamente dissolvida na vida que segue fluindo, como uma palavra sem ênfase no curso de uma sentença — também aí uma audição mais fina é capaz de identificar um valor próprio dessa fração da existência: dotada de um significado centrado em si mesmo, ela se *opõe* àquele desenvolvimento total a que ainda assim, vista por outro lado, pertence de modo inextrincável. Tanto a riqueza, como a perplexidade da vida inúmeras vezes afluem dessa dualidade de valores de seus conteúdos. Vista desde o centro da personalidade, cada vivência é tanto algo necessário, algo que vai se desenvolvendo a partir da unidade da história do Eu, como também algo casual, que lhe é estranho, que está do outro lado de uma fronteira insuperável e tem o colorido próprio ao que há de mais profundamente inconcebível, como se estivesse nalgum lugar em meio ao vazio, sem nada em torno do que gravitar. Assim, realmente paira sobre toda vivência uma sombra disso que compõe, ao ganhar densidade e nitidez, a aventura; cada uma delas permite que o seu envolvimento na corrente vital seja acompanhado por um sentimento de estar integrado a si mesmo do começo ao fim, de se ter, por assim dizer, o caráter descomprometido de um ponto, próprio à vivência individual como tal. Esse sentimento pode submergir até se tornar indiscernível, mas permanece latente em cada vivência e é daí que emerge, muitas vezes para nosso próprio espanto. Seríamos incapazes de designar uma medida tão pequena desse afastamento diante da estabilidade da vida, que impossibilitasse o aflorar do sentimento de aventura, e igualmente incapazes de designar, uma medida tão grande, que o fizesse aflorar para todo mundo; seria impossível que tudo pudesse se tornar aventura, nada poderia tornar-se aventura caso seus elementos já não habitassem em todos em alguma medida, caso não participassem dos fatores vitais em virtude dos quais um evento é genericamente designado como vivência humana.

O mesmo se dá na relação entre o que é casual e o que é pleno de sentido. Em cada incidente que se passa conosco reside tanta coisa meramente dada, externa, casual, que é, por assim dizer, apenas uma questão de quantidade saber se deve-se considerar o todo como algo razoável, concebível conforme um sentido, ou então definir a coloração do todo por referência ao passado, no tocante à sua indissolubilidade, e por referência ao futuro, no tocante à sua incalculabilidade. Uma série contínua de manifestações da vida leva da mais segura das empreitadas civis à mais irracional das aventuras — e, nessa série, misturam-se numa infinidade de graus o concebível e o inconcebível, o que está sujeito à imposição e o favor, o calculável e o casual. Como a aventura designa um dos extremos dessa série, também o outro extremo já, e aliás por isso mesmo, participa de seu caráter. A oscilação da nossa existência ao longo de uma escala, em que cada gradação é definida por um efeito de nossa força e ao mesmo tempo por uma entrega aos poderes e às coisas impenetráveis, essa problemática da nossa posição no mundo que, na sua inflexão religiosa, remete à pergunta insolúvel quanto à liberdade humana e à determinação divina — isso nos permite a todos que nos tornemos aventureiros. Dentro da proporção em que situamos, para nós mesmos, nossa província de vida com suas respectivas tarefas, bem como nossos fins e nossos meios, nenhum de nós teria condições de viver um único dia, se não manejássemos o que é propriamente incalculável como se fosse calculável, se não confiássemos à nossa força algo que ela sozinha não é capaz de ocasionar, sendo-o apenas o efeito que ela adquire ao juntar-se com as forças do destino. —

Os conteúdos da nossa vida são continuamente abarcados por formas que vão se entremeando umas nas outras e que, desse modo, trazem à existência seu todo unitário: por toda a parte, a formação artística ganha vida, a concepção religiosa ganha vida, o colorido do valor moral ganha vida, o jogo interativo entre sujeito e objeto ganha vida. Talvez não haja uma única linha de flu-

A aventura

xo em toda essa torrente cujas ondas não sejam formadas, ao menos numa de suas gotas, por cada uma dessas modalidades de composição, junto a tantas outras. Mas é somente ao extrapolar a medida e o estado misto e fragmentado que lhes permite despontar e desaparecer no curso da vida ordinária, para assim alcançar algum domínio sobre a matéria da vida, que elas se tornam as figuras puras denominadas pela linguagem. Tão logo o temperamento religioso conceba sua figura, Deus, a partir de si mesma e de nada mais, ele já se converte em "religião"; tão logo a forma estética transforme seu conteúdo em algo de importância somente secundária, ao lado do qual ela agora vive sua vida obedecendo apenas a si mesma, ela já se torna "arte"; somente quando a obrigação moral é cumprida por ser obrigação, não importando os conteúdos variáveis com os quais se cumpre (e que, por sua vez, predefinem a vontade de cumpri-la ou não), é que se torna "moralidade". Não é diferente com a aventura. Somos os aventureiros da Terra, nossa vida é a cada passo permeada pelas tensões que constituem a aventura. Porém, só quando tais tensões se tornam tão violentas a ponto de exercerem pleno domínio sobre a matéria em que se consumam, é que emerge a "aventura". Pois ela não consiste nos conteúdos que se ganha ou se perde com ela, do prazer ou do sofrimento que dela se tira: pode-se passar por tudo isso também noutras formas de vida. Mas que esteja aí o radicalismo, com o qual se pode senti-la como tensão vital, como o *rubato* do processo da vida, independente de sua matéria e de suas diferenças; que a quantia dessas tensões tenha se tornado grande o bastante para que elas, passando por cima dessa matéria, arrastem a vida para fora de si mesma — isso sim é o que faz da mera vivência, aventura. Ela é decerto apenas uma fração da existência ao lado das demais, mas também está entre aquelas formas que, para além de sua mera participação na vida, para além de toda casualidade de seu conteúdo individual, têm a força enigmática de fazer sentir, por um momento, que toda a somatória da vida serviria para a realização e o suporte de tais formas, aí estando somente para a efetivação das mesmas.

A moda

A maneira como nos é dada conceber as manifestações da vida nos faz sentir uma multiplicidade de forças em cada ponto da existência; e isso de tal modo que cada um deles realmente anseia ir mais alto do que o efetivamente manifesto, fazendo sua infinidade arrebentar no contato com as outras e virar mera potência e nostalgia. Em cada feito, mesmo no mais exaustivo e frutífero de todos, sentimos que há algo que ainda não veio plenamente à expressão. Como isso ocorre pela restrição recíproca dos elementos colidindo entre si, é precisamente em seu dualismo que se revela a unidade da vida integral. E é somente quando a energia interna extrapola a medida de sua expressão visível, que a vida ganha aquela riqueza de possibilidades não esgotadas, que complementa sua efetividade fragmentária; somente com isso suas manifestações permitem adivinhar que há forças mais profundas, tensões mais sem solução, e todo um gênero mais abrangente da luta e da paz, do que trai a realidade imediatamente dada dessas manifestações.

Esse dualismo não pode ser descrito sem mediações, mas sim apenas ser sentido, pelo contato com as contraposições individuais típicas da nossa existência, como a forma última, criadora dessas contraposições. O fundamento fisiológico do nosso ser nos dá a primeira indicação: ele necessita tanto do movimento, como do repouso, tanto da produtividade, como da receptividade. Prosseguindo nesse sentido até a vida do espírito, constata-se que somos, por um lado, guiados pela aspiração ao universal, e, por outro, pela capacidade de apreender o singular; aquela primeira garante repouso ao nosso espírito, enquanto a particularização permite que ele se *movimente* de caso a caso. E não é diferente na vida sentimental: buscamos tanto a entrega serena[6] às pessoas e às coisas, como a autoafirmação enérgica em face de ambas. É possível ir desenrolando toda a história da sociedade seguindo a luta, o compromisso firmado, as reconciliações lentamente obtidas e rapidamente perdidas que vão surgindo entre a fusão com os nossos grupos sociais e o destaque que o indivíduo ganha ao destacar-se deles. Quer a oscilação da nossa alma entre esses dois polos ganhe corpo filosófico na contraposição entre a doutrina da unidade universal e o dogma da incomensurabilidade, do ser-para-si de cada elemento do universo, quer eles se enfrentem na prática, como é o caso das contraposições partidárias entre o socialismo e o individualismo, trata-se sempre de uma e mesma forma básica de dualidade, que eventualmente se revela, na sua imagem biológica, como a contraposição entre hereditariedade e variabilidade — uma é a portadora do universal, da unidade, da igualdade estacionada das formas e conteúdos da vida, enquanto a outra vai engendrando o movimento, a multiplicidade dos elementos discretos, o desenvolvimento inquieto daquele conteúdo individual da vida rumo a outro conteúdo qualquer.[7] Cada forma essencial de vida ao longo da história da nossa espécie representa, em seu respectivo domínio, um modo particular para unificar o interesse na duração, na unidade, na igualdade, com o interesse na mudança, no particular, na singularidade.

Internamente à materialização social dessas contraposições, temos que um de seus aspectos é no mais das vezes suportado pela tendência psicológica à *imitação*. Pode-se designar a imitação como uma hereditariedade psicológica, como a transferência da

---

[6] "Sereno" aqui traduz *ruhig*. Devido ao vínculo etimológico com a ideia do estado físico de repouso (*Ruhe*), o termo alemão realça esse vínculo semântico em que Simmel se apoia, a saber: o vínculo existente entre, de um lado, a "serenidade" ou a "paz" de espírito e, de outro, seu análogo físico, este que se opõe a certo movimento ou agitação do corpo inanimado. (N. do T.)

[7] Os termos "estacionado" e "inquieto", distribuídos pelo fim desse longo período, aqui traduzem respectivamente os termos *beruhigt* e *unruhig*. (N. do T.)

vida do grupo para dentro da vida individual. O estimulante da imitação é, antes de tudo, que ela proporciona um feito pertinente e pleno de sentido mesmo onde não entra em cena nada de pessoal e criador. Pode-se designá-la como cria do pensamento com a ausência do pensamento. Ela confere ao indivíduo a certeza de não estar sozinho no seu agir, pelo contrário: com a imitação, a mesma atividade se alça acima da performance atual como se estivesse em cima de um substrato firme, que desonera a atividade presente do peso de suportar a si mesma. Ela confere no terreno da prática a mesma serenidade peculiar que nos é concedida no da teoria, assim que subsumimos uma manifestação singular num conceito universal. Onde imitamos, não só empurramos para o outro a exigência da energia produtiva que estava sobre nós, como também, ao mesmo tempo, a responsabilidade do feito; assim, a imitação libera o indivíduo da agonia da escolha e faz com que ele apareça como uma criatura do grupo, como um recipiente de conteúdos sociais. Como princípio, o impulso à imitação caracteriza um grau de desenvolvimento em que há um desejo vivo pela atividade pessoal e pertinente, mas falta a capacidade de obter conteúdos individuais para ela ou então a partir dela. O passo seguinte na superação desse grau se dá quando além do dado, do passado e do transmitido, também o *futuro* define o pensar, agir e sentir: o ser humano teleológico é o polo oposto ao imitador. Assim, em todas as manifestações para as quais ela é um fator formador, a imitação corresponde a *uma* das direções básicas do nosso ser, aquela que se satisfaz com a fundição do indivíduo na universalidade, acentuando o permanente em meio à mudança. Mas onde, por outro lado, busca-se pela mudança em meio ao permanente, a diferenciação individual, o destacar-se frente à universalidade — aí, a imitação é o princípio negador e impeditivo. E precisamente porque a nostalgia em insistir no que está dado e em fazer e ser como os outros é a inimiga implacável de quem quer avançar para formas de vida novas e próprias, e também porque ambos os princípios seguem cada um por si até o infinito, que a vida social aparecerá como o campo de batalha a ser disputado centímetro por centímetro entre essas duas tendências; e, pelos mesmos motivos, as instituições sociais aparecerão como acordos — jamais duradouros —

A moda

em que o antagonismo entre ambas, que segue efetivo, assume a forma exterior de uma cooperação.

Com isso, estão circunscritas as condições de vida da moda como uma manifestação universal na história da nossa espécie. Ela é imitação de um padrão dado e é por isso que satisfaz a necessidade de dependência social, já que conduz os indivíduos pela trilha que todos seguem, proporcionando um universal que converte a conduta de cada indivíduo num mero exemplo. Mas, e não em menor grau, a moda ainda satisfaz a necessidade de distinção, a tendência à diferenciação, à alternância, ao destacar-se. Quanto a esse último ponto, ela o realiza, em parte, por meio da mudança de conteúdos que caracteriza a moda de hoje por oposição à de ontem e à de amanhã; e o realiza com energia ainda maior, em virtude de que as modas são sempre modas de classe, de que as modas da camada superior se diferenciam daquelas das camadas inferiores, sendo abandonadas no instante em que estas últimas começam a se apropriar daquelas. Assim, a moda nada mais é, senão uma forma particular de vida dentre inúmeras outras, que permite combinar a tendência à igualação social com a tendência à distinção e alternância individuais, resultando num feito uniforme. Caso se questione a história das modas — até aqui investigada apenas no tocante ao desenvolvimento de seus *conteúdos* — quanto a seu significado para a forma do processo socializador, ela se revela a história da tentativa de acomodar a satisfação cada vez mais completa dessas duas contratendências a cada respectivo estado da cultura individual e social. E é nessa essência básica da moda que se incluem os traços psicológicos singulares que nela observamos.

Como falei, a moda é um produto da divisão por classes e, assim, comporta-se como várias outras estruturas, e sobretudo como a honra, cuja dupla função é congregar um círculo em si e ao mesmo tempo segregá-lo de outros. Assim como a moldura de um quadro caracteriza a obra de arte como algo unitário, pertencente a si mesmo, como um mundo para si, ao mesmo tempo em que, no seu efeito externo, corta todas as relações com a redondeza espacial; assim como só conseguimos dar expressão à energia unitária própria a configurações desse tipo quando as analisamos a partir de seu efeito duplo, em parte interno, em parte externo — assim também a honra extrai seu caráter e sobretudo seus direitos morais (direitos que muitas vezes são percebidos como injustiça do ponto de vista dos que estão fora da classe) do fato de que o indivíduo representa e conserva na sua honra também a honra de seu círculo social, de seu estamento. Assim, a moda significa, de um lado, a ligação com os que estão na mesma situação, a unidade de um círculo por eles caracterizado, e por isso mesmo também o desligamento desse grupo em face dos que estão mais abaixo, a caracterização destes como não pertencentes àqueles. Vincular e discriminar são as duas funções básicas, aqui unificadas de modo inextrincável, que são, cada uma delas, a condição de sua efetivação, quer apesar de, quer porque uma forma a contraposição lógica da outra. Que a moda seja, portanto, um mero produto de necessidades sociais ou então formalmente psicológicas — nada talvez o demonstre com tanta força do que o fato de que inúmeras vezes é impossível detectar a mais ínfima base para suas composições (em termos de finalidade objetiva, estética ou qualquer outra). Enquanto, p. ex., no geral nossa vestimenta é objetivamente adequada às nossas necessidades, não prevalece o menor traço de finalidade nas resoluções com que a moda a forma: se deve-se usar saias largas ou justas, penteados alisados ou volumosos, gravatas coloridas ou pretas. Assim, coisas horrendas e repulsivas são muitas vezes modernas,[8] como se a moda quisesse mostrar seu poder, ao adotarmos em prol dela o que há de mais abominável; é justamente a casualidade com que se recomenda num momento o que tem finalidade, noutro o que é abstruso, e num terceiro o que é totalmente indiferente em termos objetivos e estéticos, que revela seu completo descompromisso frente às normas objetivas da vida, com o que aponta precisamente para outra motivação como a única restante, a saber: a do tipo social. Esse caráter abstrato da moda — baseado

---

[8] Deve-se ter em mente que, ao longo deste ensaio, Simmel algumas vezes emprega o termo *modern* como sinônimo de algo que está na moda ou está em voga, como o que é "da moda" (da mesma forma como às vezes fazemos também em português) — ao mesmo tempo em que, claro, sublinha a relação entre a moda e o moderno. (N. do T.)

na sua essência mais profunda e que, na condição de "estranhamento da realidade", gratifica quem segue o moderno com certo *cachet estético*, aliás tomado de domínios totalmente extraestéticos — desenvolve-se também em fenômenos históricos. Relatou-se várias vezes como, outrora, um humor ou necessidade particular de personalidades individuais dava origem a uma moda — assim, o sapato de bico de agulha medieval seria oriundo do desejo de um distinto senhor de encontrar um formato de sapato correspondente à deformidade de seu pé, o vestido com anágua, do desejo de uma mulher dominante em ocultar sua gravidez, e assim por diante. Em contraste com tais origens pessoais, a invenção da moda no presente é cada vez mais incorporada à composição objetiva do trabalho própria da economia. Não surge simplesmente, nalgum lugar, um artigo que depois vira moda, mas sim traz-se à tona certo artigo com a finalidade de virar moda. Uma nova moda é *a priori* demandada a certos intervalos de tempo, e agora há inventores e indústrias que trabalham exclusivamente para preencher esse quadro. A relação entre a abstração em geral e a organização objetiva da sociedade revela-se no descompromisso da moda como forma em face de cada significado de seus conteúdos particulares — e na sua transição cada vez mais definitiva para o lado da estrutura econômica socialmente produtiva. A supraindividualidade intrínseca à essência da moda captura até mesmo seus conteúdos, e não há expressão mais decisiva disso do que o fato de que a criação das modas é uma profissão remunerada, uma "posição" dentro das grandes empresas — posição essa que sofreu uma diferenciação comparável àquela entre um cargo objetivo e seus conteúdos subjetivos. É certo que a moda pode, em certas ocasiões, adotar conteúdos objetivamente fundamentados, mas ela só atua como moda, caso a independência diante de todas as outras motivações possa ser positivamente sentida, assim como o ato que fazemos por obrigação só é considerado como totalmente moral, não quando somos a ele designados por seu conteúdo e finalidade externas, mas sim meramente pelo fato de ser obrigação. Por isso, o domínio da moda torna-se absolutamente insuportável em áreas em que deveriam valer apenas resoluções objetivas: pode ser que a religiosidade, os interesses científicos e mesmo o socialismo e o individualismo sejam tomados como coisas da moda; entretanto, os motivos pelos quais tais conteúdos da vida deveriam ser acolhidos estão em absoluta contraposição não só à completa falta de objetividade nos desenvolvimentos da moda, como também ao estímulo estético que confere a ela certo distanciamento frente ao significado das coisas em termos de conteúdo — distanciamento esse que, por não ser em absoluto oportuno nessas resoluções de última instância, imprime nelas um traço de frivolidade.

Se as formas sociais, a vestimenta, as avaliações estéticas, todo o estilo em que se expressa o ser humano, são apreendidos pela moda na sua transformação constante, então a moda, i.e., a nova moda é, em todos esses aspectos, prerrogativa dos estamentos superiores. Tão logo os estamentos de baixo começam a se apropriar da moda e, com isso, transpõem os marcos de fronteira impostos pelos de cima, arrebenta-se a uniformidade da coligação assim simbolizada, e os estamentos superiores dão as costas a essa moda e encaram uma nova, por meio da qual voltam a se distinguir das grandes massas e com a qual o jogo recomeça. Pois os estamentos de baixo por natureza visam o que está acima e a ele aspiram, podendo alcançá-lo o mais prontamente nas regiões sujeitas à moda, pois estas são as mais permeáveis à imitação externa. O mesmo processo está em jogo entre as várias camadas dos estamentos mais elevados — ainda que não de modo tão evidente como, digamos, entre as damas e as criadas. É muitas vezes possível notar de imediato que, quanto mais próximos, quanto mais encostados os círculos estão uns nos outros, tanto mais frenética é a caçada imitadora dos de baixo e a fuga para o novo dos de cima; a economia monetária, afinal invasiva, só pode mesmo acelerar consideravelmente tal processo e torná-lo visível, pois os objetos da moda, como as superficialidades da vida, são particularmente acessíveis à mera posse monetária e, por conseguinte, no seu domínio é mais fácil estabelecer a igualdade com a camada de cima, do que em todos os domínios que exigem uma provação individual, que não se compra com dinheiro.

As manifestações da moda verificadas onde a estrutura social não possui camadas dispostas na vertical revelam o quanto esse elemento de separação — ao lado do de imitação — forma a sua essência; nesses casos, a moda muitas vezes atinge as camadas dispostas na horizontal. Relata-se de alguns povos naturais que grupos muito próximos e que vivem sob condições idênticas muitas vezes não raro cultivam modas separadas ao extremo, por meio das quais cada grupo marca tanto a congregação com os de dentro, como a diferença com os fora. Por outro lado, há uma predileção especial por importar moda, por estimá-la ainda mais dentro do próprio grupo pelo fato de não se originar dentro dele; o profeta Sofonias já falava indignado dessa gente nobre vestida em roupas estrangeiras. Com efeito, a origem exótica da moda parece favorecer com uma força especial a congregação do círculo a que se destina; precisamente porque vem de fora, ela cria aquela forma especial e significativa de socialização que se dá pela relação comum a um ponto externamente situado. Às vezes parece que os elementos sociais, assim como os eixos visuais, convergiriam otimamente em um ponto que não está situado muito perto. Dessa forma, entre certos povos naturais, o dinheiro (portanto, justamente o objeto do mais vivo interesse universal) é feito de símbolos trazidos de fora; desse modo, tem-se em várias regiões (nas Ilhas Salomão, e em Igbo, na Nigéria) uma espécie de indústria para produzir conchas ou outros símbolos monetários, que circulam como dinheiro não onde são produzidos, mas sim em regiões vizinhas, para onde são exportados — exatamente como, em Paris, as modas são muitas vezes produzidas meramente visando virar moda alhures. — Em Paris mesmo, a moda ostenta a mais ampla tensão e reconciliação entre seus elementos dualistas. O individualismo, a customização do que cai bem à pessoa, é lá muito mais profundo do que na Alemanha; mas, mesmo assim, retendo firmemente a moldura (em certo sentido bem mais ampla) do estilo universal, da moda atual — de modo que a manifestação individual jamais *caia* fora do universal, sendo, antes, com ele re*alçada*.[9]

---

[9] Há aqui um jogo de palavras intraduzível, com os verbos *herausfallen* e *herausheben*. O primeiro significa "descolar", "desprender", "sair do encaixe"; é justamente o verbo com o qual Simmel, no ensaio anterior, caracterizara o movimento da aventura em relação ao nexo integral da vida. Traduzido literalmente, esse verbo significa mesmo algo como "cair fora", sendo

Onde falta qualquer uma das duas tendências sociais que precisam combinar-se para a formação da moda (a saber: de um lado a necessidade de congregar, e de outro a de segregação), tal formação não ocorre, seu reino acaba. Por isso, os estamentos de baixo possuem modas específicas que são pouco numerosas e escassas; por isso, as modas dos povos naturais são muito mais estáveis do que as nossas. O perigo da mistura e do ofuscamento, que impele as classes dos povos culturais às diferenciações de vestimenta, comportamento, gosto etc., está muitas vezes ausente em estruturas sociais primitivas, que são por um lado mais comunistas, mas por outro conservam as diferenças existentes de modo mais rígido e definitivo. Os segmentos do grupo interessados na segregação adquirem congruência justamente por meio dessas diferenciações: a passada, a velocidade, o ritmo dos gestos é sem dúvida essencialmente definido pela vestimenta, ou seja, pessoas vestidas de forma igual comportam-se de modo relativamente uniforme. Além disso, há nesse ponto um nexo especial. A pessoa que pode e quer seguir a moda frequentemente usa roupas *novas*. Ora, a roupa nova dá maior definição à nossa postura do que a velha, esta afinal completamente amaneirada à tendência dos nossos gestos individuais, cedendo a cada um deles sem oferecer resistências e permitindo às nossas inervações que se traiam nas mínimas particularidades. O fato de nos sentirmos mais "confortáveis" em roupas velhas do que em uma nova significa apenas que esta nos impõe a lei própria de sua forma, que, com o uso prolongado, vai gradativamente cedendo à dos nossos movimentos. Por isso, a roupa nova confere a quem a veste certa homogeneidade supraindividual na postura; a prerrogativa que a roupa, de acordo com sua novidade, possui sobre a individualidade de quem a veste, faz com que a pessoa que está estritamente na moda pareça sempre relativamente uniformi-

---

formado pelo verbo que indica o movimento de queda (*fallen*), mais o prefixo que indica que o que cai, nesse caso cai "de dentro para fora" (*heraus*). Já *herausheben* é usado com o sentido de "ganhar destaque ou realce", "sobressair" — sendo o verbo formado em analogia com o anterior, com a diferença de que, nesse caso, ao invés de cair, o que vai de dentro para fora é *alçado*. (N. do T.)

A moda

zada. Esse elemento de homogeneidade na moda tem uma importância especial para a vida moderna, com sua fragmentação individualista. E é por isso também que, entre os povos naturais, a moda será menor, i.e., mais estável, já que entre eles a necessidade de novidade de impressões e formas de vida (deixando aqui completamente de lado seu efeito social) é muito menor. A mudança da moda indica a proporção do embotamento dos estímulos nervosos; quanto mais nervosa uma época, tanto mais rapidamente mudam suas modas, pois a necessidade de estímulos diferentes — um dos suportes mais essenciais de toda moda — anda de mãos dadas com a exaustão das energias nervosas. Essa é aliás uma razão para que os estamentos superiores formem a verdadeira sede da moda. No que diz respeito às motivações puramente sociais desse fenômeno, dois povos primitivos vizinhos fornecem exemplos que ilustram bem o fim de congregação e segregação próprio da moda. Os cafres possuem uma hierarquia social ricamente segmentada, e verifica-se entre eles uma mudança bastante rápida da moda, ainda que roupas e acessórios estejam sujeitos a certas restrições legais; ao passo que os bosquímanos, entre os quais de um modo geral não se deu uma formação de classes, não se desenvolveu moda nenhuma, i.e., não se firmou entre eles qualquer interesse na mudança de vestimentas e acessórios. Essas mesmas bases negativas ocasionalmente impediram a formação de uma moda nas zonas mais altas da cultura, mas aí de modo inteiramente consciente. Em Florença, por volta de 1390, não podia haver uma moda dominante para as vestimentas masculinas, já que cada um buscava vestir-se de modo particular. Falta aqui, portanto, um dos elementos sem os quais não se chega a moda nenhuma: a necessidade de congregação. Por outro lado: como foi relatado, os *nobili* de Veneza não possuíam moda nenhuma, já que todos tinham que se vestir de preto em consequência de uma lei, visando não deixar assim tão evidente para as massas plebeias o quão ínfimos eram em número. Portanto, aqui não havia moda, pois faltava o outro elemento constitutivo, já que a diferença em face dos que estavam mais abaixo foi deliberadamente evitada. E além desse elemento negativo e orientado para fora, esperava-se que a igualdade das vestimentas — que, como é evidente, só era garantida com o invariável preto — simbolizasse a democracia interna dessa corporação aristocrática: mesmo *dentro* dela não se devia de modo algum chegar a uma moda, que seria o correlato do desenvolvimento de camadas de algum modo diferentes em meio aos *nobili*. O traje de luto, especialmente o feminino, também está entre as manifestações da negação da moda. Também nesse caso estão com efeito presentes tanto o desligamento ou realçamento, como a congregação ou igualdade. O simbolismo da roupa preta põe os que estão de luto para lá da mobilidade colorida das demais pessoas, como se em certa medida pertencessem ao reino dos que não vivem mais, por continuarem ligados aos mortos. Ora, como, quanto à ideia, a situação é a mesma para todos os que estão de luto, estes formam uma comunidade ideal graças a essa separação do mundo dos que estão, por assim dizer, completamente entre os vivos. Mas, como essa comunidade não é de natureza social — é só igualdade, não unidade —, não há a possibilidade de uma moda. Isso confirma o caráter *social* da moda, quer dizer: onde o traje de fato apresenta seus elementos de cisão e vinculação, a ausência de propósito social a encaminha precisamente para seu extremo oposto, a saber, para a invariabilidade basilar do traje de luto.

A essência da moda consiste em que, sempre, quem a pratica é apenas uma porção do grupo, ao passo que o conjunto acha-se ainda a caminho dela. Tão logo a moda tenha penetrado por toda a parte, i.e., tão logo aquilo que originalmente apenas alguns faziam seja de fato praticado por todos sem exceção, como é o caso de certos elementos do vestuário e das formas de trato, isso deixa de ser designado como moda. Cada expansão sua a impulsiona rumo a seu fim, pois anula justamente a distinção. Por isso, ela faz parte do tipo de manifestação cuja intenção tende à propagação cada vez mais ilimitada, à realização cada vez mais completa — mas que, ao atingir essa meta absoluta, cairia em contradição consigo mesma e se aniquilaria. Assim, imagina-se para a aspiração moral uma meta de santidade e incorruptibilidade, ao passo que talvez todo verdadeiro mérito da moralidade habite apenas no *esforço* envolvendo essa meta e na batalha contra uma tentação que se faz sentir cada vez mais; assim, o trabalho econômico muitas vezes transcorre com vistas a conquistar o desfrute do repouso e

A moda

do ócio como uma situação permanente — porém, depois que isso é plenamente alcançado, a vida muitas vezes rejeita todo e qualquer movimento nessa direção, esvaziando-se e empedernindo; assim, ouve-se afirmar o seguinte sobre as tendências socialistas da ordenação social: elas só seriam valiosas na medida em que se espraiassem num arranjo ademais individualista, do contrário, como socialismo implementado sem deixar restos, redundariam em absurdo e ruína. A moda também está subordinada à formulação mais universal desse tipo. O impulso à propagação lhe é de partida inerente, como se cada moda atual devesse subjugar a totalidade de um grupo; mas no instante em que chegasse a isso, estaria fadada a morrer como *moda*, em decorrência da contradição lógica contra sua própria essência, já que a propagação universal anula o elemento de distinção dentro dela.

Se na cultura presente a moda se alastra à desmedida — invadindo províncias que lhe eram até então estranhas, e intensificando-se (i.e., acelerando a velocidade de sua mudança) sem parar dentro daquelas já há muito colonizadas —, isso é apenas a concretização de um traço psicológico relativo ao tempo. Nosso ritmo interior exige que a mudança das impressões se dê em períodos cada vez mais breves; ou, expresso de outro modo: a acentuação dos estímulos passa a recair cada vez menos no seu centro substancial e cada vez mais no seu começo e no seu fim. Isso começa com os sintomas mais insignificantes, p. ex., a substituição cada vez mais difundida do charuto pelo cigarro, e se manifesta na vontade de viajar, cuja preferência consiste em fazer a vida do ano oscilar em vários períodos curtos, com as acentuações fortes recaindo na despedida e na chegada. A velocidade especificamente "impaciente" da vida moderna manifesta não só a nostalgia da mudança rápida dos conteúdos qualitativos da vida, mas também a potência do estímulo formal do limite, do começo e do fim, do ir e vir. No sentido mais sumário dessa forma, a moda — pelo seu jogo entre a tendência à expansão universal e à aniquilação de seu sentido que tal expansão, justamente, provoca — conta com o estímulo peculiar do limite, o estímulo do que é simultaneamente começo e fim, novidade e efemeridade. Sua questão não é ser ou não ser, ela é, ao invés disso, de uma só vez ser e não ser, está sempre bem no divisor de águas entre o passado e o futuro, e desse modo nos proporciona, contanto que esteja no seu ponto alto, um sentimento tão forte de presente, como só poucas entre as demais manifestações são capazes. Se no auge mesmo de consciência social, o ponto a que a moda se destina, já se encontra o germe de sua morte, a sua propensão a ser desmanchada — tal efemeridade não a desclassifica como um todo, mas sim acrescenta a ela um novo estímulo, além dos que já possuía. Afronta-se o valor de um objeto designando-o como "coisa da moda" só mesmo quando se deseja abominá-la e depreciá-la por razões alheias, objetivas — aí sim a moda com efeito se torna um conceito valorativo. Ora, não se dá o nome de moda a algo igualmente novo e que também se expande de súbito na prática da vida, caso se acredite na existência continuada e na fundamentação *objetiva* dessa novidade; só quem está convicto de que tal manifestação desaparecerá tão rápido como chegou lhe dá o nome de moda. Por isso, uma das razões pelas quais hoje a moda domina com tamanha intensidade a consciência, é que as convicções grandes, duradouras e inquestionáveis estão perdendo cada vez mais a sua força. Assim, os elementos voláteis e variáveis da vida ganham cada vez mais espaço de atuação. A ruptura com o passado, cuja consumação é alvo do esforço incessante da humanidade cultural já há pelo menos cem anos, aguça a consciência cada vez mais para o presente. É óbvio que esse realce do presente é ao mesmo tempo realce da mudança, e, quanto mais um estamento seja portador da tendência cultural indicada, tanto mais se voltará à moda em todos os domínios, e de modo algum apenas no do vestuário.

E então, da circunstância de que a moda como tal não pode se estender universalmente, brota para o indivíduo a satisfação de que ela, apesar de tudo, representa ao lado dele algo de particular e notável, ao mesmo tempo que ele se sente, em seu íntimo, levado por um conjunto que não só *faz* o mesmo que ele, como também *aspira* o mesmo. Por isso, a disposição que ocorre diante de quem está na moda é uma mistura ao que tudo indica salutar entre validação e inveja. Quem está na moda é invejado como indivíduo, mas validado como membro de uma classe. Mas, nesse caso, mesmo tal inveja tem um colorido especial. Há uma nuance da inveja que envolve uma espécie de participação ideal nos objetos invejados. A conduta dos proletários, caso consigam dar uma espiada no burgo dos ricos, é um exemplo bem instrutivo para tal; a base dessa conduta é que, nesse caso, o conteúdo contemplado torna-se desejável puramente como tal, ou seja, desconectado da efetividade a que se prende o ter subjetivo — sendo de algum modo comparável à obra de arte, cujo ganho em felicidade também independe de quem a possui. É só porque tal dissociação entre o puro conteúdo da coisa e a questão da propriedade pode em geral ocorrer (correspondendo à capacidade do conhecimento em dissociar o conteúdo da coisa e seu ser), que é possível aquela participação efetivada pela inveja. E talvez isso não seja apenas uma nuance particular da inveja, mas sim ganhe vida como seu elemento onde quer que esta se apresente. Enquanto se inveja um objeto ou uma pessoa, não se está mais totalmente excluído dela, já se obteve alguma relação com ela, há agora entre um e outro o mesmo conteúdo anímico, se bem que vestidos em categorias e formas sentimentais em tudo diferentes. Relativamente ao que se inveja, está-se ao mesmo tempo mais próximo e mais distante do que se está daquele bem que, não sendo nossa propriedade, nos deixa indiferentes. Pela inveja, a distância torna-se como que mensurável, o que significa sempre de uma só vez distanciamento e proximidade — o que é indiferente situa-se para além dessa contraposição. Com isso, a inveja pode conter em si um apoderar-se em silêncio do objeto invejado (assim como também se passa com a fortuna do amor desafortunado) e, nisso, uma espécie de antídoto que muitas vezes previne as degenerações mais nocivas do sentimento de inveja. E os conteúdos da moda, justamente, oferecem de uma maneira toda especial a chance para que se chegue a essa coloração reconciliadora da inveja, porque eles, ao contrário de tantos outros conteúdos anímicos, não são *absolutamente* negados a ninguém, e porque uma virada da sorte (jamais excluída por completo) pode concedê-los àquele que por enquanto está limitado a invejá-los, apenas.

Da mesma estrutura básica, deriva que a moda seja a verdadeira plataforma para indivíduos interiormente dependentes e carentes de apoio, cuja autoestima, não obstante, também exige certa distinção, atenção, particularização. No fim das contas, trata-se da mesma constelação que dá lugar a quem tira o maior proveito daquelas banalidades que todos repetem, e que mesmo assim proporcionam a cada um o sentimento de dar voz a uma sagacidade muito especial, que o eleva acima da massa — ou seja, as banalidades de tipo crítico, pessimista, paradoxal. A moda eleva o insignificante, na medida em que o transforma no representante de um conjunto, na encarnação particular de um espírito integral. É apropriado à moda — posto que ela, de acordo com seu conceito, não pode ser jamais uma norma cumprida por todos — que ela propicie um tipo de obediência social que também é diferenciação individual. Na figura do fanático pela moda, suas exigências sociais são exacerbadas a tal ponto que assumem inteiramente a aparência do que é individualista e particular. O que caracteriza o fanático pela moda é que ele avança com a tendência da moda bem acima da medida em que os demais se detêm: se sapatos pontudos estão na moda, ele faz os seus desembocarem em pontas de lança; se a moda é colarinho alto, ele o veste até as orelhas; se a moda é assistir conferências científicas, ele simplesmente não sairá mais delas, e assim por diante. Assim, ele propõe algo completamente individual, que consiste na exacerbação quantitativa dos mesmos elementos que, quanto à sua qualidade, são bem comum do círculo em questão. Ele avança à frente dos demais — mas seguindo exatamente o caminho que eles seguem. Como isso que ele representa é a derradeira extremidade a que chega o gosto do público, ele parece marchar na vanguarda do conjunto. Mas na verdade aplica-se a ele algo que inúmeras vezes aplica-se à relação entre indivíduos e grupos: que o governante seja basicamente o governado. Tempos democráticos obviamente favorecem tal constelação com uma força toda especial, de modo que tanto Bismarck, como outras eminentes lideranças partidárias de Estados constitucionais, chegaram mesmo a enfatizar que, por serem as lideranças de um grupo, precisavam segui-lo. Assim, a empáfia dos fanáticos pela moda é a caricatura de uma constelação, favorecida pela democracia, da relação entre o indivíduo e o conjunto. Mas é inegável que o herói da moda, graças à distinção obtida por um caminho puramente quantitativo e disfarçada como uma diferença de qualidade,

A moda

representa uma relação de equilíbrio efetivamente original entre os impulsos sociais e os individualizadores. A partir disso, compreendemos a obsessão pela moda, aparentemente tão abstrusa, que se verifica em personalidades de costume muito inteligentes e nem um pouco pequenas de espírito. Ela lhes proporciona certa combinação de relações com as coisas e com as pessoas, que, de outro modo, só se dariam em separado. Não se trata apenas da mescla entre a particularidade individual e a igualdade social; antes, o que aqui exerce seus efeitos, tornando-se algo por assim dizer mais prático, é a mescla do sentimento de domínio com o de submissão, ou, numa outra inflexão, de um princípio masculino com um feminino; e é precisamente o fato de que, no domínio da moda, isso só transcorre como que numa rarefação ideal, de que aí, digamos, a forma desses dois princípios só ganha efetividade junto a um interesse por si mesmo indiferente, o que talvez lhe outorgue um poder especial de atração, em particular para as naturezas sensíveis, que não têm facilidade para lidar com a robustez da realidade. A forma de vida consoante à moda adquire seu caráter aniquilando um por um todos os conteúdos prévios; ela possui uma unicidade peculiar, em que a satisfação do impulso destrutivo e a do impulso para os conteúdos positivos já não podem ser dissociadas uma da outra.

Como não se trata aqui da importância de um conteúdo singular ou de uma satisfação individual, mas sim do jogo entre as duas coisas e do seu destacar-se uma pela outra, é óbvio que a mesma combinação a que se chega com a extrema obediência à moda também pode ser obtida com a oposição a ela. Quem se veste ou se comporta de um modo conscientemente antimoderno alcança o sentimento de individualização que a isso se vincula não pela própria qualificação individual, mas sim, na verdade, pela mera negação do exemplo social: se modernidade é imitação desse exemplo, então a antimodernidade deliberada é sua imitação com sinal invertido,[10] que nem por isso deixa de evidenciar o poder da ten-

---

[10] Dessa vez, Simmel utiliza não só o adjetivo *modern* e seu contrário, *unmodern*, como também a forma substantivada de ambos, ou seja, *Modernität* e *Unmodernität* — destacando ainda mais enfaticamente o vínculo eti-

dência social, que nos torna dependente dela quer de maneira positiva, quer negativa. Portanto, quem é deliberadamente antimoderno assimila exatamente o mesmo conteúdo do fanático pela moda, exceto que o forma segundo outra categoria: um o toma na categoria da exacerbação, outro no da negação. Vestir-se de maneira antimoderna pode inclusive virar moda em círculos inteiros dentro de uma sociedade extensa — uma das mais curiosas complicações em termos de psicologia social, em que o impulso à distinção individual primeiro se satisfaz com uma mera inversão da imitação social e depois, por outro lado, recupera sua força apoiando-se num círculo mais estreito e dotado da mesma característica; se fosse constituída uma associação dos inimigos das associações, ela não seria nem mais impossível em termos lógicos, nem mais possível em termos psicológicos do que o são as manifestações a que me refiro. Assim como se fez do ateísmo uma religião, com o mesmíssimo fanatismo, a mesma intolerância e a mesma saciedade das necessidades de ânimo como as têm a religião; assim como a liberdade com a qual se rompeu uma tirania muitas vezes se revela não menos tirânica e opressora do que o inimigo por ela derrubado; assim também a manifestação dessa antimodernidade tendenciosa mostra o quão prontas estão as formas básicas da essência humana para acomodar em si toda contrariedade de conteúdos e revelar a sua força e o seu estímulo precisamente negando isso que, há um segundo atrás, pareciam estar irrevogavelmente obrigadas a afirmar. No tocante aos valores buscados pelos caráteres aqui discutidos, só o que realmente interessa é ser e fazer o mesmo que os demais, e, ao mesmo tempo, algo a mais — uma síntese que se pode alcançar mais facilmente pelas alterações *formais* do conteúdo recebido por todos, que admitem múltiplas possibilidades. Assim, é muitas vezes completamente impossível discernir se o preponderante no complexo causal dessa antimodernidade são os mo-

mológico e semântico indicado em outra passagem. Optei por traduzir *unmodern* como "antimoderno" e *Unmodernität* como "antimodernidade", sublinhando, com isso, que Simmel ao mesmo tempo se referia ao caráter abstrato do que está "fora da moda", do que é *démodé*, e chamava a atenção para a relação disso com o moderno como atributo epocal. (N. do T.)

A moda

mentos de força ou os de fraqueza pessoal. Ela pode derivar da necessidade de não se unir à multidão, uma necessidade que, se de fato não se baseia numa independência da multidão, de todo o modo o faz numa postura internamente soberana em face dela; mas ela também pode ser parte de uma sensibilidade frágil, o que ocorre caso o indivíduo, diante da possibilidade de render-se às formas, gostos e legalidades comuns a todos, tema ser incapaz de conservar sua exígua individualidade. A oposição a esse tipo de coisa não é, de modo algum, sempre um sinal de força pessoal; pelo contrário: tal força se torna a tal ponto consciente de seu valor único e indestrutível, mesmo com toda conivência externa, que não só submete-se sem a menor preocupação às formas gerais, à moda inclusive, como, além disso, torna-se devidamente consciente tanto do caráter *voluntário* dessa obediência, como do que está para além dela.

Se a moda a um só tempo expressa e realça os impulsos à igualação e à individualização, os estímulos à imitação e à distinção, então isso talvez esclareça por que as mulheres em geral aderem à moda com força tão particular. A sua estreita relação com tudo que é "moral", com o que "tem cabimento", com a forma de existência universalmente válida e validada é resultante da fragilidade da posição social a que as mulheres foram condenadas ao longo do grosso da história. Pois o fraco evita a individualização, o sustentar-se na prática, que afinal acarreta suas responsabilidades, sua necessidade de se manter unicamente com as próprias forças. A ele só foi dada a forma de vida típica da defesa, que atrapalha os fortes na utilização de sua força preeminente. Mas sobre esse chão firme da moral, do mediano, do nível comum a todos, as mulheres agora aspiram fortemente à relativa individualização e distinção da personalidade individual, ainda assim possíveis. A moda lhes oferece precisamente tal combinação na sua forma mais feliz: de um lado, um domínio para a imitação universal, uma carona no mais amplo dos fluxos sociais, um alívio da responsabilidade por seu gosto e seu fazer — e, por outro lado, uma distinção, um realce, uma ornamentação da personalidade.

Parece haver para toda classe de pessoas, e mesmo talvez para todo indivíduo, determinada proporção quantitativa entre os impulsos à individualização e à imersão na coletividade, de modo que, se a fruição de um dos impulsos é barrada num determinado domínio da vida, ele vai atrás de outro, em que então satisfaz a medida de que precisa. Fatos históricos também sugerem considerar a moda como uma espécie de válvula de escape para as necessidades de distinção e destacamento que as mulheres em alguma medida nutrem, dando-lhes vazão sempre que a satisfação noutros domínios lhes é mais enfaticamente negada. Nos séculos XIV e XV, a Alemanha apresentou um desenvolvimento extraordinariamente forte da individualidade. A ordem coletivista da Idade Média foi em grande medida rompida pela liberdade da personalidade individual. Mas as mulheres ainda não tinham lugar dentro dessa expansão da individualidade, era-lhes ainda recusada a liberdade pessoal de movimento e de desenvolvimento. Elas compensaram isso com as modas de vestuário mais extravagantes e hipertrofiadas que se pode imaginar. Por outro lado, vemos que, na Itália, a mesma época proporcionou às mulheres espaço para jogar com o desenvolvimento individual. As mulheres do Renascimento tinham todas essas possibilidades múltiplas de formação, de atividade expressiva, de diferenciação pessoal, das quais, logo depois, deixariam novamente de usufruir, e aí por séculos; mas, na época, a educação e a liberdade de movimento eram quase as mesmas para os dois sexos, em particular nas camadas mais elevadas da sociedade. Só que não se relata na Itália quaisquer extravagâncias particulares da moda feminina por essa época. Não se deu a necessidade de provação individual nesse domínio em específico, nem a de obter aí alguma espécie de distinção, pois o impulso então manifesto era devidamente satisfeito em outros domínios. No geral, a história das mulheres (tanto na sua vida externa, como na interna, tanto no indivíduo, como também no conjunto) apresenta uma uniformidade, um nivelamento e uma homogeneidade comparativamente tão grandes, que elas precisam de uma atividade cheia de vida nem que seja no domínio da moda, que é por excelência o domínio das alternâncias, para assim injetarem certo estímulo em si e nas suas vidas — voltado tanto para o próprio sentimento como para o alheio. Há determinada proporção de necessidades entre a homogeneidade e a alternância dos conteúdos da vida, assim como

A moda

entre individualização e coletivização, que é empurrada de um lado a outro pelos vários domínios da vida, buscando compensar o que se nega num deles com a concessão forçada, não importa como, em outro deles. Em termos gerais, diríamos que a mulher é, em comparação ao homem, de essência mais fiel; mas mesmo a fidelidade, que expressa a homogeneidade e uniformidade de essência nas questões do ânimo, também exige, em prol daquele balanço das tendências da vida, uma alternância mais viva, canalizada em domínios mais remotos. Por outro lado, o homem, mais infiel por sua natureza, ou seja, que tipicamente não trata de conservar o vínculo com o estado de ânimo já deixado para trás com aquela mesma incondicionalidade e com tamanha concentração de todos os interesses da vida sobre ele, demanda por conseguinte menos daquela forma externa de alternância. Sim, a rejeição das variações nos domínios do superficial, a indiferença com relação às modas da aparência externa é algo especificamente masculino — não porque o homem seja de essência mais uniforme, mas sim precisamente porque é no fundo de essência mais múltipla, o que lhe permite dispensar facilmente tais alterações externas. Por isso, a mulher emancipada do presente, que busca se aproximar da essência masculina (de sua diferenciação, personalidade e mobilidade) muitas vezes enfatiza sua indiferença com relação à moda. Em certo sentido, a moda também forma para as mulheres um substituto para o posto dentro de um estamento profissional. O homem que, habituado a um desses estamentos profissionais, já está integrado ao relativo nivelamento próprio a algum círculo, é, nesse estamento, igual a muitos outros, sendo frequentemente mero exemplar para o conceito desse estamento ou profissão. Por outro lado, como que para ser compensado por isso, ele é agora ornamentado com toda a significação, com toda a força objetiva e social desse estamento; acrescenta-se à sua significância individual o pertencimento a tal, que muitas vezes é capaz de cobrir a carência e as insuficiências da existência puramente pessoal.

Ora, é isso mesmo o que a moda efetua junto a conteúdos inteiramente diversos: também ela complementa a insignificância da pessoa, sua incapacidade de individualizar a existência só com base em si mesmo, e o faz pela pertença a um círculo caracterizado, posto em destaque e de algum modo integrado à consciência do público precisamente pela moda. Também nesse caso, a personalidade como tal é realmente embutida num esquema universal, embora, em seu aspecto social, esse mesmo esquema possua um colorido individual, que compensa, indo pela via mais longa do social, aquilo a que a personalidade não conseguiria chegar, se fosse pela via puramente individual. Que a *demi-monde* muitas vezes seja a pioneira da nova moda, é algo que repousa em sua forma de vida peculiarmente desenraizada; a condição de pária que a sociedade lhe atribui amiúde engendra nela um ódio aberto ou latente contra tudo já legalizado e de existência consolidada, um ódio que encontra no ímpeto por formas sempre novas de manifestação sua expressão ainda relativamente inocente; no anelo incessante por modas novas e ainda sem precedentes, no ímpeto irrefletido com que se agarra fervorosamente justo o que até então enfrentava o maior antagonismo, repousa uma forma estética do impulso à destruição que parece ser apropriada a todas as existências párias, contanto que não tenham sido completa e intrinsecamente escravizadas. —

Se tentarmos agora seguir as diretivas da alma, com tudo o que delas se assinalou, até seus movimentos últimos e mais sutis, então elas também revelam aquele jogo antagônico dos princípios vitais, que busca reconquistar seu equilíbrio sempre deslocado por meio de proporções sempre novas. É mesmo essencial à moda tratar todas as individualidades como uma coisa só; mas isso sempre de modo a jamais abarcar a pessoa como um todo, permanecendo sempre algo que lhe é exterior, e isso inclusive nos domínios situados para lá da mera moda de vestuário; pois a forma da variabilidade em que ela se oferece à pessoa é mesmo, em todas as circunstâncias, a de uma contraposição à persistência do sentimento do Eu, e este, aliás, acaba por força tornando-se consciente de sua relativa duração justamente ao se deparar com tal contraposição; e igualmente, é só ao se deparar com esse elemento duradouro que a variabilidade daqueles conteúdos pode enfim revelar-se como variabilidade e fazer seu estímulo aflorar. Mas por isso mesmo, como se disse, a moda não sai da periferia da personalidade, esta que, em face da moda, percebe a si mesma como *pièce de résistance* —

A moda

ou pelo menos assim o pode, caso necessário. Ora, é esse precisamente o significado da moda adotado por pessoas refinadas e únicas, ao se utilizarem dela como uma espécie de máscara. A obediência cega às normas da universalidade em tudo que seja superficial é para elas precisamente o meio consciente e deliberado de reservar sua sensibilidade pessoal e seu gosto, que elas querem de verdade reter totalmente para si, e tão para si que não querem sequer deixá-los passar à manifestação, que estaria disponível a todos. Assim, o que faz muitas naturezas fugirem para debaixo do nivelamento encobridor é na realidade uma vergonha e um receio delicados de que talvez uma particularidade da essência mais íntima se traia pela particularidade da aparência exterior. Com isso, chega-se a um triunfo da alma sobre o caráter dado da existência, um triunfo que, ao menos pela forma, está entre o que há de mais elevado e delicado, a saber: que se tenha posto o próprio inimigo a seu serviço; que precisamente aquilo que parecia violentar a personalidade seja capturado voluntariamente, já que a violência niveladora pode aqui, como indicado, ser empurrada para as camadas externas da vida; que tal elemento forneça um véu e um abrigo para tudo que há de interior e que, com isso, ganha ainda mais liberdade. A luta entre o social e o individual é aqui aplacada com a repartição de suas respectivas camadas. Isso corresponde com exatidão à trivialidade da expressão e da conversa, por meio das quais pessoas muito sensíveis e envergonhadas muitas vezes aprendem a enganar quanto à alma individual, escondendo-a atrás dessa expressão.

Todo sentimento de vergonha tem a ver com o destacar-se do indivíduo. Assim que se dá uma acentuação do Eu, essa personalidade passa a receber um pico de atenção das pessoas ao seu redor, que é nesse mesmo instante sentido como de certa forma inadequado; por isso, personalidades modestas e frágeis inclinam-se com uma força especial a sentimentos de vergonha: assim que de algum modo chegam ao centro da atenção geral, a uma acentuação súbita, instala-se neles uma oscilação excruciante entre o destaque e a renúncia do sentimento do Eu. (A vergonha puramente interna, ou seja, que diz respeito a algo que nunca chega à documentação social, ou então que afinal se situa para lá da vergonha propriamente sociológica — tal vergonha trai uma estrutura básica formalmente igual, por meio de simbolizações e motivações anímicas fáceis de identificar.) Como, além do mais, a constatação de que esse destacar-se de uma universalidade seria a fonte do sentimento de vergonha em nada depende do conteúdo particular com base no qual tal sentimento ocorre, muitas vezes sente-se vergonha inclusive do que há de melhor ou mais nobre. Se "sociedade", no sentido estrito da palavra, é essa banalidade do bom-tom, isso não é simplesmente a consequência da consideração recíproca, que faz parecer sem tato a qualquer um que se ponha em evidência ao lançar mão de alguma expressão individual e única, que ninguém mais pode imitar; antes, isso ocorre também pelo medo do sentimento de vergonha, que constitui a multa como que autoimposta pelo indivíduo por sobressair do tom e da atividade iguais e igualmente acessíveis para todos. Ora, devido a sua estrutura interna peculiar, a moda fornece um destacar-se que é sempre sentido como adequado. Contanto que seja moda, mesmo a maneira mais extravagante de aparecer e de se expressar está protegida desses reflexos dolorosos que o indivíduo de outro modo sente ao se tornar objeto da atenção alheia. Todas as ações de massa são caracterizadas pela supressão do sentimento de vergonha. Como elemento de uma massa, o indivíduo toma parte em muitas coisas que lhe despertariam resistências insuperáveis, caso lhe fossem impostas isoladamente. Aí está uma das mais curiosas manifestações da psicologia social, em que se revela precisamente esse caráter das ações de massa: muitas modas incorrem em sem-vergonhices que, se fossem imposições individuais, seriam repudiadas com indignação pelo indivíduo, mas que, sendo leis da moda, encontram nele obediência automática. Justamente porque se trata de uma ação de massa, o sentimento de vergonha some para o indivíduo, exatamente como o de responsabilidade para o participante do delito de massa, diante do qual não raro o indivíduo, ao ser colocado sozinho perante o ato, recuaria assustado. Tão logo o que há de individual na situação desponte com mais força em face do que há de social, ou seja, do que está conforme a moda, o sentimento de vergonha já passa a atuar: muitas mulheres ficariam encabuladas ao se apresentar em seu quarto diante um único homem estranho usando o

A moda

mesmo traje decotado que, em sociedade — que é, como tal, dominada pela moda —, usam diante de trinta ou de uma centenas deles.

De resto, a moda é apenas uma das formas pelas quais as pessoas pretendem resgatar ainda mais plenamente a liberdade interna abandonando o que há de superficial à escravidão imposta pela universalidade. Liberdade e obrigação estão também entre aqueles pares de contrários que, ao travarem uma luta sempre renovada, ao serem empurrados para cá e para lá pelos mais variados domínios, proporcionam à vida um estímulo muito mais fresco, uma amplitude e desabrochar muito maiores do que seria possível no caso de um equilíbrio duradouro entre ambos a que de algum modo se chegou e que não se pode mais alterar. Assim como, segundo Schopenhauer, atribui-se a cada pessoa certa quantia de prazer e dor, que não se pode nem esvaziar, nem exceder, e que só muda de forma, qualquer que seja a diferença e a oscilação das relações internas e externas — assim também, em registro bem menos místico, poder-se-ia notar em cada tempo, cada classe e cada indivíduo quer uma proporção efetivamente duradoura entre obrigação e liberdade, quer pelo menos a nostalgia de tal proporção, em relação à qual nos está dada apenas a possibilidade de mudarmos os domínios por onde as duas se distribuem. E a tarefa da vida superior é mesmo empreender essa distribuição de tal modo que, com isso, os demais valores da existência, ou seja, aqueles que dizem respeito aos conteúdos, ganhem a possibilidade de um desabrochar favorável. A mesma quantia de obrigação e liberdade pode, em um caso, ajudar a ampliar ao máximo os valores morais, intelectuais e estéticos, e, em outro — sem quaisquer alterações qualitativas e pela mera redistribuição por outro domínio —, ocasionar o resultado exatamente oposto. No geral, poder-se-ia dizer que o resultado favorável para o valor integral da vida se dá caso a obrigação inevitável seja cada vez mais empurrada para a periferia da vida, para suas superficialidades. Talvez Goethe, em seu período tardio, seja o exemplo mais elucidativo de uma vida realmente grandiosa que, pela conivência com tudo que há de externo, pela observância rigorosa à forma, por um dobrar-se voluntário às convenções da sociedade, alcançou justamente um máximo de liberdade interior, mantendo o centro de sua vida completamente intocado pela quantia de obrigação que não podia evitar. Nesse sentido, a moda é uma forma social de finalidade admirável — porque ela, sendo nisso comparável ao direito, captura apenas a superfície da vida, apenas seus aspectos voltados à sociedade. Ela fornece ao ser humano um esquema graças ao qual ele é capaz de registrar do modo mais inequívoco possível sua obrigação para com o universal, sua obediência frente às normas que a ele chegam vindas de seu tempo, de seu estamento, de seu círculo mais íntimo — para, com isso em mãos, pagar pela oportunidade de, em retrospectiva, concentrar a liberdade que a vida em geral concede cada vez mais nas suas interioridades e essencialidades.

Ora, no interior da alma individual, verifica-se que tais relações entre a uniformização igualadora e o destacar-se individual em certo sentido se repetem, que o antagonismo das tendências que a moda engendra se transfere de maneira formalmente idêntica àquelas relações internas presentes em muitos indivíduos, mas que nada têm a ver com obrigações sociais. Na manifestação a que aqui me refiro, revela-se aquele paralelismo muitas vezes enfatizado com o qual as relações entre os indivíduos repetem-se nas associações dos elementos anímicos do indivíduo. De modo mais ou menos deliberado, o indivíduo muitas vezes cria para si um comportamento, um estilo que se caracteriza como moda pelo ritmo de seu aparecer, fazer-se-valer e então retirar-se. Pessoas jovens, em particular, frequentemente exibem um encanto repentino nas suas maneiras, um interesse inesperado, sem base objetiva, que vem à tona dominando todo o círculo de sua consciência e logo desaparece outra vez, com a mesma irracionalidade. A isso se poderia chamar de moda pessoal, que forma um caso-limite da moda social. Ela é, em parte, sustentada pela necessidade individual de distinção, e com isso registra o mesmo impulso que também atua na moda social. Mas a necessidade de imitação, de homogeneidade, de fundição do singular em algum universal é aqui satisfeita puramente no interior do próprio indivíduo, a saber: pela concentração da consciência nessa única forma ou conteúdo, pelo colorido uniforme que a própria essência assim obtém, por algo como *uma imitação de si mesmo*, que nesse caso toma o lugar da imitação do outro. Certo estado intermediário entre a moda individual e a pessoal é efetivado no interior de vários círculos mais íntimos. Pessoas banais adotam com frequência alguma expressão — na maioria das vezes, exatamente a mesma adotada por vários outros do mesmo círculo —, que aplicam a todos os objetos, adequados ou não, e em qualquer ocasião. Essa é por um lado moda de grupo, mas por outro é também moda individual, pois o sentido para tal é precisamente que o *indivíduo* submete a essa fórmula o *conjunto* de seu círculo de representações. Comete-se com isso uma violência brutal à individualidade das coisas, todas as nuances são desbotadas com a predominância peculiar dessa única categoria designadora; p. ex., quando alguém chama qualquer coisa que, por qualquer motivo, seja do seu agrado de "chique" ou "fina" — coisas as mais afastadas possíveis do domínio em que tais expressões têm direito à domicílio. Dessa maneira, o mundo interior do indivíduo é submetido a uma moda e reitera, assim, a forma do grupo por ela dominado. E isso inclusive por meio da falta objetiva de sentido dessas modas individuais, que revelam o poder que o elemento formal e uniformizante tem sobre o elemento objetivo e razoável — exatamente como, para muitas pessoas e círculos, é necessário apenas que sejam dominados de modo afinal unitário, relegando à questão do quão qualificada e valiosa é a dominação um papel apenas secundário. Mas não há como negar: ao empregar tais modos de designação para violar as coisas, ao uniformizar cada uma delas com uma categoria imposta por nós, o indivíduo exerce uma autoridade sobre elas, ganha um sentimento individual de poder, uma acentuação do Eu.

A manifestação que nesse caso aparece como caricatura pode, em menor escala, ser notada por toda a parte na relação do ser humano com os objetos. Somente pessoas absolutamente altivas encontram a máxima profundidade e força de seu Eu no respeito estrito à individualidade própria das coisas. Da hostilidade que a alma sente em face da predominância, independência e indiferença do cosmos, sempre acabam brotando, ao lado das aplicações mais excelsas e valiosas da força da humanidade, também as tentativas de algo como uma violação externa das coisas; o Eu se impõe às coisas não absorvendo e dando forma às forças delas mesmas, não reconhecendo, primeiro, a individualidade delas, para em seguida colocá-las a seu serviço, mas sim dobrando-as por fora até que caibam nalgum esquema subjetivo, com o que, em última análise, o Eu não obtém realmente um domínio sobre as coisas, mas sim apenas sobre a imagem delas na fantasia: uma imagem que é dele próprio, que é falsa. Mas o sentimento de poder que daí se origina revela sua falta de fundamento, seu ilusionismo pela velocidade com a qual vão-se embora tais expressões da moda.

Resultou para nós que, na moda, as várias dimensões da vida atingem, por assim dizer, uma coincidência peculiar, que ela é uma estrutura complexa, na qual todas as mais importantes tendências contrárias da alma estão de algum modo representadas. Com isso, torna-se prontamente concebível que também o ritmo integral com que se movem o indivíduo e os grupos influencia de modo determinante sua relação com a moda, que as várias camadas de um grupo (ignorando aqui seus vários conteúdos de vida e possibilidades externas) possuem uma relação diferente com a moda puramente em função de que seus conteúdos de vida se desenrolem ou em formas conservadoras, ou em formas que variam com rapidez. De um lado, as massas situadas mais abaixo são de movimento mais pesado e evolução mais lenta. De outro, como se sabe, os estamentos mais elevados são estritamente conservadores, e aliás, não raro, arcaicos; eles frequentemente temem todo movimento e alteração, não porque seu conteúdo lhes seria antipático ou danoso, mas sim porque trata-se afinal de uma alteração, e porque para eles qualquer modificação do todo, que na sua atual composição lhes concede a posição mais favorável de todas, é suspeita e perigosa; nenhuma alteração pode lhes trazer um incremento de poder; de todas elas, eles no máximo têm algo a temer, mas já nada a esperar. A verdadeira variabilidade da vida histórica está, portanto, no estamento médio, e por isso a história dos movimentos sociais e culturais adquiriu uma velocidade completamente diferenciada desde que o *tiers état* assumiu a direção. Por isso, a moda, forma da mudança e da contrariedade da vida, tornou-se desde então muito mais ampla e agitada; além disso, a mudança frequente da moda envolve um servilismo colossal do indivíduo e é, nessa medida, um dos complementos necessários da crescente liberdade so-

A moda

cial e política. A posição propriamente indicada à essa forma de vida cujos conteúdos são tais que, bem no momento em que chegam ao ápice, já entram em declínio, é um estamento cuja essência seja como um todo mais variável e tenha um ritmo muito mais inquieto do que no caso tanto dos estamentos mais baixos, com seu conservadorismo obtuso e inconsciente, como no dos mais elevados, com seu conservadorismo deliberado. Classes e indivíduos que pressionam pela alternância constante — pois é precisamente a rapidez de seu desenvolvimento o que lhes confere a dianteira em relação aos outros —, redescobrem na moda a velocidade de seus próprios movimentos anímicos. E, nesse contexto, basta aludir ao enlace de inúmeros elementos históricos e social-psicológicos, graças aos quais as grandes cidades, em contraposição a todos os ambientes mais restritos, tornaram-se o solo fértil da moda: a rapidez desleal na mudança das impressões e relações, a nivelação e o simultâneo refinamento das individualidades, a compactação, bem como a reserva e o distanciamento que esta forçosamente acarreta. Com a velocidade que adquire nas grandes cidades, a promoção econômica das camadas de baixo deve favorecer marcadamente a mudança rápida da moda, pois habilita cada vez mais rápido os que estão embaixo à imitação dos de cima — e foi assim que o processo acima caracterizado, em que toda camada mais elevada abandona a moda no momento em que os de baixo dela se apoderam, veio a adquirir uma amplitude e vivacidade antes insuspeitas. Isso tem influências significativas sobre o conteúdo da moda. Antes de tudo, tem o efeito de que as modas já não podem ser tão caras, nem, por conseguinte, tão extravagantes como o foram noutros tempos, quando quer o custo elevado da aquisição inicial, quer o labor envolvido na reformulação dos comportamentos e gostos era compensado por uma duração mais longa de seu domínio. Quanto mais um artigo está sujeito à mudança rápida da moda, tanto mais forte é a demanda de produtos *baratos* do seu gênero. E isso não apenas porque as massas mais amplas e portanto mais pobres realmente possuem poder de compra o bastante para reservar para si a maior parte da indústria e mesmo exigir objetos que trazem pelo menos a aparência externa e artificial do moderno, mas também porque até mesmo as camadas mais altas da sociedade não conseguiriam acompanhar a rapidez da mudança da moda imposta pelas pressões das camadas de baixo, caso seus objetos não fossem relativamente baratos. Portanto, aqui emerge um círculo peculiar: quanto mais rápido a moda muda, tanto mais baratas as coisas precisam se tornar; e quanto mais baratas se tornam, tanto mais impelem os consumidores a uma mudança ainda mais rápida, pressionando ainda mais os produtores. A velocidade do desenvolvimento é de tal importância para os artigos da moda propriamente ditos, que suprime até mesmo certos progressos da economia que noutros domínios foram gradualmente alcançados. Notou-se particularmente a respeito dos mais velhos ramos produtivos da indústria moderna que o elemento especulativo gradualmente deixa de desempenhar um papel decisivo. Os movimentos do mercado passam a ser avaliados com maior precisão, as necessidades já podem ser melhor antecipadas e a produção passa a ser regulada com maior precisão do que antes, de modo que a racionalização da produção ganha cada vez mais terreno em relação ao acaso das conjunturas, a esse oscilar sem planos, ora para cá, ora para lá, que é próprio à oferta e à procura. Só os puros artigos da moda parecem excluídos disso. As oscilações de um polo a outro — de que a economia moderna já em muitos casos sabe como escapar, e, deixando-as para trás, obviamente passa a ambicionar ordens e formações econômicas de todo novas — são ainda predominantes nos domínios diretamente sujeitos à moda. A forma de uma mudança febril é nesse caso tão essencial, que se coloca como que numa contradição lógica em face das tendências de desenvolvimento da economia moderna.

Porém, opondo-se a esse caráter, a moda agora apresenta a propriedade extremamente curiosa de que cada moda individual num certo sentido aparece como se quisesse viver para sempre. Quem hoje compra uma mobília que deve durar um bom quarto de século, compra-a de novo e de novo ao sabor da mais nova moda, e desconsidera completamente aquela que vigorava há dois anos. E é claro que, passados mais dois anos, o estímulo que a moda confere à mobília atual será abandonado exatamente como se acaba de abandonar o anterior, e então o gostar ou não gostar despertado por cada uma dessas formas será decidido por critérios

A moda

diferentes, de caráter objetivos. Uma variação desse motivo mostra-se de maneira peculiar nos conteúdos específicos da moda. Para a moda, é só a mudança que importa; porém, como toda estrutura, a moda também tem a tendência a economizar energia, busca alcançar seus fins o mais fartamente possível, mas com os meios relativamente mais econômicos. Por isso mesmo, ela sempre reincide nas formas anteriores — o que fica especialmente claro na moda de vestuário —, de modo que seu caminho já foi diretamente comparado a um circuito. Tão logo uma moda passada tenha em alguma medida se perdido na memória, já não há mais razão para não lhe dar vida nova; o estímulo da distinção, de que sua vida depende, pode com isso, quem sabe, se fazer sentir junto a esse conteúdo, que então, ao entrar em cena, extrairia tal estímulo precisamente de sua contraposição à moda anterior, e que seria nesse instante ressuscitada. De resto, o poder de movimento das formas de que depende a moda não é tão abrangente a ponto de conseguir subjugar todo conteúdo de modo plenamente homogêneo. Mesmo nos domínios regidos pela moda, nem todas as composições são homogeneamente apropriadas para virar moda. Muitas delas possuem uma natureza peculiar que oferece certa resistência à moda. Isso é comparável ao fato de que os objetos da visão externa possuem possibilidade desiguais de serem transformados em obras de arte. Embora seja muito tentadora, não é de modo algum profunda e sustentável a opinião segundo a qual todo objeto da realidade seria homogeneamente apropriado a se tornar objeto de uma obra de arte. As formas da arte, tal como se desenvolveram ao longo da história — sendo definidas por milhares de acasos e muitas vezes atadas de modo unilateral às perfeições ou imperfeições técnicas —, de modo algum situam-se numa altura apartidária acima de todos os conteúdos da realidade; ao invés disso, estão em correlação muito mais estreita com alguns conteúdos do que com outros, alguns nelas se encaixam com facilidade, como se por natureza prefigurados a tais formas artísticas, enquanto outros evitam a conversão às formas de arte dadas, como que por teimosia, como se fossem por natureza orientados a outro sentido. A soberania da arte sobre a realidade não significa em absoluto, como querem o naturalismo e muitas teorias idealistas, a capacidade de atrair homogeneamente todos os conteúdos da existência para o âmbito dela. Nenhuma das formações com as quais o espírito humano dominou a matéria da existência e moldou-a para seus fins é tão universal e neutra a ponto de todos aqueles conteúdos submeterem-se a ela de modo homogêneo, fazendo-se indiferentes à própria estrutura. Assim, a moda até pode, aparentemente e *in abstracto*, assimilar para si qualquer conteúdo; qualquer forma dada de vestuário, de arte, de comportamento e de opinião pode virar moda. Porém, repousa na essência íntima de várias formas uma disposição especial para fruir sua vida justamente como moda, enquanto outras oferecem uma resistência vinda de dentro. Assim, p. ex., tudo que se possa designar como "clássico" é relativamente distante e estranho à forma da moda, ainda que, é claro, mesmo isso eventualmente não escape à moda. Pois a essência do clássico é a concentração do aparente em torno de um ponto central em repouso; o classicismo tem algo de apanhado, algo que, por assim dizer, não possui muitos pontos vulneráveis, isto é, sujeitos a alguma alteração, perturbação do equilíbrio ou eliminação. Para a escultura clássica, é característica a compostura das partes, o todo tem uma dominância absoluta que provém de dentro; graças à congruência explícita do aparente, o espírito e o sentimento vital do todo atraem para si, de modo homogêneo, todas as partes individuais do mesmo. Essa é a razão pela qual se fala da "serenidade clássica" da arte grega; trata-se exclusivamente da concentração do aparente, que não concede a nenhuma de suas partes uma única relação com as forças e destinos que estejam fora dele mesmo, e com isso provoca o sentimento de que tal composição escapa às influências cambiantes da vida universal — como moda, é preciso que o clássico seja transformado em classicismo, o arcaico, em arcaísmo. Contrapondo-se a isso, tudo que há de barroco, desmedido e extremo tenderá à moda, e essa é uma inclinação que vem de dentro: a moda recai sobre as coisas assim caracterizadas não como um destino exterior, mas sim, digamos, como a expressão histórica de suas qualidades objetivas. As partes bem ressaltadas da estátua barroca estão o tempo todo como que sob o risco de serem rebentadas, a vida interna da figura não as domina completamente — em vez disso, revela a relação que man-

A moda

têm com os acasos da existência externa. Composições barrocas, ou pelo menos várias delas, já têm em si a inquietude, o caráter de casualidade, a sujeição ao impulso momentâneo que a moda efetua como forma da vida social. Acrescente-se a isso que as formas desregradas, de individualidade muito aguçada, caprichosas, facilmente se tornam cansativas e por isso necessitam (inclusive em termos puramente fisiológicos) da mudança, para a qual a moda proporciona o esquema. Aqui também repousa uma dessas relações profundas que se acredita ter detectado entre as composições clássicas e "naturais" das coisas. Por mais que, enfim, o conceito do natural tenha limites tão incertos e conduza tão amiúde a erros, pode-se ainda assim ao menos dizer o negativo, ou seja, que certas formas, inclinações e intuições não têm *nenhum* direito a esse título, e essas serão precisamente aquelas suscetíveis à mudança especialmente rápida das modas, porque lhes falta a relação com o centro tenaz das coisas e da vida, que justifica a reivindicação à existência duradoura. Assim, de uma cunhada de Luís XIV, Isabel Carlota do Palatinado, que era uma personalidade perfeitamente masculina, surgiu na corte francesa a moda segundo a qual mulheres se comportavam e se faziam tratar como homens, e homens, por sua vez, como mulheres. É patente o quanto algo do tipo só pode ser moda mesmo, já que aí ocorre um afastamento daquela substância imprescindível das relações humanas a que no fim das contas a forma da vida sempre de algum modo precisa retornar. Na mesma medida em que não se pode dizer que toda moda seja algo antinatural — mesmo porque a própria forma de vida da moda é natural ao ser humano como criatura social —, assim também, por outro lado, pode-se dizer do que é pura e simplesmente antinatural que é capaz de existir ao menos na forma da *moda*.

Mas, para resumir isso tudo, o estímulo peculiarmente picante, provocante, da moda está no contraste entre, de um lado, a sua propagação ampliada, que vai envolvendo tudo e, de outro, a sua fugacidade veloz e fundamental, o direito de não ser fiel a ela. E está tanto na estreiteza com que ela congrega um determinado círculo, cujo pertencimento prova ser tanto sua causa, como seu efeito — como também na resolução com que segrega outros círculos que se opõem ao primeiro. E está, finalmente, tanto no seu ser-

-usado[11] por um círculo social, que impõe a seus membros a imitação recíproca e com isso desonera os indivíduos de toda responsabilidade (tanto ética, como estética) — como na possibilidade de produzir, mas então dentro desses limites, nuances originais, seja pela exacerbação, seja mesmo pela rejeição da moda. Assim, a moda se mostra apenas uma estrutura singular e com características especiais em meio a tantas outras, nas quais tanto a finalidade social como a individual objetivaram as correntes contrapostas da vida, dando-lhes os mesmos direitos.

[11] A expressão original, *Getragen-Sein*, significa tanto "ser usado, vestido" (no sentido específico que mobilizamos ao dizer que estamos *usando* esta ou aquela roupa), como também "ser portado, carregado, levado". Pensando bem, constatamos que é precisamente isso que fazemos ao usar uma roupa: nós a levamos no corpo — e é por isso, aliás, que um alemão aplica com toda naturalidade esse verbo que significa "portar" para se referir ao que fazemos com a roupa em nosso corpo. A ideia de Simmel é transferir essa carga semântica para a relação entre a moda e o grupo: este "usa", quer dizer, "carrega" aquela, da mesma forma como o corpo, em relação à peça de roupa. (N. do T.)

III.

Para a filosofia dos sexos

O relativo e o absoluto no problema dos sexos

Em todos os domínios da existência interior, bem como nos que brotam da relação cognitiva e atuante da interioridade com o mundo, capturamos integralmente o sentido e o valor de um elemento singular *na* relação com, ou *enquanto*[12] outro elemento — este outro que, por sua vez, define sua essência junto ao primeiro. Os dois, porém, não perduram nessa relatividade, mas sim um deles, alternando com o outro, avulta até virar um absoluto que passa a carregar a relação ou normatizá-la. Todos os grandes pares relacionais do espírito: Eu e mundo, sujeito e objeto, indivíduo e sociedade, permanência e movimento, material e forma, e muitos outros — todos passaram por tal destino, ou seja, em algum ponto, este ou aquele lado avultou a um sentido amplo e profundo, envolvendo, com isso, tanto seu significado próprio e restrito, como o seu contrário.

A relatividade básica na vida da nossa espécie ocorre entre a masculinidade e a feminilidade;[13] e também nesse caso, entra em

---

[12] Os grifos são do tradutor. (N. do T.)

[13] Como Simmel introduz aqui a questão substantiva deste ensaio, creio ser este o momento oportuno para chamar a atenção para um problema de tradução específico a essa temática. Em português, como em outros idiomas, é habitual empregarmos a palavra "homem" tanto como referência à humanidade quanto à masculinidade, como o próprio Simmel observará no último ensaio deste livro; mas esse não é o caso do alemão, em que se dispõe de um nome para designar o exemplar do ser humano, *Mensch*, e de outro para designar o ser humano do sexo masculino, *Mann*. Assim, para evitar confusões, não traduzirei a palavra *Mensch* por "homem", recorrendo a alternativas como "ser humano", "o humano" ou "pessoa", ao sabor do contexto; reservo a palavra "homem" exclusivamente para traduzir *Mann*. (N. do T.)

cena esse típico tornar-se absoluto de um dos lados que compõem um par de elementos relativos. Medimos a realização e a atitude, a intensidade e as formas de elaboração tanto da essência masculina, como da feminina, comparando-as a determinadas normas para tais valores; mas tais normas não são neutras, não dispensam a contrariedade dos sexos, mas sim são elas mesmas de essência masculina. Por enquanto, deixarei de lado as exceções, inversões e avanços no desenvolvimento desse padrão. As demandas artísticas e o patriotismo, assim como o cosmopolitismo, a moral universalista e as ideias sociais específicas, a justiça do juízo prático e a objetividade do conhecimento teórico, a força e o aprofundamento da vida — ainda que, como que segundo sua forma e por direito, todas essas categorias sejam universalmente humanas, na sua efetiva composição histórica são, contudo, do começo ao fim masculinas. Se, dessa feita, dermos a essas ideias que assomaram como absolutas o nome de objetividade, pura e simplesmente, então a seguinte equivalência valerá para a vida histórica da nossa espécie: objetivo = masculino. Aquela tendência permanentemente humana, ao que parece ancorada em profundas bases metafísicas, em discriminar um dos termos de um par de conceitos polares, que encontram seu sentido e a definição de seu valor um no outro, para fazer com que ele, agora com um significado absoluto, envolva e domine todo o jogo de reciprocidade ou de equilíbrio — essa tendência criou na relação básica entre os sexos da humanidade um paradigma histórico para si.

Que o sexo masculino não tenha se sobreposto ao feminino apenas em termos relativos, mas sim se tornado o universal humano, normatizando de modo homogêneo as manifestações das masculinidades e feminilidades individuais — isso é sustentado pela *posição de poder* dos homens, transmitida por diversos meios. Se é para expressar, a grosso modo, a relação histórica entre os sexos nos termos da relação entre o senhor e o escravo, então que se diga que um dos privilégios do senhor é não ter de pensar o tempo todo que é senhor, ao passo que a posição do escravo trata de que ele nunca esqueça qual é a sua posição. Não se pode em absoluto ignorar que a mulher deixa de ter consciência de seu ser-mulher com uma frequência excepcionalmente menor do que o homem, de seu ser-homem. Inúmeras vezes, o homem parece pensar de modo puramente objetivo, como se então sua masculinidade não tivesse o mínimo lugar em sua sensibilidade; por outro lado, parece que a mulher jamais se livra do sentimento, ora mais nítido, ora mais obscuro, de que é mulher; tal sentimento forma o pano de fundo, que jamais desaparece, em que transcorrem todos os conteúdos de sua vida. Já que nas imagens propositivas e normatizações, nas obras e combinações sentimentais, o elemento diferenciado masculino escapa mais facilmente à consciência de seu portador do que o que se passa no caso correspondente com o elemento feminino — pois, para o homem como senhor, não se atrela ao interior de suas atividades de vida um interesse tão vital na sua relação com o feminino, como forçosamente é o caso da mulher, na sua relação com o masculino —, então as expressões da essência masculina se alçam facilmente à esfera de uma objetividade e validade neutras, sobre-específicas (às quais o colorido especificamente masculino é subordinado como algo individual e acidental, quando porventura é notado). Isso se manifesta no fato o tempo todo reiterado de que as mulheres percebem certos juízos, instituições, diligências e interesses como plena e caracteristicamente masculinos — os mesmos que os homens, de modo por assim dizer ingênuo, consideram ser simplesmente objetivos. Também fundamentada na dominação masculina, outra tendência impele ao mesmo resultado. Toda dominação que repousa numa preeminência subjetiva sempre trata de outorgar a si mesma uma fundamentação, ou seja: de transformar poder em direito. A história da política, do clero, das organizações econômicas e do direito familiar está repleta de exemplos disso. Tão logo a vontade do *pater familias*, imposta à casa, aparece como "autoridade", tal figura deixa de ser um usuário arbitrário do poder, passando a ser portador de uma legalidade objetiva, que remonta ao que há de impessoal e universal no interesse familiar. Seguindo essa analogia e não raro sem sair desse mesmo nexo, a superioridade psicológica que a relação de dominação entre homens e mulheres providencia para as expressões de essência masculina se desdobra em uma superioridade por assim dizer lógica; tais expressões demandam significado normativo, de modo a se apresentarem como a verdade e a justiça

O relativo e o absoluto no problema dos sexos

objetivas, válidas de modo homogêneo para todos os indivíduos, quer masculinos, quer femininos.

O fato de que o masculino tenha se absolutizado dessa forma, tornando-se a objetividade como tal, o padrão objetivo — e não se trata apenas da facticidade empírica disso, mas sim de que mesmo as ideias e exigências ideais geradas do masculino e para o masculino tornaram-se suprassexuais, absolutas — teve consequências desastrosas para a apreciação das mulheres. Aqui emerge, por um lado, a sobrevalorização mistificadora da mulher. Na falta de qualquer critério para as mulheres, tão logo se alcance nem que seja o mero sentimento de que, apesar de tudo, há nela uma existência assentada numa base normativa perfeitamente autônoma, descortina-se a possibilidade para todo tipo de excesso e reverência em face do desconhecido e incompreendido. Por outro lado, é evidente que todos os mal-entendidos e subvalorizações se originam do fato de que uma essência seja apreciada segundo critérios criados para outra, oposta a ela. Daí em diante, a autonomia do princípio feminino já não *pode* em absoluto ser reconhecida. Se se tratasse simplesmente de uma brutalização das expressões de essência feminina (de acordo com sua efetividade e valor) pelas expressões masculinas equivalentes e situadas num mesmo plano, ainda se poderia esperar justiça do apelo a uma instância do espírito posta acima de ambas. Mas, sendo essa instância mais elevada outra vez masculina, não há como antever de que maneira o modo feminino de ser chegaria a uma apreciação feita segundo normas que lhe fossem cabíveis. Assim, ao confrontar as mulheres, as suas realizações, convicções e conteúdos práticos e teóricos da vida, com o padrão absoluto (formado por critérios que são válidos para os homens), este é aplicado a algo a princípio relativamente marginal ou mesmo incompatível, que igualmente se origina das prerrogativas masculinas e amiúde impõe exigências diametralmente opostas. Pois, na sua relação polar com a mulher, o homem acaba mesmo exigindo dela apenas o que é desejável para ele, como se ele fosse, digamos, um partido interesseiro; a isso corresponde o conceito tradicional da feminilidade — mas o que temos aí não é uma qualidade autossuficiente, centrada em si, mas sim uma qualidade orientada ao homem, que deve agradá-lo, servi-lo, completá-lo. Como a prerrogativa dos homens impõe às mulheres essa duplicidade de padrões, ou seja, o masculino que desponta como se fosse a objetividade acima dos sexos, e esse feminino específico, que é precisamente correlativo e muitas vezes exatamente contraposto ao primeiro — então na verdade as mulheres não podem ser apreciadas sem reservas de nenhum ponto de vista. Se a atitude crítica e debochada com relação às mulheres é tão disseminada, mas também tão banal e barata, é porque, ao ser apreciada de acordo com um desses conjuntos de critérios que surge na contraposição, elas só podem mesmo ser depreciadas. Ora, essa duplicidade de demandas que se excluem uma à outra, como que mantendo sua forma e mudando apenas suas dimensões, segue se infiltrando nas próprias necessidades internas com as quais o homem como indivíduo se volta à mulher. Se o homem — algo que só mais adiante será levado às suas consequências mais profundas — é, tanto no sentido interno, como no externo, de essência determinado para e pela divisão do trabalho, o indivíduo assim reduzido a esse único aspecto há de procurar na mulher o complemento de suas qualidades unilaterais, ou seja, há de procurar também nela uma essência diferenciada, que terá de realizar esse complemento nos mais variados graus, entre a igualdade aproximada e a contraposição radical: a peculiaridade no conteúdo da individualidade masculina demanda da mulher uma peculiaridade no conteúdo que seja correlativa a isso. Além do mais, em geral a diferenciação como forma de vida aspira ao seu complemento e correlação, ou seja: à essência unitária, se possível sem a sofisticação de qualquer conteúdo especialmente realçado, e ainda com raízes em sua base natural, ainda indiferenciada. É o destino da individualização altamente particularizada propor, muitas vezes com a mesma intensidade, estas duas pretensões que se excluem uma à outra: de um lado, a pretensão a uma outra individualização, tão decidida como a primeira, mas, por assim dizer, com conteúdo e sinal invertidos; e, de outro, a suspensão *a priori* da individualização em geral. O atual conteúdo particular e a forma universal da vida masculina exigem dois correlatos para seu complemento, paz e salvação, que se contrapõem entre si. É muitas vezes o problema, e até a tragédia (desenrolada em maior ou menor grau), dos relacionamentos que o homem tome por evidente que uma dessas necessidades deva ser satisfeita pela mulher, e que dê lugar a que o fracasso em satisfazer a necessidade restante — que pela lógica não pode de modo algum ser simultânea com a primeira — domine completamente sua consciência. Só as mulheres com uma feminilidade por assim dizer genial parecem ter o dom de atuar como individualidade totalmente diferenciada e como unidade cuja camada profunda detém a potência de todas as particularidades com sua indissociabilidade perfeita — analogamente às grandes obras de arte, que atuam precisamente com essa dualidade, e sem se importar com sua incompatibilidade conceitual; esta, entretanto, é ainda atuante o bastante nos casos típicos para, por meio da mudança do ponto de vista exigido, fazer com que a mulher de qualquer forma apareça como a essência em relação à qual o homem ainda possui a prerrogativa da exigência, da apreciação expedida lá das alturas da norma objetiva.

O desenvolvimento histórico-cultural e aparente assim indicado é decerto fenômeno de um determinante enraizado na base supra-histórica da diferença entre os sexos. O motivo decisivo para todo o conjunto manifesto é o que foi acima indicado: a diferença entre os sexos, na aparência uma relação entre dois partidos polares e equivalentes em termos lógicos, é, entretanto, algo tipicamente mais importante para a mulher do que para o homem, é para ela mais essencial ser mulher, do que para o homem, ser homem. Para o homem, a sexualidade é, por assim dizer, um fazer, ao passo que, para a mulher, é um ser. Mas, mesmo assim, ou então por isso mesmo, aquela importância da *diferença* entre os sexos é para ela, quando vista mais de perto, apenas uma circunstância secundária; ela repousa em sua feminilidade como se tratasse de uma substância de essência absoluta e — para exprimi-lo de modo algo paradoxal — sem se importar com a existência ou inexistência dos homens. Para o homem, não há de modo algum essa sexualidade centrípeta, existente para si. Sua masculinidade (no sentido sexual) está ligada de modo muito mais permanente à relação com a mulher do que a feminilidade da mulher à relação com o homem. O que nos impede de reconhecer esse ponto, e talvez mesmo concebê-lo, é o pressuposto ingênuo que justamente se põe em questão, a saber: que a feminilidade seria apenas uma manifestação da relação com o homem, e que, cortada essa relação, nada mais restaria; mas com efeito o que resta não é um "ser humano" neutro, mas sim uma mulher. Por isso, se as moças estão cientes de ter um anseio apaixonado por um filho, mas não por um homem, em muitos casos isso certamente não é uma autoilusão (algo que só mesmo um ceticismo barato e um esquematismo praticamente gratuito permitiriam sair afirmando). E a autonomia dos sexos no tocante à mulher se mostra do modo mais extensivo possível no percurso da gravidez, independente de toda relação subsequente com o homem; junte-se a isso que, nos primórdios da humanidade, deve mesmo ter demorado muito tempo até que se identificasse a causação da gravidez pelo ato sexual. O fato de que a mulher vive na mais profunda identidade entre ser e ser mulher, no absoluto do sexo determinado *em si*, que não carece da relação com o outro sexo para a essencialidade de seu caráter, torna, inclusive na manifestação histórica singular, especialmente importante para ela essa relação, essa espécie de lugar sociológico de sua essência metafísica, agora vista de outra camada; já para o homem, cuja sexualidade específica só se atualiza junto a essa relação, ela é, por isso mesmo, apenas um elemento da vida entre tantos outros, e não um *character indelebilis*, como no caso da mulher — assim, para o homem, a relação com a mulher, não obstante o significado decisivo para sua sexualidade, não possui como um todo aquela importância vital. Por evidente, o comportamento típico é o seguinte: a satisfação do desejo sexual carrega a intenção de desligar o homem da relação e de vincular a mulher a ela. É uma experiência universal que a mulher ame o homem ainda mais ao se entregar a ele, e que aliás amiúde só com isso surja seu amor verdadeiro e mais profundo — muitas vezes também assentado na circunstância de que a gravidez demanda o esteio protetor. E igualmente universal é a experiência de que o homem a que a mulher acaba de se entregar logo já não quer saber mais nada dela — o que então leva a uma das mais execráveis manifestações éticas: ele *despreza* a mulher por conta de sua entrega, para assim ter uma boa desculpa para abandoná-la, descontando sua raiva diante da própria fraqueza ou da própria injustiça por meio desse desprezo.

O relativo e o absoluto no problema dos sexos

Mesmo aqui, esse esquema universal consoante o qual a questão sexual seria para o homem uma questão de relação afinal se dissipa assim que ele, por ter saciado o impulso motivador, já não tem mais nenhum interesse na relação — seu absoluto não está vinculado ao ser de seu sexo. Já para a mulher, essa é uma questão essencial; ela traz para a relação surgida de seu envolvimento até mesmo o que têm de absoluto, que é com isso tratado como secundário. Com as vivências no domínio erótico, o homem pode ser levado à fúria ou ao suicídio, mas ainda assim sente que tais vivências não lhe tocam no que há de mais profundo — se é que estamos autorizados a fazer afirmações sobre essas coisas, para as quais falta apresentar a evidência. Até em declarações de pessoas tão eróticas em sua natureza como Michelangelo, Goethe e Richard Wagner, detecta-se imponderabilidades o bastante que sugerem que, para eles, a vivência erótica também é subordinada.

O absoluto, que representa a sexualidade ou o erotismo como princípio cósmico, torna-se para o homem a mera relação com a mulher; e a relatividade que o domínio erótico possui como relação entre os sexos torna-se para a *mulher* o absoluto, o ser-para-si de sua essência. O eventual resultado dessa constelação é, de um lado, o sentimento muitas vezes afirmado de que parece que mesmo a entrega mais total de uma mulher não dissolveria uma reserva última de sua alma (justamente porque ela é *em si* sexual, e não apenas na relação com o homem), como se nela houvesse um recôndito pertencer a si mesmo, um ser cerrado em si, que, por mais que ela o invista na troca, mesmo assim, mesmo trocado, permanece fechado para o outro, e que, em vez de se abrir, permanece atrelado ao solo em que radica e aos muros que o cercavam mesmo tendo sido apropriado por outro. Uma conduta que é na realidade bem simples torna-se aqui, ao se expressar em conceitos, difícil de conceber e facilmente embaraçosa. Como o homem alça sua vida e realização à forma da objetividade e, com isso, passa por cima da contrariedade efetiva entre os sexos, esta realmente existe para ele apenas *na* relação e *durante* a relação com as mulheres. Mas, para elas, cujas raízes últimas se amalgamaram ou se fizeram idênticas à circunstância de sua feminilidade, a sexualidade tornou-se algo absoluto, uma existência para si, que ganha na relação com o homem apenas uma expressão, uma realização empírica. Mas, em sua província, tal relação — justamente porque é fenômeno do ser fundamental da mulher — tem para ela o mais incomparável dos significados, e por isso mesmo levou ao veredito, inteiramente equivocado na acepção mais profunda, de que a essência definitiva da mulher, ao invés de repousar em si mesma, coincidiria com essa *relação*, nela se esgotando. A mulher precisa do homem *in genere* num grau bem menor, pois já tem a vida sexual por assim dizer dentro de si, como o absoluto rematado em si mesmo da sua essência; mas ela precisa do homem num grau bem maior, caso tal essência pretenda se tornar manifesta. O homem, que se excita sexualmente com facilidade bem maior, pois para ele não se trata de um movimento da totalidade de sua essência, mas sim apenas de uma função parcial, requer para tal apenas um incentivo bem genérico. Eis como podemos conceber o que a experiência dá como fato: a mulher se apega mais ao homem individual; o homem, mais à mulher em geral.

A partir dessa estrutura fundamental, torna-se compreensível que, de um lado, o instinto psicológico desde sempre designe a mulher como a criatura sexual, e que, de outro, as próprias mulheres tão amiúde se oponham a isso e percebam que há algo de errado nessa designação. Isso porque costuma-se entender por criatura sexual — passando direto ao significado que o termo teria do ponto de vista masculino — aquela que é primariamente e em sua base orientada ao outro sexo. Mas isso tipicamente não se aplica à mulher. Sua sexualidade é sua qualidade imanente em grau muito maior, compõe seu ser primordial de modo muito mais incondicional e imediato do que se esperaria se só viesse à tona ou se tornasse essencial na sua aspiração ao homem ou na aspiração como tal. Isso alcança o máximo de clareza na imagem das mulheres velhas. A mulher deixa para trás a fronteira posterior do estímulo erótico (tanto no sentido ativo, como no passivo) muitos anos antes do que o homem. Mas, deixando de lado as mais raras exceções e as manifestações de decadência da velhice terminal, ela de modo algum se masculiniza com isso, nem, o que é aqui mais importante, perde a sexualidade. Ora, mesmo que toda sua sexualidade orientada ao homem tenha, como tal, caducado, o *cachet* fe-

O relativo e o absoluto no problema dos sexos

minino preserva-se sem alterações na sua essência integral. Tudo que, nela, até então parecia talvez ter sua meta e sentido na relação erótica com o homem, agora se revela como algo situado completamente para lá dessa relação, como uma propriedade autocentrada de sua essência, definida desde si mesma. Por isso, também não me parece nem um pouco exaustivo pretender que essa mesma essência, ao invés de se dissipar na relação com o homem, agora passaria a se dissipar na relação com a criança. É claro: o significado imensurável que tanto essa relação, como a outra possuem para a mulher é de todo indiscutível. Porém, tal como isso é usualmente afirmado, trata-se apenas de mais uma definição originada do ponto de vista do interesse social, de uma variante daquela tendência de enquadrar a mulher em um nexo teleológico hostil a ela, ou, no melhor dos casos, de uma projeção de sua essência unitária mais própria ao longo do tempo, de uma recorrência originada fora dela. Dessa teleologia, decorre imediatamente a ideia de que afinal as mulheres estariam aí apenas para os homens. Pois aí os elementos femininos são excluídos da geração seguinte como fins últimos, servindo, ao invés disso, apenas como meios para a próxima geração, na qual o mesmo jogo se repete — de modo que apenas os elementos masculinos de todas as gerações acabam sobrando como fins em prol dos quais esse jogo se desenrola. Essa consequência lógica já indica que todas essas relações são apenas *manifestações* da essência metafísica da mulher, nas quais esta ainda não vem à tona com sua integridade e seu estar-consigo-mesmo.[14] É verdade que essa essência, até sua camada mais profunda que podemos sondar, é completa e sumamente feminina, mas esta feminilidade não é manifestação no sentido indicado, não é algo relativo, ou seja, algo "para outro" — e tampouco implica, para evitar aqui um

---

[14] *Beisichsein*, no original. O termo, pouco usual, é o substantivo que equivale à ação de "ser ou estar consigo mesmo". Embora o termo soe abstrato, passa, para quem lê o texto original, um sentido bem concreto e trivial, do qual podemos ter uma ideia por analogia àquelas situações em que dizemos que estamos junto ou do lado de fulano ou ciclano ("estou contigo"; "estou do seu lado"), com a diferença de que, nesse caso, não se está ao lado de um outro, mas consigo mesmo. (N. do T.)

mal-entendido, uma espécie de egoísmo; mesmo porque o egoísmo é sempre uma relação com outro, é um não-se-contentar com o próprio ser, um apontar para algo exterior que se deseja apenas para que esse ser o consuma. Em contraste com a opinião popular, o que se passa é o seguinte: essa conversão de si a um meio, esse abandono do próprio centro está muito mais próximo à essência masculina mais profunda do que à feminina. O homem cria a objetividade ou opera em seu domínio — quer na forma cognitiva da representação, quer na composição criativa feita a partir dos elementos dados. Seu ideal teórico, assim como o prático, contêm um elemento de anulação de si. Ele vai sempre se dispersando num mundo com certa extensividade, e, por mais que possa impregná-lo com sua personalidade, acaba, por seu fazer, encaixando-se na ordem histórica, dentro da qual só pode ser considerado como meio e como membro, apesar de todo seu poder e soberania — algo totalmente diferente do que se passa com a mulher, cujo ser por assim dizer se constrói assentando-se em pressupostos puramente intensivos, sendo talvez, em sua periferia, mais suscetível às perturbações e à destruição do que o homem, e, não obstante, por mais estreito que possa se revelar o vínculo dessa periferia com o centro (e na estreiteza desse vínculo do ser periférico com o central talvez esteja o esquema básico de toda psicologia feminina), mesmo assim ela repousa nesse centro que não se expande tanto e que é mais apto a evitar as ordens impostas de fora.

Quer se compreenda a vida como uma propensão interior e subjetiva, quer como sua expressão junto às coisas, o indivíduo masculino sempre parece se mover seguindo para dois lados, sendo que a mulher não parece implicada nessa polaridade. Considerando o primeiro aspecto, ou seja, o da interioridade subjetiva, o homem é ora arrebatado pela mera sensualidade (em contraste com a sexualidade mais profunda da mulher, que, precisamente por não ser tanto um *affaire d'épiderme*, é em geral menos especificamente sensorial), movido pela vontade, pelo querer assimilar e dominar — e ora, no instante seguinte, atirado outra vez, agora rumo ao espiritual, à forma absoluta, à temperança do que é transcendente. Talvez seja um erro básico de Schopenhauer reduzir o significado vital desse segundo movimento à mera negação do primeiro, e um erro igualmente básico de Nietzsche o de, ao contrário, pretender sentir em toda paixão pelo que não é sensível, pelo que está acima do elementar, a saber: a vontade mais elementar de poder e de viver, e ela apenas. Não me parece viável unificar tais elementos de modo tão simplista; ao invés disso, talvez seja preciso não deixar para trás essa polaridade (que aliás também é, como tal, uma espécie de unidade), essa oposição entre duas orientações interiores, tomando isso como se fosse um ponto final. Contrastando com isso, a mulher permanece dentro de si, seu mundo gravita ao redor do centro próprio do seu mundo. Como a mulher está além daqueles dois movimentos propriamente excêntricos — o do sensualismo ávido e o da forma transcendente —, pode-se mesmo designá-la como o propriamente "humano", como a morada mais privativa da humanidade, ao passo que o homem é "meio besta, meio anjo". Passemos agora à inflexão para o objeto: em todo tipo masculino, trata-se, por um lado, de reconhecer a propriedade e legalidade inerentes às coisas como algo essencial e significativo. Todo o ideal de um conhecimento o mais objetivo e puro possível repousa nesse pressuposto interior. Além disso, vigora o interesse em moldar e recriar as coisas, com sua vontade decisiva de que elas sejam e permaneçam na forma que o espírito a elas impõe. Como tipo, a mulher está além dessa relação dual com as coisas. O idealismo da teoria pura, que implica uma relação com algo com que, justamente, não se tem relação nenhuma — isso não é assunto dela. Aquilo a que ela não se sente vinculada (seja pela finalidade externa ou ética-altruísta, seja pela importância que tem para a salvação interna), não lhe interessa mesmo em nada, como se ela não tivesse, digamos, uma conexão sem fio com o elemento que institui o interesse meramente objetivante. Por outro lado, no tocante à composição, a obra masculina — do sapateiro e do carpinteiro até o pintor e o poeta — é a perfeita determinação da forma objetiva pela força subjetiva, mas também a perfeita objetificação do sujeito. Por mais que a mulher atue sem descanso e com abnegação, por mais rica que seja a influência e a "criação" do que faz em sua esfera, por mais decisiva que seja a habilidade de pôr uma casa e mesmo todo um círculo de pessoas em sintonia com sua personalidade, ainda assim a produtividade no sentido daquele entremear e ao mesmo tempo ser autônomo de sujeito e objeto realmente não é o negócio dela. O conhecer e o criar são movimentos relacionais, com os quais nosso ser é por assim dizer lançado para fora de si mesmo, é um desgarrar do centro, uma suspensão daquela integridade última da essência que, justamente, constitui o sentido vital para o tipo feminino, mesmo com toda sua atividade externa e com toda sua devoção às tarefas práticas. A relação com as coisas (que de algum modo se precisa ter, sendo essa uma necessidade comum a todos) é obtida pela mulher sem que ela, por assim dizer, abandone o ser em que repousa — ou seja, pelo contato mais direto, mais instintivo e em certo sentido mais inocente, pela identidade mesmo. Sua forma de existência não leva à separação particular de sujeito e objeto, para então sofrer sua nova síntese nas formas particulares do conhecer e do criar.

Assim, o homem (pensador, produtor, socialmente atuante) realmente é, apesar de toda a absolutização de seus conteúdos anímicos a que seu dualismo o dispõe, de essência muito mais relativa do que a mulher e, assim, sua sexualidade é também meramente aquela que desabrocha na relação desejada ou consumada com a mulher — ao passo que o ser da mulher, menos carente no sentido mais profundo (apesar de toda "carência" de suas camadas superficiais), por assim dizer encerra o tempo todo a sexualidade em si; seu ser vivido está imediatamente fundido à sua essência metafísica, que, consoante o seu sentido interior, deve-se distinguir completamente de todas as suas relações, bem como do que, nela, é mero meio em termos fisiológicos, psicológicos e sociais. Quase todas as discussões sobre as mulheres retratam apenas o que elas são em sua relação — real, ideal, valorativa — com os homens; nenhuma questiona o que elas são para si; o que é mesmo compreensível, já que as normas e demandas masculinas são tidas não como especificamente masculinas, mas sim como o que é objetivo e de validade por excelência universal. Caso se preste a devida atenção ao apelo "psicológico" dos retratos das mulheres mais jovens (ao menos na maioria deles), então logo se detecta que, na verdade, o que a imagem nos sugere não é de modo algum o que há de psicológico na própria mulher, mas sim o que há de psicológico em seu efeito sobre o homem. E é porque a princípio se questiona apenas essa relação, é porque se faz a mulher subsistir, essencial ou exclusivamente, apenas nessa *relação*, que eventualmente se conclui que ela *nada* é para si — com o que só se prova algo já pressuposto ao se formular a questão. Isso posto, aquela questão sem pressupostos — o que então é a mulher para si ou considerada em termos absolutos? — seria sugerida ou respondida de modo equivocado, se com isso se pretendesse ignorar sua feminilidade. Pois a feminilidade — e esse é por si só o ponto que decide tudo — não recai sobre ela apenas graças àquela relação, como uma espécie de essência sem nenhum colorido metafísico, mas sim é já a princípio seu ser em geral, um absoluto que não estaciona, como o masculino, num ponto acima da contraposição entre os sexos, senão (salvo em desenvolvimentos subsequentes) num ponto além dela.

Assim, é certo que há na essência masculina um momento formal que prepara sua escalada para cima de si mesmo, rumo a uma ideia e norma suprapessoal e mesmo suprarreal. O projetar-se-acima-de-si-mesmo presente em toda produção, a relação permanente com o oposto, a que o homem se dá ao se incorporar aos encadeamentos reais e ideais mais abrangentes, contém já de partida um dualismo, uma dispersão da vida unitária nas formas do que está em cima e embaixo, do sujeito e objeto, do juiz e do réu, do meio e do fim. Como a essência feminina responde com sua uniformidade fundamental a todas essas contraposições e sobreposições, a essas distâncias entre o subjetivo e o objetivo, põe-se de manifesto a tragédia típica de cada um dos sexos.

Para o homem, tal tragédia consiste na relação da realização finita com a exigência infinita. Essa exigência brota de dois lados: ela deriva primeiro do Eu, na medida em que este quer apenas o que vem de si, quer viver apenas criando e pondo-se à prova; assim atuando, um limite é, no que depende da intenção, algo descabido. E tampouco existe qualquer restrição da parte da ideia objetiva, que exige sua realização: em toda obra situa-se como ideal o caráter absoluto de sua consumação. Porém, assim que esses dois infinitos colidem, emergem obstáculos por toda parte. A energia subjetiva que, vindo puramente de si, não toma ciência de nenhuma restrição ou mesmo medida, experimenta seus limites no instante em que se volta ao mundo e pretende nele criar algum objeto; pois toda criação só é possível como compromisso firmado com as forças do mundo, é uma resultante do que somos com o que as coisas são; mesmo o constructo puro do pensamento revela a limitação da força espiritual, que flui sem forma em si mesma, pelas necessidades da lógica, das circunstâncias, da linguagem. E a própria ideia da obra é limitada e acabada em virtude de que só pode se estabelecer por meio de energias psíquicas que, em seu tornar-se realidade, são necessariamente finitas. Esse rebaixamento, essa perturbação e essa destruição, que tocam toda produção, são inerentes aos pressupostos da própria produção: a estrutura da alma e do mundo, que possibilita todo criar, faz com que esse mesmo criar se choque com a contradição de que a exigência imanente de sua infinitude está *a priori* enleada à impossibilidade imanente de cumprir tal exigência. É certo que essa é uma tragédia universalmente humana, na medida em que toda relação do ser humano com o mundo, contanto que produtiva em termos práticos, arca com esse fardo. Mas essa tragédia avulta justamente para o sexo que estabelece essa relação com base em suas necessidades últimas, a quem a vida conjugada ao objeto (tanto o dado, como o que se espera criar) emana do solo mais próprio em que radica.

Em contraste com essa profunda necessidade interior, a tragédia típica do sexo feminino emerge de sua situação histórica ou ao menos da camada mais externa de sua vida. Falta aqui o dualismo que corta as raízes da existência e que condiciona aquela tragédia por assim dizer autóctone; aqui, a vida é vivida e sentida como um valor que repousa em si mesmo, estando, consoante o seu sentido, a tal ponto apanhada em seu centro que até a expressão de que ela seria um fim em si mesmo é ainda demasiado forçada. Toda a categoria dos meios e fins, ancorada tão fundo na essência masculina, em geral não se aplica à profundidade equivalente da essência feminina. E então aparece a complicação de que afinal tais existências são tratadas e avaliadas, quanto a seus destinos temporais, sociais e psicológicos, como simples meio, e é como tal, inclusive, que tomam ciência de si mesmas: como meio para o homem, para a casa, para o filho. Como elas não são criaturas mediatas, tampouco são criaturas do trabalho (o que não deve ser confundido com sua frequente necessidade de realizar alguma "atividade") — isso se deixa ver naquela "intenção da natureza", graças à qual todo o trabalho pesado e duradouro enfeia as mulheres, o que não é de modo algum o caso para os homens; e é justamente a fatalidade delas ter quase sempre sido postas para fazer o verdadeiro trabalho pesado. Uma manifestação anímica mais refinada aponta na mesma direção. Onde quer que se trave com elas uma relação mais íntima (que não seja de antemão já uma amizade pura ou camaradagem), as mulheres facilmente têm a suspeita de que se quer fazer experiências psicológicas com elas, torná-las objeto de observação; o que, é claro, as magoa bastante, pois aí elas se sentem ainda mais rebaixadas a um "meio" (no sentido mais absoluto e que lhes é mais alheio) do que no caso da sexualização. Ora, talvez seu fado em se tornar um simples meio possa ser chamado, ao invés de trágico, triste. Pois a tragédia só está presente lá onde um destino destrutivo contraposto à vontade de vida do sujeito origina-se, porém, de um traço último desse sujeito, das profundezas dessa mesma vontade de vida — ao passo que as potências puramente externas, por mais temíveis, dolorosas e aniquiladoras que possam ser, podem levar a uma fortuna triste ao extremo, mas não trágica no sentido próprio do termo. Mas o caso das mulheres encontra-se numa situação em tudo peculiar. Aquele expandir-se acima de si mesmo, aquele abandonar a aglutinação profunda da vida para se instalar num encadeamento que segue se desenrolando e pôr-se a seu serviço e ao de seus outros elementos — isso não é, no caso da mulher, uma violação externa por excelência. Embora não seja inerente ao sentido metafísico da vida das mulheres, mesmo assim o é ao fato de que ela, enfim, está em um mundo que é completamente dos "outros", que inevitavelmente exige, para que se tenha alguma relação com ele, romper com o puro repouso no próprio centro interior. O dualismo que dá suporte à tragédia típica da feminilidade não emana, como para os homens, de dentro do mais profundo estar-essencialmente-consigo-mesmo, mas sim da circunstância do estar-essencialmente-instalado no mundo natural e histórico.

O caráter *passivo* pelo qual as mulheres, segundo a crença geral, distinguem-se da essência mais ativa dos homens talvez seja uma nuance, mas talvez também a fundação mais profunda dessa função bastante onerosa das mulheres como "meio". Não quero que o peso da discussão recaia sobre o símbolo do papel que sua passividade representa no ato da concepção, mas, ao invés disso, abordar como decisiva a tendência centrípeta de sua essência anímica. Uma existência que repousa profundamente em si, que, por sua natureza, encontra seu sentido na pura aglutinação da subjetividade propriamente interior, livre de quaisquer relações, passa inevitavelmente a desempenhar um papel conivente, condescendente, passivo, no instante em que entra em relação com a essência que se põe para fora, com a tendência de inclinação mais agressiva, centrífuga. Essa constelação pode ser observada por toda a parte, não sendo dependente das diferenças entre os sexos. A pessoa decidida a viver dentro de si, satisfeita com a centralidade pura dos sentimentos e interesses, será sempre um objeto mais ou menos passivo para as naturezas orientadas ao outro, já de partida invasivas e expansivas, dadas às relações. Essa é apenas uma consequência sumária de que a natureza introvertida, ao se enredar nos movimentos do mundo ao redor, acaba se dando mal. Não porque seria mais fraca ou mais tola, mais benevolente ou mais indiferente em relação aos valores em disputa; tudo isso pode ou não ser o caso, não importa: a base realmente característica disso é que a diretriz de sua vida corre para dentro, que suas energias não se irradiam primeiramente para fora, não se propagam, por conta de sua natureza, às relações — em vez disso, uma pessoa assim é uma estrutura cerrada, com a qual o mundo, por evidente, pode fazer o que bem entender. Assim, a essência passiva, a essência que "sofre" das mulheres não possui seu fundamento plena e finalmente satisfatório quer em algo fisiológico, quer em algo histórico, mas sim na inextricabilidade da relação entre uma vida resolvida em si, que repousa no seu centro, com essa outra, cuja atividade se expande para além de sua periferia, envolvendo a primeira em relações. Trago à discussão apenas duas manifestações em que me parece que a passividade feminina ganha uma ênfase particular.

O relativo e o absoluto no problema dos sexos

O primeiro ponto é que a privação violenta da "honra sexual" em geral "desonra" a mulher. O conceito masculino de honra, onde quer que não tenha sido deformado ao longo da história, não aceita que se possa perder a honra de qualquer outra forma, senão pelo modo como age quem a detém. Um outro não pode roubar minha honra. E, se parece que um homem seria desonrado por um rufião que venha lhe dar uma bofetada, o que desonra na verdade não é a bofetada, mas sim que não se tenha tido a coragem e a força para sobrepujar o agressor. Se isto for feito, a bofetada não será desonra nenhuma; é sempre apenas a *sua* conduta que decide sobre sua honra. Mas a mulher violada já é desonrada por algo em que se achava numa posição puramente passiva. Mesmo no caso em que ela em seguida mate quem a violou — e é característico que isso não seja por ela ambicionado, como o é pelo homem no caso correspondente —, sua honra não é com isso restabelecida. Em geral, nada que ela *faça* é capaz de restabelecer sua honra — o que só acontecerá, na melhor das hipóteses, caso ela *seja* esposada pelo homem.

Agora, o segundo ponto. Estas constelações: o homem entre duas mulheres e a mulher entre dois homens — ambas igualmente manifestam, apesar de sua contrariedade, a passividade da mulher. Para o segundo caso, são desnecessárias quaisquer explicações; a mulher é aí simplesmente o troféu, cuja conquista é decidida pela relação de forças entre os homens em disputa, mesmo nos casos em que é somente a inclinação da própria mulher o que estabelece a relação efetiva entre tais forças. Do ponto de vista formal, a situação no primeiro caso é exatamente a mesma, exceto que agora as definidoras são as mulheres, e o homem, aquilo sobre o que se define. Porém, há esta diferença profunda: o segundo caso, quer transcorra na realidade e na poesia de um modo harmônico, cômico ou trágico, aparece como algo por assim dizer adequado, como um destino humano que não parece enfrentar a menor oposição. Mas, no outro caso, sentimos já de partida que é de algum modo impróprio para o homem ser um mero objeto para a competição entre duas mulheres, mesmo se, por fora, seja ele quem faça a escolha. Enquanto no caso correspondente a mulher está perfeitamente no seu lugar, sendo que a situação de modo algum contradiz sua essência, o homem desempenha, como sempre nessas condições, um papel bastante lastimável. Ele aparece como um fracote inseguro que é jogado para cá e para lá: Weislingen, Fernando (na *Stella*) e mesmo, em termos aproximados, Eduard.[15] A reação instintiva do nosso sentimento deixa patente que a única coisa adequada ao homem é a atividade e que a proporção correta entre os sexos está alterada, assim que é ele, e não a mulher, quem é embutido na passividade. —

Ora, que aquela tragédia por assim dizer natural se ache fundada apenas na essência do homem (ao passo que — caso se admita um único apelo a conceitos assim nebulosos — o natural é a tal ponto o fundamento metafísico essencial da mulher, que não permite desabrochar um dualismo trágico), isso talvez ainda se possa expressar nestes termos: o homem pode muito bem viver e morrer por uma ideia, mas, em todo o caso, a ela se opõe, ela é para ele a tarefa infinita, e ele nunca deixa de ser uma criatura solitária, no sentido ideal do termo. Como esse estar-aí-para, que é também opor-se-a, é a única forma em que o homem pode pensar e vivenciar a ideia, parece-lhe que a mulher não seria "capaz de nenhuma ideia" (Goethe). Porém, para a mulher, seu ser e a ideia são imediatamente um só; mesmo que uma solidão fatídica possa eventualmente se apoderar dela, em termos típicos ela nunca é tão solitária como o homem, ela está sempre em casa consigo mesma, ao passo que o homem tem sua "casa" fora de seu ser.

Por isso, em geral os homens ficam entediados mais rápido do que as mulheres: o processo vital e seu conteúdo, de algum modo repleto de valor, não está tão orgânica e naturalmente vinculado aos homens, como o está às mulheres. Que elas estejam mais protegidas do tédio que os homens graças às contínuas tarefas das menores às maiores, impostas pela vida doméstica — isso é apenas a realização na superfície histórica de uma qualidade distintiva do seu ser, que está nele profundamente arraigada. Pelo visto, o pro-

---

[15] Simmel refere-se a personagens ficcionais de Goethe. Weislingen é personagem da peça *Götz von Berlichingen*, que estreou em 1774; Fernando, da *Stella*, de 1806; já Eduard é personagem do romance *Die Wahlverwandtschaften* [As afinidades eletivas], de 1809. (N. do T.)

cesso da vida como tal tem para as mulheres, quanto a seu modo e grau, um sentido diferente do que tem para o homem (o que guarda nexo com o significado metafísico que a natureza tem para elas); e, com efeito, trata-se de um significado que envolve a "ideia" no processo da vida de um modo especial. Os anatomistas demonstraram que a mulher, mesmo no auge da vida de seu corpo, permanece mais próxima da criança do que o homem, considerando as proporções do esqueleto, a distribuição do tecido adiposo e da musculatura, o desenvolvimento da laringe. Essa analogia não se restringe à corporeidade, e deu lugar a que Schopenhauer tirasse a conclusão barata, mas não por isso inevitável, de que as mulheres permaneceriam "crianças grandes a vida inteira". Considerando a existência anímica (o que inclui sua zona de fronteira com a existência física), é próprio à juventude sentir a vida acima de tudo como tal, como processo, como efetividade que flui de forma unitária, e o que ela quer é fazer aflorar a energia cativa da vida, pura e simplesmente por estar aí e querer vir à tona — diferente da velhice, para quem os conteúdos da vida ganham cada vez mais a prerrogativa sobre o seu processo. Ora, poder-se-ia dizer das mulheres que em certo sentido vivem mais do que os homens, que elas precisam ter uma vida mais coesa e prontamente acessível, já que esta tem de ser suficiente também para o filho; isso ainda não implica uma medida maior da energia eventualmente manifesta, dispendida. Essa importância vital do processo da vida, esse (digamos) estar mergulhado nas profundezas da vida como tal, que se sente na mulher típica, tem o efeito de que sua ideia — o conteúdo passível de expressão abstrata e normativa que se separou enquanto ideia da própria vida — não se desenvolve nela e para ela com tamanha autonomia e plenitude. De acordo com todo o sentido existencial, com a fórmula de existência da mulher, nela a ideia não está em absoluto destinada a essa vida autônoma. Entretanto, essa noção de que a mulher chega a seu significado pelo processo vital e não pelos seus resultados ainda não é inteiramente adequada; pois, para ela, caso se queira falar com maior exatidão, trata-se — e essa é, então, sua diferença patente com a juventude por excelência — não de uma contraposição entre o processo e o resultado ou ideia, mas sim da vida em um sentido a tal ponto uniforme que não se dispersa em processo e resultado. A vida e a ideia têm aqui a relação da imediaticidade, com base na qual agora se constrói o valor de um mundo interior, ou então um mundo de valores interiores — exatamente como o que é possível construir, para os homens, na forma da separação entre ambas. A tal "falta de lógica" que geralmente se insinua a respeito das mulheres só pode estar relacionada a isso, e, por mais que uma acusação dessas traga consigo algo superficial e distorcido, sua generalização ainda assim fornece uma indicação de algo efetivo, do qual essa acusação seria um desdobramento.

No domínio do conhecimento, a lógica representa a separação e autonomia mais plenas do normativo e do ideal relativamente à efetividade anímica, imediatamente viva. Quem se acha vinculado à lógica em certo sentido vê diante de si o império do real, que requer ser copiado em seu pensamento efetivo, mas que, mesmo caso o pensamento afinal dele se desvie completamente, ainda assim de algum modo conserva tanto sua validade interna, como seu direito junto ao nosso processo anímico. Graças a esse caráter das normas lógicas, a ideia se põe na mais brusca das oposições com a efetividade do nosso pensamento: esta última não cumpre sem mais e como que a partir si mesma a exigência que lhe é imposta, e aquela não exerce nenhum poder real e inquestionável. Tal dualismo, porém, vai na direção contrária ao princípio feminino. Pensado em sua pureza, tal princípio vive no ponto em que a realidade das nossas expressões existenciais e a ideia, o dever-ser, ainda não se separaram uma da outra — e isso não numa espécie de mistura entre ambas, mas sim na unidade intacta que é do começo ao fim uma estrutura com sentido próprio, que goza de direitos tão legítimos como os que são próprios aos encadeamentos desenvolvidos em separado pelo espírito masculino. Essa conclusão que se tira das contraposições estabelecidas — a de que estas excluiriam uma uniformidade imediata — aplica-se apenas a partir do nível dos encadeamentos já formados para a divergência, ao passo que aqui o que está em questão é justamente uma situação interna especial em que tal divergência não vem ao caso. Esse é ao menos o princípio regulativo resultante do direcionamento diferenciado da essência feminina, não importando se, em suas mani-

O relativo e o absoluto no problema dos sexos

festações individuais, o intervalo entre a lógica e a efetividade anímica ganha vida com um grau maior ou menor de consciência. Por isso, é muitas vezes incompreensível à mulher esse esforço masculino em fazer o ser e a ideia convergirem nos mais variados domínios temáticos. Ela em muitos casos possui imediatamente o que é para o homem um resultado da abstração, quer dizer, a recomposição do que previamente fora cindido no dualismo. Isso que, nesses casos, chama-se de instinto feminino nada mais é (a despeito de como, além disso, se possa analisá-lo em termos da psicologia individual), senão essa unidade imediata do percurso anímico com as normas e critérios, que lhe permite estar correta, como se aí chegasse sem trilhar esse percurso. Talvez haja um instinto que emana das experiências acumuladas pela nossa espécie e da sua transmissão por meio dos veículos físicos da hereditariedade; mas talvez haja, além disso, um instinto situado antes de toda experiência, em que os elementos anímicos, que precisam estar já de antemão separados para que se dê a formação da experiência, seriam uma unidade indissociada, devendo o significado de sua verdade à relação enigmática — da qual em breve nos ocuparemos — que parece subsistir entre essa unidade profunda do ser anímico integral e a do ser do mundo em geral; na primeira forma do instinto, os elementos formadores da experiência reencontram-se perfazendo uma unidade psíquica, ao passo que, na outra forma, tais elementos ainda não se separaram. Em ambos os casos, falta a clareza de consciência que tais elementos (Kant os chamava de sensibilidade e entendimento) obtêm pela separação e pelo atrito. É bem curioso que, embora haja poucos gênios de verdade entre as mulheres, seja com bastante frequência afirmado que o gênio teria em si algo da maneira feminina. Isso decerto não se relaciona apenas com o criar da obra, cuja maturação inconsciente, nutrida pelo ser integral da personalidade, seria análoga à gestação da criança dentro da mãe. Antes, trata-se da unidade apriorística entre vida e ideia em que repousa a essência feminina e que o gênio repete, agora no nível mais elevado da produção aplicada ao objeto. De resto, considerando a obscuridade daquele nexo metafísico e o primitivismo do instinto que aspira a substituir, corrigir e certificar o procedimento lógico da consciência, é compreensível que o instinto feminino, a sabedoria imediata à maneira das mulheres, possa precipitar-se, e que isso seja tão frequente quanto seus acertos.

Desse modo, a assim chamada falta de lógica não é em absoluto uma simples manifestação de insuficiência, mas sim apenas a expressão negativa do tipo essencial da mulher, determinado de modo completamente positivo. E é isso, justamente, o que se repete em outro fenômeno, que por assim dizer transfere aquela falta de lógica a outra dimensão. Diz-se que as mulheres preferem não "provar". A lógica e a comprovação repousam na relação de tensão entre o decurso real do nosso pensamento e a verdade objetiva, que na sua validade não depende desse decurso e que o pensamento sai para conquistar. O dualismo dessa relação, a circunstância de que, em todo nosso pensamento efetivo, nos achamos presos a uma norma que não pertence a essa efetividade, mas sim a um império do verdadeiro que suporta a si mesmo — isso é algo que se expressa na lógica, como indiquei. Na comprovação, o outro traço ganha vida: o *caráter indireto*, que é, em inúmeros casos, o único com o qual o pensamento efetivo pode alcançar aquela verdade autossuficiente. O movimento puramente intelectual trata de obter a coincidência com seu objeto não no instante de sua aplicação corrente, mas sim apenas ao fim de um caminho mais ou menos cheio de estações. O caráter do caminho ou da mediaticidade é um fato primário do nosso intelecto: nem toda comprovação é em si indireta, mas todas têm algo de indireto. E, com efeito, toda comprovação, quer decorra de modo breve e simples, quer por uma longa cadeia de componentes, consuma-se de tal modo que o novo, a problemática provisória, é remontado a algo firme, já reconhecido; este último já não se deixa comprovar, pois afinal sua comprovação significaria que não se trata do último, repousando, ao invés disso, sobre algo ainda mais fundamental. Essa forma inalterável de toda comprovação faz dela algo inadequado ao ser feminino em sua profundidade e em sua relação mais profunda com o ser em geral. Pois — seja isso sustentável ou não, razoável ou não em casos individuais — esse ser feminino, justamente, enraíza-se de imediato no que há de fundamental em geral; a mulher já sente o que há de primário e incomprovável em cada *thema probandum*, para o qual ela nem precisa, nem pode preci-

O relativo e o absoluto no problema dos sexos   101

sar do rodeio da comprovação (para falar em termos figurados). Esse mergulho universal do ser, próprio ao tipo feminino, permite a seu instinto como que se expressar a partir de um ser-um com o objeto, que não carece de qualquer mediação, como se seu conhecimento estivesse em casa ao chegar àquele último termo a que todas as comprovações remontam e em que estas se acham *in nuce* — aliás, é como se somente aí estivesse em casa; assim, a forma do caminho, própria a todo o nosso conhecimento comprovador, é supérflua para a mulher, não é talhada para ela. Todas as insuficiências do conhecimento que daí emergem — pois as tarefas que este impõe inúmeras vezes só se resolvem para nós por um *caminho* e não na coincidência do ponto de partida com o de chegada —, como o fato tão amiúde criticado de que as mulheres preferem não dar ou mesmo receber comprovações, já não são, pois, em absoluto faltas isoladas, mas sim se enraízam na maneira fundamental de seu tipo e de sua relação com a existência em geral. Eis o que se mostra cada vez mais como a formulação verdadeira da essência feminina, consoante o seu sentido metapsicológico: sua estrutura subjetiva (consoante, digamos, o seu significado puramente interior, que, digamos, não está tão distendido a ponto de extrapolar o perímetro da alma) possui já como tal e de modo imediato uma vinculação ou unidade metafísica com o ser em geral, com algo a que só se pode chamar de fundamento das coisas — na mais profunda diferença com a essência masculina, em cuja efetividade anímica, imediata e imanente, ainda não habita o real, o mundo, a norma; ao invés disso, a essência masculina, consoante a sua estrutura própria, vê como isso tudo a ela se *opõe*, ora como algo a conquistar ou então inconquistável, ora como uma obrigação ou tarefa intelectual. Por isso, a expressão espiritual dessa essência é a lógica, que repousa no dualismo entre o mundo realmente psicológico e o mundo ideal da verdade, esta que é por ele intocada — como também o é a comprovação, que tem por pressuposto o caráter indireto do conhecimento, a necessidade do caminho e do rodeio. Mas o alinhamento do homem com a "prova" só se revela plenamente ao extrapolar o domínio teórico: ele não precisa apenas comprovar o mundo a si mesmo, mas também provar-se para o mundo, com feitos, obras e demonstrações de sua essência. Pode ser que haja aqui um anseio por uma justificação profundamente ética para o seu direito à existência; porém, a forma — e talvez mais do que a *forma* — dessa justificação é de natureza lógica, divergindo completamente do saber imediato, sereno acerca do ser e de seu direito, como é próprio à mulher quanto a si mesma e aos outros. Por isso, elas muitas vezes dão risada dessa paixão do homem em *provar* a si mesmo, especialmente quando ele acha que com isso as impressiona. Como a mulher, com sua unicidade situada para lá da carência pela lógica, já de algum modo reside imediatamente nas próprias coisas (isto é, no que a realidade tem de verdadeiro), ela é indiferente à comprovação, que só é de se esperar que nos leve a essa realidade na forma do caminho.

Essa peculiaridade feminina que independe de toda a relação com o masculino ganha sua vida mais plena e significativa no domínio moral. Aqui, o dualismo entre efetividade e ideia fende-se com tamanha veemência, que todo o império da moral parece edificar-se exclusivamente sobre esse abismo, como se este fosse seu substrato — como se, aqui, só a fórmula da essência masculina correspondesse à gravidade e profundidade do problema. Assim, um pensador como Weininger, tão extremo em seu dualismo masculino, tão ingênuo em sua identificação do ideal da essência humana com o da masculina, recorre justamente ao ponto ético para mostrar, aí, a negatividade absoluta do valor da essência feminina, o que faz de um jeito completamente lógico, no sentido de que ela não lhe parece má ou imoral, mas pura e simplesmente amoral, permanecendo inteiramente alheia ao problema ético.[16] Entretanto, o fenômeno chamado de "bela alma" revela que a possibilidade da vida moral não se baseia unicamente no dualismo entre o imperativo moral e a pulsão atuante vinda da natureza. O característico da bela alma é que seu agir moral não requer a princípio a superação de forças pulsionais contraditórias, mas sim brota da

---

[16] Simmel refere-se a Otto Weininger (1880-1904), jovem autor austríaco de um livro chamado *Geschlecht und Charakter* [Sexo e caráter]; trata-se de um livro bastante polêmico, devido a seu teor abertamente misógino (e antissemita, como se verifica no capítulo dedicado à comparação entre a mulher e o judaísmo). Weininger se suicidaria aos 23 anos. (N. do T.)

O relativo e o absoluto no problema dos sexos

naturalidade de uma pulsão livre de conflitos. Para a bela alma, a vida como que segue uma única linha, ela deseja apenas seu dever. Eis tudo o que nos interessa dessa alternativa elementar: a unidade metafísica entre a natureza, contida em nós, e a ideia, acima de nós, ganha evidência como harmonia interior das ações da nossa vontade. São dois os caminhos para tal evidência; pode-se chamá--los um de supradualista ou masculino, e o outro, de pré-dualista ou feminino. A bela alma pode ser alcançada, por um lado, pela purificação e transformação graduais de uma natureza, cujos impulsos originariamente contrariavam a moral; para tal natureza, o dever é uma missão cumprida a duras penas. Como, nesse caso, cada superação de si facilita a que vem em seguida, e a batalha duradoura e vitoriosa contra o imoral leva a que o enfraquecimento deste seja um resultado também duradouro, as próprias pulsões imediatas eventualmente passam a convergir com a moralidade. Onde quer que essa transformação tenha se consumado, o dualismo original se converteu na unidade da bela alma. Já a outra forma da bela alma não precisa primeiro superar nenhum dualismo, mas sim possui a unidade como princípio interior *a priori*; sua unidade pode abarcar consigo a ideia não só como recompensa da luta e das contrariedades superadas, mas também como a vida da própria vontade já desde o começo indissociada. Essas duas formas correspondem exatamente às formas do instinto anteriormente indicado para o acerto teórico: uma é a do resultado da relação entre os elementos cindidos, que vai maturando pouco a pouco; a outra é a unidade desses mesmos elementos que se situa antes de toda cisão e que, por isso, não carece de relação nenhuma. Aqui reside o tipo ético que, realizando-se tanto do lado masculino, como do feminino, guarda um nexo mais profundo com a essência básica da mulher, que se desenvolve de modo mais imediato a partir da forma de vida feminina. Mais adiante, discutir-se-á que aquele profundo ser-em-si e estar-consigo-mesmo que sempre se sente na mulher, aquela vida oriunda de uma raiz mais unitária do que a atribuída ao homem, tem seu significado último na seguinte intuição ou verdade metafísica: esse ser de unidade própria é ao mesmo tempo mais do que próprio; ela, nas profundezas de seu caráter ensimesmado, forma uma unidade com o fundamento da vida em geral. Ora, aqui se expressa, pelo lado do dever, exatamente o mesmo que se passava no caso anterior, pelo lado do ser. O dualismo especificamente masculino — vamos chamá-lo, de modo bastante imperfeito: "Entre a fortuna dos sentidos e a paz da alma" — é substituído por uma conduta interior unitária no caso da natureza feminina, consoante a sua natureza mais própria e a despeito das complicações psicológicas e históricas que também possam nela amiúde se enredar. A princípio, essa unidade subjetiva, predominante como tal e de modo puro em meio às correntes anímicas, é muitas vezes observada com mais frequência e de modo mais básico nas mulheres do que nos homens, sendo elas, inclusive, mais cientes disso: um estar-em-paz-consigo-mesmo; um agir em si mesmo que não se perturba com as próprias instâncias contrárias, como uma planta que gera seus ramos e frutos; um ser-assim e ter-de-agir-assim que é mesmo mais consciente de sua liberdade desprendida, visto que todas as linhas de fluxo essenciais a ela emanam de si numa só direção. E eis, então, o que é aqui decisivo: essa unidade imanente, que vai se consumando no interior da vida, é então percebida enquanto unidade com a ideia moral, ou seja, com a exigência que essa ideia impõe ao sujeito. O que a ética dualista proclama ser a inferioridade das mulheres — a saber: que elas agiriam de modo ingênuo e o mais das vezes teriam a consciência mais leve — deriva dessa indissociabilidade entre ser e dever intrínseca a ela. É certo que nem sempre a integridade da essência prática há de realizar a ideia moralmente valiosa, assim como o outro caminho, dualista e masculino, tampouco leva sempre à sua realização; ele revela, por assim dizer, apenas a forma, mas nem sempre o conteúdo da bela alma. Mas onde está presente um tipo especificamente feminino de ética (o que, considerando as transferências anímicas entre os polos masculino e feminino, não é de modo algum sempre o caso de todos os indivíduos femininos, no tocante à moralidade), esta brota daquela unidade do ser, que é a unidade dela mesma com a ideia. A partir daí, talvez se possa dizer o seguinte a respeito do que há de específico na qualidade de ser feminina quando o assunto é moralidade: para ela, a moralidade é algo mais assegurado em termos subjetivos, mas mais vulnerável em termos objetivos do que para os homens. — A diferença ética e lógica entre os sexos relativamente ao ideal de justiça ganha evidência em uma coalescência peculiar. Conheci mulheres cuja estatura ética só uns poucos homens alcançam; contudo, elas não possuem a justiça como virtude isolada, tal como esta não raro sobrevém aos homens, cujas outras qualidades éticas são aqui e ali problemáticas. Mas não é como se as mulheres fossem sempre injustas, como já se afirmou de um jeito estúpido. Talvez elas sejam demasiado unitárias para ter a paixão pela falta de paixões que condiciona o senso masculino de justiça. Pois me parece que, dos dois momentos da justiça, o ético e o lógico, é o último que em geral tem a preponderância psicológica no caso masculino, ao passo que o senso feminino de justiça que se pode observar é de orientação puramente ética; é característico disso que as injustiças causam a mais veemente das revoltas em seu sentimento — em grau maior do que a justiça lhes traz felicidade.

Porém, com isso tudo, deve-se aqui apenas representar o profundo estar-mergulhado da mulher no próprio ser, que renuncia a tudo que há fora de si e que é um ser-mulher absoluto, e com isso também a autonomia desse ser-mulher em face da mera relação com o homem, do qual supostamente receberia seu ser. Mas talvez essa seja ao mesmo tempo a razão pela qual, apesar de seu caráter intrinsecamente absoluto, a feminilidade tenha de deixar para o princípio masculino a tarefa de instituir o mundo objetivo acima dos sexos (tanto o teórico, como o normativo), isto é, o mundo que se opõe ao Eu. Para repelir qualquer suspeita de que, com isso, insinua-se uma desclassificação das mulheres, que se enfatize que é a princípio perfeitamente possível que os mesmos *conteúdos* do espírito e da vida realizem-se tanto na *forma* masculina, como na feminina, sendo que, em cada caso, a síntese desses conteúdos está simplesmente subordinada a um *a priori* diferente. E, agora, retomando: é precisamente a unidade fundamental, e mesmo absoluta entre o ser e o ser-sexual da mulher que torna a sexualidade (no seu sentido usual e masculino de relação) algo para ela secundário — por mais tremendamente importante que essa relação possa vir a ser para ela —, já que tal sexualidade é o fenômeno daquele absoluto, que na prática a envolve completamente em si. Como resultado dessa circunstância elementar, nenhuma das expressões femininas, nenhuma das manifestações e objetivações de sua essência é sentida como universalmente humana; pelo contrário: tudo isso é então sentido como especificamente feminino, isto é, a partir do contraste com as expressões da essência masculina, estas por sua vez sentidas como suprassexuais, como de caráter puramente objetivo. Falta ao homem a diretriz que parte de seu íntimo rumo a *determinada* exterioridade, que a mulher possui graças à unidade entre o seu ser e o seu ser-mulher. Por isso, ele apresenta uma intenção realmente profunda de alcançar a universalidade e, por conseguinte, de alcançar o que há de suprassubjetivo e objetivo. Todas as relações históricas de poder que, por não afligirem o homem, outorgaram às suas criações a prerrogativa de ditar o que é objetivo, de supervisionar, na condição de algo realmente absoluto, toda a oposição entre os sexos, simplesmente concretizam no tempo a diferença interna de caráter presente na relação do elemento sexual com a totalidade da essência ora masculina, ora feminina.

E, além do mais, isso encontra sua, por assim dizer, expressão lógica na dificuldade muito maior em especificar em conceitos, em definir a essência tipicamente masculina do que a feminina. O universalmente humano, de que a especialidade sexual devia ser um caso particular, é de tal modo solidário à essência masculina que não se pode indicar nenhuma diferença específica que a oponha ao universal: o universal como tal não se deixa definir. Caso, ainda assim, aponte-se certos traços como especificamente masculinos, então um exame mais preciso logo convence que o que se tem aí em vista são sempre meras diferenças relativas aos traços especificamente femininos. Estes, porém, não têm sua essência na mera contraposição com os traços masculinos (como no caso correspondente), mas sim são sentidos mais como algo para si, definido nos próprios termos, como uma modalidade específica da humanidade, que de forma alguma se fixa apenas por contraste. A velha opinião — que alcança desde a camada da presunção mais brutal e ignorante até a da especulação filosófica mais sublime — segundo a qual apenas o homem seria o verdadeiro humano encontra seu correlato conceitual nessa maior facilidade em definir a essência da mulher do que a do homem. Daí também que haja inúmeras

O relativo e o absoluto no problema dos sexos

psicologias femininas, mas praticamente nenhuma psicologia masculina. Tal diferença mais profunda entre os sexos ganha ainda outro registro em certa manifestação psicológica que se dá na superfície, a saber: o que nutre o interesse do homem ordinário pelas mulheres é mais ou menos o mesmo, seja ela costureira ou princesa. Compreendemos de imediato como se dá essa inversão das capacidades de definição ao pensarmos não em termos de tipos sexuais, mas em termos de indivíduos: de um modo geral, o homem individual pode ser melhor descrito do que a mulher individual. Isso não se deve apenas a que toda a conceptualização linguística da nossa cultura esteja ajustada ao colorido masculino dos processos anímicos, devido à prerrogativa social do homem. Embora o gênero feminino seja de fato importante o bastante para exigir conceitos definidores, a criação linguística não se engajou com suas individualizações, e as nuances refinadas — de que, então, se ficaria dependente — não só falham diante da representação psicológica das mulheres individuais, como também (e com a mesma frequência) não bastam às próprias mulheres para que elas se façam perfeitamente compreensíveis aos homens. Entretanto, há outro nexo mais profundo: a mulher individual é mais difícil de definir do que o homem precisamente porque é mais fácil de definir como gênero. Onde o conceito universal é sentido como algo particular, como algo definido pela diferença, a individualidade já foi em certo sentido envolvida e plenamente assimilada pelo conceito genérico, de modo que não sobra mais o devido espaço e interesse para a individualização subsequente. Portanto, é a tal nexo que se referem os fenômenos de um traço profundo da essência feminina: o genérico é nela, muito mais do que no homem, vivido na forma individual da personalidade. Na mulher tipicamente realizada, muito do que é de todo genérico e na verdade impessoal é transformado em algo completamente pessoal, em algo a tal ponto engendrado dentro dela que parece ter brotado do ponto singular da personalidade, como se sua primeira aparição no mundo tivesse lá se originado. Decerto não há nada de mais genérico do que as relações eróticas, mas, para as mulheres, elas parecem ser um destino especificamente pessoal (o que não se passa com o homem, ainda que este muitas vezes sinta e trate tais relações dessa mesma forma); não são um evento genérico que se passa com elas, mas sim sua produtividade mais intrinsicamente própria. O mesmo se passa na sua relação com o filho, antes e depois de seu nascimento — nessa que é a mais típica de todas as relações, anterior inclusive à humanidade. Mas, para a mulher, essa relação se passa na camada radical da alma, e o que há nisso de plenamente impessoal, o que faz dela um mero ponto por onde passa o desenvolvimento da espécie, em seu caso brota do centro em que todas as energias de sua essência convergiram para formar sua personalidade. A tendência à personalização do universal, intrínseca à essência feminina, também abarca as relações travadas com ela: as mulheres são muitas vezes (e talvez na maior parte das vezes) apreciadas justamente por conta de suas propriedades genéricas. O homem muitíssimas vezes ama uma mulher por causa de sua beleza, de sua amabilidade, em suma, por causa de uma propriedade que ela, apesar da nuance individual de cada uma, compartilha com as demais e que, nesse sentido, não é de modo algum algo idêntico ou solidário à personalidade, distinguindo-se da posse de riqueza apenas quanto ao grau. Daí também a maior infidelidade do homem, muitos dos quais (para falar como Platão) consideram o amor exclusivo a um indivíduo algo restritivo e escravizante, preferindo disseminar seu amor pelo "amplo mar" da beleza em geral. Ainda assim, essa qualidade universal mantém um vínculo relativamente mais estreito com a personalidade feminina (o que é sentido até mesmo por elas) do que com a masculina — e é por isso, então, que o "homem belo" é de algum modo sentido como algo que contradiz a si mesmo e causa desconforto, i.e., tão logo sua beleza passe a atuar como algo universal, perde-se o vínculo com sua individualidade. E, finalmente: a moral, que nada mais é do que a forma de vida do círculo social, a conduta que este forjou como lei em prol de sua conservação, parece emanar do instinto mais apropriado à natureza feminina. Ela "aspira à moral", que muitas vezes restringe o movimento do homem, mas que reveste a essência da mulher como se fosse uma pele; a liberdade, que tantas vezes está para o homem fora da moral, a mulher a encontra dentro dela (em que pesem todas as exceções singulares a que isso, como algo típico e histórico, está sujeito); afinal, a liberdade significa

O relativo e o absoluto no problema dos sexos

mesmo que a lei do que fazemos é expressão da nossa própria natureza. E é precisamente nesse sentido que a aspiração à moralidade se acentua até chegar à valoração incondicional baseada nos preceitos sexuais, que é algo muito mais universal, ou seja, independente das posições sociais particulares, do que todas as outras formas de honra. Não obstante, tal valoração é ao mesmo tempo percebida como a mais pessoal de todas — o que tem como sintoma aparente que a pessoa que provoca a injúria seja mais irrelevante para a própria injúria do que nas demais formas de honra. Em se tratando de insultos, é preciso, para avaliar o significado do insulto, perguntar: *quem* lhe insultou? Mas a perda da honra feminina é, por assim dizer, algo solipsista; o sentido do seu valor simplesmente não se estabelece por correlação a algo. A circunstância genérica dessa injúria toca a mulher de um modo tão pessoal, que em grande medida já não importa de quem ela partiu. E isso, por sua vez, revela a enorme contradição entre o aspecto metafísico e o empírico do destino feminino: a independência interna do valor feminino frente ao princípio masculino e a concomitante dependência externa em relação a ele. — A partir dessas encarnações do universal no pessoal, logo compreendemos que, embora possamos definir a essência feminina em termos típicos, seu elemento pessoal facilmente escapa à definição. Onde, em contrapartida, o elemento genérico de uma criatura é algo tão estritamente genérico como no caso do homem — a ponto da particularidade masculina como tal ter se tornado o sinônimo histórico da universalidade humana —, chega-se mais facilmente e com maior precisão à sua definição enquanto individualidade, havendo mais espaço para ela. Assim, é mais fácil definir a mulher do que o homem; mas mais difícil definir uma mulher do que um homem. E até mesmo essa circunstância se revela como uma expressão da configuração fundamental, que, portanto, assimila esse caso a um tipo infinitamente mais amplo da espiritualidade humana e da metafísica em geral: partindo da relatividade ou determinação recíproca em que se dão as essências masculina e feminina, a primeira delas promoveu-se à categoria do absoluto e então passou a dominar toda essa relatividade, de que é ela mesma somente um membro. —

Já sugeri que essa absolutização de um dos lados de uma correlação, ao se sobrepor à sua totalidade bilateral, via de regra não queda limitada a esse lado; ao invés disso, as várias facções tratam de munir ora um, ora outro com o acento do absoluto. A posição peculiar do espírito em relação aos conteúdos do mundo caracteriza-se pelo fato de cada absoluto poder ser de algum modo concebido como um relativo, i.e., como algo que define sua essência com base na relação com outro, e de cada relativo poder, por sua vez, ser alçado acima de sua relação, deixando-a para trás e chegando a um ser-para-si, a um absoluto. Assim, de acordo com tudo que precede, não só o princípio masculino, mas também o feminino assume sua posição para lá da relatividade, que à primeira vista é o que dá a ambos seu sentido. O princípio feminino a assume não com mera indiferença pelo princípio masculino e pela sua relação com este (como o esboço precedente dava a entender), mas sim envolvendo isso tudo em um além positivo, para lá do complexo das diferenças humanas, do masculino e do feminino. Se os homens estão, nessa medida, acima da contraposição entre os sexos, sendo as normas objetivas elas mesmas masculinas (algo que, enquanto fenômeno, muitas vezes não passa de uma violação histórica, mas que, ainda assim, está no fundo prefigurado na estrutura do espírito humano) — então a mulher está além dessa contraposição, pois, consoante o seu ser, vive imediatamente junto à e da fonte de que afluem os dois lados da contraposição. Assim como o homem, ao sair desse nexo, é mais do que masculino, assim também a mulher é mais do que feminina, porque representa o fundamento universal que sintetiza os sexos em termos substanciais ou genéticos, já que é a mãe. Assim como o absoluto ali se alçava como o que há de objetivo sobre os sexos, assim também aqui, dessa vez como o que há de fundamental aos sexos. Assim como, num caso, o fazer e o devir prefiguravam o dualismo, em cuja forma, especificamente masculina, o ser humano vai além de si mesmo, superando-se — assim também, no outro caso, o ser prefigura a unidade, em cuja forma a humanidade em certo sentido retorna às suas origens, atingindo a possibilidade indissociada de todos os desenvolvimentos. É certo que esse ser não é incolor, e sim feminino. Mas seu fundo último dispensa toda relação que poderia determiná-lo por contraposição à masculinidade, e faz com que se sinta o feminino, cujo fenômeno primeiro e mais imediato é a maternidade, como um absoluto que arca tanto com o masculino, como com o feminino, no sentido relacional de ambos. E então aqui se faz valer um pressuposto metafísico que, longe de qualquer possibilidade de comprovação, percorre toda a história do espírito como suspeita, sentimento, especulação, a saber: o ser humano, quanto mais fundo mergulha no próprio ser, quanto mais plenamente deixa esse ser falar por si mesmo, tanto mais próximo estaria da existência em geral, da unidade do mundo em geral, tanto mais plenamente daria expressão a tais coisas em si. Não é apenas a mística de todos os tempos que vive dessa convicção; antes, ela também atua nas imagens de mundo bem mais claras (e tão opostas entre si) de Kant e Schleiermacher, Goethe e Schopenhauer, quer de modo mais aberto, quer de modo mais latente, e em variações as mais diversas. Talvez se encontre justamente nisso um fundamento exprimível para o sentimento peculiarmente místico com o qual a todo momento se caracteriza certa atitude típica frente às mulheres, para essa consciência obscura que temos de que a essência feminina se assentaria em seu ser de modo mais firme, completo e unitário do que a masculina; de que toda inquietude do devir e do fazer e do opor-se tanto às coisas, como à vida, afetaria menos o fundamento substancial de seu ser, infundir-se-ia menos no seu interior; de que ela repousaria de modo mais inabalável e visceral na última instância de seu próprio ser — e de que para elas o próprio solo em que se radicam seria, por isso mesmo e justamente nessa medida, o fundamento da existência em geral, a unidade recôndita, incógnita da vida e do mundo. Que a mulher, consoante a sua essência mais autêntica (sob a condição, portanto, de que esta não seja desviada por violações e alterações históricas, por influências que chegam a ela a partir das *relações* entre os sexos), vive mais do que o homem a partir do seu fundamento próprio — isso não teria o menor significado, se esse fundamento não fosse ao mesmo tempo, de algum modo, o fundamento das coisas. O vínculo entre ambos está na maternidade; mas, nesta, trata-se apenas de dispersar pelo tempo e pela vida enleada à matéria algo que é em si uma unidade metafísica última. E esse conteúdo recebe, por assim dizer, apenas um contorno diferente, caso se substitua o conceito metafísico do ser pelo conceito mais psicológico ou, caso se queira, mais formal do ser como existência íntegra e delimitada. O homem, com base no dualismo de sua existência, em geral parece sentir a mulher como a essência mais íntegra e delimitada, por mais que ele mesmo, a cultura e o destino possam arrastá-la para dentro desse dualismo; ou seja, ele a sente como uma essência cujas partes individuais não formam partidos opostos, mas sim nas quais a unidade do ser que está presente em todas as individualidades e não admite designação mais precisa expressa-se como um nexo, uma essência cujas partes individuais não formam partidos contrapostos, mas sim nas quais a unidade do ser subsistente a todas as individualidades, que já não é mais nomeável, expressa-se como um nexo íntimo e imediato. E então o notável é que precisamente a integridade de uma existência contenha uma indicação — simbólica ou metafísica — a mais enfática possível para a totalidade do mundo fora dela ou do qual ela é um elemento. De modo semelhante a como a obra de arte, com a delimitação inviolável propiciada por sua moldura, se desvencilha da dispersão multifacetada das coisas — tornando-se por isso mesmo um símbolo da existência em geral —, assim também a mulher representa uma unidade frente ao homem, que permanece enleado à multiplicidade da vida fragmentada. Não é apenas a superficialidade do costume moral que proíbe às mulheres, desde sempre, os gestos de levantar a mão energicamente para bater, a palavra agressiva, o sair-de-si inconsequente. Ao invés disso, o fato de que esse evitamento de todas as expressões mais centrífugas e expansivas, dessa congruência do ser como um todo ter se tornado a forma de seu costume moral é a expressão histórica daquela *integridade essencial* que está no fundo de todas as situações psicológicas individuais, sendo o que elas têm de mais profundo e universal. Esse estar-concluído-em-si[17] — o que, claro está, é uma expressão ele-

---

[17] *In-sich-Fertigsein*, no original. A expressão *fertig sein* significa "estar pronto, concluído, rematado"; Simmel aglutina esses dois termos em um só,

vada de modo ideal a algo absoluto — faz das mulheres uma criatura mais a-histórica do que o são os homens. Pois a história, que é sempre história de um devir, de um transformar-se, de um desenvolver-se, emerge apenas caso um complexo essencial contenha uma pluralidade de elementos relativamente independentes, que se repelem ou se equilibram, que superam um ao outro ou tomam o rumo de uma síntese mais elevada. A diferenciação interna do homem é o motivo último em virtude do qual ele pode ter e fazer história. A essência no fundo mais unitária da mulher é necessariamente a mais a-histórica; o princípio de desenvolvimento decorrente do atrito mútuo das partes diferenciadas da essência não possui o mesmo poder sobre elas; o que se exprime não apenas na "maturidade" que vem mais cedo para a menina, em comparação ao rapaz, mas também na circunstância (que parece meramente superficial) de que, mesmo na cultura mais altamente desenvolvida, a diferenciação das funções da mulher em relação aos estágios primitivos está longe de ser tão ampla como a das masculinas, no caso correspondente. Um dos mais profundos conhecedores de Shakespeare notou que os homens shakespearianos têm uma história, um crescimento ou decadência em termos morais; suas mulheres agem e sofrem, mas é raro que cresçam e se desenvolvam (*seldom are transformed*). Ora, essa forma de existência confere à essência feminina a relação com a totalidade do ser, que é sentida como algo obscuro e que provoca reações as mais estranhas. Assim como a obra de arte, embora seja uma parte da totalidade do mundo, por sua integridade é uma espécie de contraparte desta, apontando com isso para algo de metafísico que, apesar de inefá-

---

fazendo deles um substantivo, e junta a isso o *in sich* — gerando essa expressão pouco usual. Vale notar que a tradução que arranjei deixa de lado um elemento importante da composição, pois substitui o *Sein* pelo "estar" — e o "ser" é justamente o verbo com que Simmel expressa o movimento da essência feminina, em oposição ao da essência masculina (que expressa pelos verbos "devir" e "fazer"). Esse último ponto, aliás, também se aplica à expressão "estar-consigo-mesmo" (*Beisichsein*) — o que deixo para avisar apenas a esta altura pois, quando este termo aparece pela primeira vez, Simmel ainda não estabelecera tal correlação, de modo que adiantá-la me pareceu inoportuno. (N. do T.)

vel, é o que arcaria com essa igualdade da forma, assim também é no caso dessa forma íntegra da essência feminina, que desde sempre recobre a mulher com uma aura de simbolismo cósmico — como se ela tivesse, acima e além de todas as individualidades palpáveis, uma relação com o fundamento e o todo das coisas em geral. Junto a todo desprezo e abuso sofrido pelas mulheres, desponta ao longo de toda a corrente da cultura, desde a primitiva, o sentimento de que elas ainda seriam algo além de meras mulheres, quer dizer, de meras criaturas correlativas dos homens; mas, se realmente o são, é como se tivessem *eo ipso* relações com os poderes ocultos, como sibilas e bruxas, como criaturas das quais partiriam ora a benção, ora a maldição, vindas do ventre de resto intocado das coisas, as quais se teria de venerar misticamente, evitar com cautela ou então amaldiçoar como demônios. Nenhuma dessas brutalidades ou glorificações poéticas toma como seu fundamento último uma qualidade ou fazer individuais; embora, ao serem reunidas como um todo, elas sem dúvida remontem a um motivo unitário mais profundo, não se consegue detectar um motivo histórico do gênero, passível de designação singular. Antes, parece que tal motivo está no seguinte: uma essência que repousa de modo tão profundo em seu ser indiferenciado, que avança tão pouco para fora de si mesma — esta daria justamente a sensação de estar numa proximidade especial, numa espécie de relação de identidade com o ser em geral, quer se dê a isso o nome de solo primordial da natureza, quer de mística sobrenatural ou de metafísica no sentido puro do termo. O tipo particular do absoluto próprio à mulher faz com que ela mergulhe na unidade do ser, ao passo que o absoluto do homem arranca-o do ser rumo à ideia. De acordo com os hábitos do pensamento que temos à disposição (por mais que possam se relacionar à realidade de modo assintótico ou simbólico), somos compelidos a fazer com que o polivalente, o móvel, o parcial se fundamentem em algo como uma unidade em repouso, uma unidade que, na essência masculina, já está por assim dizer impregnada nas formas de vida e exteriorizações dualistas e diferenciadas, mas que, na essência feminina, segue como sua substância sensível — como se a mulher, a cada maternidade, reiterasse o processo que desatrelou e destacou a parcialidade e o movimento

O relativo e o absoluto no problema dos sexos

próprios à figura individual do fundamento obscuro e indiferenciado da existência.

Assim, pode-se dizer: quanto mais e mais profundamente uma mulher é mulher nesse sentido absoluto, tanto menos ela é mulher no sentido relativo, referido ao homem pela diferença. E a mesma correlação, exprimível apenas como paradoxo, aplica-se ao homem; se o que ele tem de especificamente masculino consiste em ir edificando sobre a vida subjetiva (esta que forma algo como um encadeamento único) o mundo do normativo e do objetivo, de cuja perspectiva toda a distinção entre o masculino e o feminino é algo fundamentalmente acidental, então ele é tanto menos homem (no sentido dessa relatividade sexual), quanto mais é homem no sentido daquela realização que vai ao absoluto e é do começo ao fim masculina em sua peculiaridade. Cada um desses significados do "universal" ganha vida na particularidade mais profunda de cada sexo: o universal como algo abstrato, que está no encalço das individualidades — e o universal como algo substancialmente unitário, que precede as individualidades. Eu não sou de modo algum inclinado a aprisionar a plenitude da vida em uma sistemática simétrica. Mas caso se queira, como ponto de partida, acrescentar a estrutura anatômica à imagem da efetividade viva que se tem aqui em vista (pois os esqueletos apresentam justamente essa simetria esquemática, que os processos fisiológicos então animam no jogo infinitamente complicado da vida, que já não se pode mais apanhar em nenhuma equivalência simples) — então a relação entre os sexos, graças à qual cada um concede ao outro de modo recíproco sua peculiaridade, parece circundada por este duplo absoluto: de um lado, está o masculino como o absoluto que é mais do que masculino, significando a objetividade, a elevação normativa acima de toda subjetividade e de toda contraposição, que se obtém ao preço do dualismo — de outro lado, o feminino como o absoluto que, sendo por assim dizer anterior à divisão entre sujeito e objeto, arca com a unidade da essência humana, ali na sua integridade substancial, imóvel.

A coqueteria

A lição de Platão sobre o amor, segundo a qual este seria uma situação intermediária entre ter e não-ter, parece não tocar no fundo de sua essência, mas sim apenas em uma das formas em que ele se manifesta. Entre outras coisas, ela não dá espaço para o amor que diz: "Se eu te amo, o que te importa?"[18] —, de modo que tal lição só pode mesmo se referir ao amor que morre na consumação de seu anseio. Situado a meio caminho do não-ter ao ter, exaurindo sua essência com o movimento rumo ao ter, o amor, assim que apenas "tem", já não pode ser o mesmo que antes fora, já não pode ser amor, mas sim converte sua quantia de energia ora em prazer, ora em fastio. Essa consequência do amor como nostalgia de quem não tem pelo ter não é revogada, caso o amor quem sabe venha à tona renovado bem no instante em que se esvaía: consoante o seu sentido, permanece enfeitiçado numa alternância rítmica, com os momentos de consumação situados em suas cesuras. Mas onde o amor se ancorou nas profundezas últimas da alma, essa alternância de ter e não-ter descreve apenas a figura de sua exteriorização e superfície. O ser do amor, cujo mero fenômeno é o desejo, não pode ser anulado por sua saciação.

Porém, qualquer que seja o sentido do querer ter, não importando se significa o *definitivum* do amor ou apenas a elevação do

---

[18] Trata-se aqui de uma referência ao *Wilhelm Meisters Lehrjahre* [Os anos de aprendizado de Wilhelm Meister], de Goethe, comentado por Simmel no penúltimo capítulo de seu livro sobre o autor, que seria publicado dois anos depois da *Cultura filosófica*. Trata-se de uma fala de Philine a Wilhelm (livro IV, capítulo 9). (N. do T.)

ritmo oscilante que segue em jogo com esse *definitivum* — sempre que seu objeto seja uma mulher e seu sujeito, um homem, o querer ter se alça à circunstância anímica peculiar da "atração". A atração é a fonte de que se alimenta aquele ter e não-ter, caso venha a se tornar para nós prazer ou dor, desejo ou temor. E aqui, como alhures, o vínculo entre uma propriedade e sua apreciação também segue a direção oposta. Não é apenas a importância e o valor que incrementam o ter e não-ter do objeto que nos atrai; mas também, sempre que um ter ou não-ter, por qualquer outra razão, ganha para nós significado e realce, seu objeto trata de incitar nossa atração. Assim, não é apenas o estímulo de uma coisa à venda que determina o preço que por ela podemos pagar; antes, o que muitas vezes torna a coisa estimulante e desejável é que se cobre por ela um preço tal que sua aquisição não seja algo prontamente acessível, mas sim obtido apenas com sacrifício e esforço. A possibilidade dessa inflexão psicológica faz com que a relação entre homens e mulheres acomode-se na forma da coqueteria.

Que a coquete "queira atrair" não basta, em e por si só, para dar ao seu comportamento o *cachet* decisivo; caso se traduza a coqueteria como "avidez de atrair", então se confunde o meio para um fim com o impulso para esse fim. Uma mulher pode fazer de tudo para atrair, do mais sutil estímulo espiritual à exposição mais atrevida dos atrativos do corpo — e ainda assim pode, com tudo isso, distinguir-se consideravelmente da coquete. Pois o próprio desta é despertar a atração e o desejo por meio de uma síntese e antítese peculiares — pela alternância ou concomitância de aprovação e rejeição, ao dizer sim ou não por símbolos, insinuando, atuando "como que à distância", ao ceder e não-ceder, ou, para falar como Platão, pelo ter ou não-ter que ela tensiona um contra o outro, fazendo-os sentir como que num só golpe. No comportamento da coquete, o homem sente a justaposição e entrelace do poder com o não poder obter, que é a essência do "prêmio", e que, com aquele giro que converte o valor em epígono do preço, faz com que essa obtenção apareça ao homem como valiosa e desejável. A essência da coqueteria, expressa com brevidade paradoxal, é a seguinte: onde há amor, aí está (seja no seu fundamento, seja na sua superfície) o ter e não-ter; e, por conseguinte, onde há ter e não-ter (ainda que não na forma da efetividade, mas sim na do jogo), aí está o amor, ou algo que preencha seu lugar. Para começar, aplicarei essa interpretação da coqueteria a algumas circunstâncias da experiência. É característico da coqueteria, em sua manifestação mais banal, o olhar de canto de olho, com a cabeça um pouco de lado. Nesse olhar, há um dar-as-costas a que ao mesmo tempo se vincula um entregar-se passageiro, uma voltada momentânea da atenção ao outro, a quem nesse mesmo momento se recusa simbolicamente, mantendo a cabeça e o corpo voltados a outra direção. Fisiologicamente, esse olhar não pode jamais durar mais do que alguns segundos, de modo que na atenção concedida já está pré-formada como algo inevitável a atenção sonegada. Ele tem o estímulo da furtividade, do que é clandestino, que não pode persistir na duração e em que, por isso, o sim se mescla inextrincavelmente com o não. O perfeito olhar-na-cara, por mais íntimo e sequioso que possa ser, nunca tem esse quê específico de coquete. Na mesma camada superficial dos efeitos da coquete, está a gingada e o giro dos quadris, a passada que "rebola". Não só porque essa passada visivelmente chama a atenção para a coquete, pelo movimento das partes sexualmente provocantes do corpo, ao mesmo tempo em que com efeito mantém sua distância e reserva — mas também porque simboliza com o ritmo do jogo, com sua alternância contínua, o voltar-se-para e o desviar-se-de. Caso a coqueteria vá além dos movimentos e da expressão do seu próprio sujeito, o que temos aí é apenas uma modificação técnica dessa simultaneidade de um sim e de um não insinuados. A coquete adora se ocupar com objetos que estão como que à parte da situação: com cachorros ou flores ou crianças. Pois isso é, por um lado, um desviar-se desse aí em que ela está de olho, mas, por outro, essa revirada do olhar mostra a ele como ela merece ser invejada; quer dizer o seguinte: você aí não me interessa, mas sim estas coisas aqui — e, ao mesmo tempo: esse é um jogo que eu jogo para você ver, é por conta do interesse em você que me volto a estas outras coisas. Caso se queira fixar em conceitos os polos em que a coqueteria oscila, estes revelam uma síntese composta de três possibilidades — a coqueteria lisonjeira: você seria capaz de me conquistar, mas eu não quero me deixar conquistar; a coqueteria desdenhosa:

A coqueteria

eu me deixaria conquistar, mas você não seria capaz disso; e a co-queteria provocante: talvez você possa me conquistar, talvez não — tente! Tal movimento entre o ter e o não-ter (ou mesmo: tal en-tremear simbólico entre ambos) obviamente culmina com a situa-ção em que a mulher volta sua atenção a outro homem, distinto daquele que ela realmente tem em vista. Não se trata aqui da sim-plicidade brutal da inveja. A inveja é outra história, e onde quer que se espere desencadeá-la sem reservas, visando incrementar a vontade de obter ou de reter até transformá-la em paixão, ela já não se encaixa mais na forma da coqueteria. Esta, ao invés disso, precisa fazer aquele a quem se aplica sentir o jogo lábil entre o sim e o não, o recusar-se que poderia muito bem ser um rodeio que le-va ao entregar-se, o entregar-se por detrás do qual está — como pano de fundo, como possibilidade, como ameaça — o voltar--atrás. A coqueteria chega ao fim com qualquer decisão definitiva, e o ápice soberano de sua arte se manifesta com a proximidade de um *definitivum* a que ela vai se abandonando, para, entretanto, oscilar em sentido contrário a cada piscar de olhos. Já que a mu-lher flerta "com" um homem, para com isso flertar com outro,[19] em que na realidade está de olho, ganha evidência o sentido recôn-dito, bem peculiar, que reside no duplo significado do "com": de-signando de um lado o instrumento, e de outro o parceiro de uma correlação — como se afinal *não fosse possível* converter uma pes-

---

[19] Preferi utilizar o verbo "flertar" para traduzir o verbo *kokettieren*, i.e., coquetear, pois se encaixa melhor em alguns contextos — sendo aqui pre-ciso reiterar algo que, no texto original, é por si mesmo evidente. Note-se que, de resto, preferi traduzir *Koketterie* e seus correlatos pelo equivalente direto em português, ao invés de vertê-lo por "flerte", pelo seguinte: esse tipo de "flerte" a que Simmel se refere é, como vimos no começo do texto, especial, ainda que não exclusivamente limitado, ao que parte da mulher, que é quem no caso joga com o homem; tal delimitação é muito importante, consideran-do que este é um dos dois ensaios que Simmel enquadra na "filosofia dos se-xos" (cabendo a nós, claro, questionar sua validade, mas não alterá-la pela tradução). Ora, em português, o termo *coquete* preserva justamente essa ca-racterística delimitadora, na medida em que se aplica mais especificamente às mulheres. (N. do T.)

soa num mero meio, sem que, nesse mesmo ato, isso implicasse reação e relação recíprocas.

No fim, uma circunstância cujo sentido é a princípio físico, mas que acaba também sendo anímico, talvez revele a conjunção imediatíssima entre sim e não, que, nessa mistura equilibrada, compõe o colorido da coqueteria: a circunstância do "encobrimento pela metade". Compreendo nesses termos todos os casos externos e internos em que certo entregar-se, certo expor-se é de tal modo interrompido por certo fazer-se-invisível ou recusar-se parciais, que o todo se insinua de modo ainda mais pungente na forma da fantasia e, graças à tensão entre esta forma e a da realidade que não se revelou plenamente, incendeia com intensidade e consciência ainda maiores o desejo por essa totalidade. É notável como o desenvolvimento histórico do encobrimento do corpo faz vir à tona esse motivo do exibir concomitante ao negar. A etnologia de hoje considera como certo que o encobrimento das vergonhas — assim como a vestimenta em geral — em sua origem não tinha nada a ver com o sentimento de vergonha, mas sim servia à necessidade de adorno e ao propósito (relacionado de perto a tal necessidade) de exercer um estímulo sexual por meio do encobrimento: ocorre mesmo que, entre povos que andam nus, apenas as amantes se vestem! As cintas e tanguinhas que cumprem a função das folhas de figueira são amiúde tão mínimas e usadas de tal modo que o encobrimento como tal simplesmente não pode ser seu fim; elas só podem ter alguma outra finalidade. E esta outra manifestação mostra que finalidade é essa: na maior parte dos casos, elas têm as cores mais escandalosas e são ornamentadas do modo mais chamativo possível. Ou seja, seu fim obviamente é *chamar a atenção* para essas partes. Portanto, em sua origem tal encobrimento é apenas adorno, com a dupla função de todo adorno: primeiro, atrair o olhar para si, obter para a criatura ornamentada um simples incremento de atenção, para em seguida fazer com que essa criatura apareça como valiosa e estimulante, como algo que inclusive faz *valer* muitíssimo a pena a atenção concedida. Mas é inevitável que esse adorno em particular, como o do corpo em geral, só possa cumprir tal função ao mesmo tempo em que encobre. Por conta dessa coincidência, o momento da coqueteria está dado com a for-

A coqueteria

ma primitiva da vestimenta: o negar, o furtar-se está aqui fundido num ato indivisível com o chamar-a-atenção, o exibir-se; para adornar a si ou a uma de suas partes, encobre-se o que se adorna, e para se encobrir, chama-se a atenção para isso mesmo e para o que há nisso de estimulante. É, por assim dizer, uma visão a que o olho não pode fugir o que associa a concomitância do sim e do não, fórmula de toda coqueteria, já ao primeiro grau no desenvolvimento da vestimenta.

Examinando mais a fundo, pode-se afirmar que todo o dualismo dessa atitude é apenas a manifestação ou técnica empírica com a qual se realiza um comportamento que é na sua base perfeitamente unitário. Mais adiante, considerarei a essência dessa unidade, da qual, tomando-a agora como pressuposta, apenas tiro a conclusão de que essa conjunção do sim com o não não deve ser uma justaposição rígida, mas sim uma troca flutuante, cheia de vida, um insinuar-se recíproco, em que cada um vai se emaranhando no outro. Onde isso não sucede, o encobrimento pela metade também não chega a seu sentido como coqueteria, mas apenas revela uma inconsistência desagradável. Com base nisso, resolve-se o complicado problema estético-psicológico do porquê a pose da Vênus de Medici tem algo de completamente insuportável para certas sensibilidades. Ela busca se cobrir com as mãos, numa tentativa feita com meios precários; ela está mesmo nua e o encobrimento pretendido se justapõe a isso de modo inorgânico; ela não exibe, com o encobrimento, uma atitude intrinsecamente unitária, um para cá e para lá cheio de vida entre o ceder e o negar, como o requer a coqueteria. A causa ou mesmo, quem sabe, o efeito disso é que essa estátua escapa da esfera artística e adentra a esfera da realidade: não é a imagem artística de uma mulher que, por meio de uma tentativa de encobrimento, flerta com um parceiro ideal, que se acha no mesmo espaço irreal, mas sim o que se sente é que ela estaria flertando com um espectador real, que está diante dela, como se aqui se passasse uma cena real — com a diferença de que a mulher por acaso é de mármore, e não de carne e osso. Mas como, com efeito, *de forma alguma* ela se encobre para *este aí*, para o parceiro real — algo que seria perfeitamente possível para um parceiro ideal, com base no simbolismo válido dentro da pura esfera *artística*, que aqui, porém, não foi mantida no lugar —, então o gesto a ele dirigido aparece como um entregar-se e querer--voltar-atrás desprovido de unidade, como uma decomposição dos elementos polares da coqueteria em duas esferas distintas, na qual o seu sentido malogra, i.e., desperta repulsa, em vez de atração.

Uma das práticas mais típicas da coqueteria pertence à província do encobrimento pela metade de caráter *espiritual*: a afirmação de algo que não é realmente o que se pensa, o paradoxo que deixa dúvida quanto a sua sinceridade, a ameaça que não se faz a sério, a autodepreciação lançada como isca para pescar elogios. O que define o estímulo desse comportamento é sempre a oscilação entre o sim e o não da sinceridade; quem o recebe se vê diante de uma manifestação a respeito da qual ignora se o emissor aí fornece sua verdade ou o contrário disso. Assim, o sujeito dessa coqueteria escapa da realidade palpável e adentra numa categoria flutuante, oscilante, em que realmente se inclui seu verdadeiro ser, embora não se possa apreendê-lo com nitidez. Uma escala de manifestações gradativas leva da afirmação que ainda se faz totalmente a sério, e sob a qual só se percebe uma auto-ironia apagada, até o paradoxo ou a modéstia afetada, que nos deixa em dúvida se quem a profere tem em melhor conta a nós ou a si mesmo — mas em todos os graus a coqueteria pode se mostrar prestativa, e com efeito tanto a masculina, como a feminina, pois o sujeito está meio encoberto atrás de sua expressão e nos passa a sensação dualista de que parece praticamente no mesmo momento se exibir para nós e escorregar por entre os nossos dedos.

Por isso tudo, a coqueteria, como comportamento conscientemente dualista, parece estar em plena contradição com aquela "unicidade" da essência feminina que, apesar dos vários modos como é compreendida — quer com interpretações profundas, quer superficiais —, de fato permeia todas as psicologias femininas como seu motivo básico. Quando se sente que as almas feminina e masculina são abarcadas por uma contraposição essencial, esta em geral cuida ser a seguinte: consoante a sua natureza, a mulher seria de essência mais centrada em si, seus impulsos e pensamentos estariam mais estreitamente apanhados em torno de um ou de poucos pontos, sendo mais suscetíveis ao estímulo diretamente aplicado a esses pontos, ao passo que, no caso do homem, mais diferenciado, seus interesses e atividades seguem mais a autonomia definida em termos objetivos, a separação entre o todo e o interior da personalidade, mais calcada na divisão do trabalho. Ficará cada vez mais à vista que aquele dualismo não encontra oponente algum na essencialidade feminina como tal, e que até mesmo a relação desta com a essencialidade masculina possui, na coqueteria, uma síntese particular de seus momentos decisivos: pois justamente a relação da mulher com o homem, consoante o seu sentido específico e incomparável, esgota-se no conceder e recusar. É certo que há inúmeras outras relações entre ambos: amizade e inimizade, comunidade de interesses e suporte ético de um pelo outro, conexão sob a égide religiosa ou social, cooperação para fins objetivos ou familiares. Porém, ou essas são maneiras universalmente humanas e também podem, no que têm de essencial, ocorrer entre pessoas do mesmo sexo, ou são definidas a partir de algum ponto real ou ideal situado fora do próprio sujeito e da linha direta que faz ligação entre ambos e, portanto, não formam uma interação tão pura e exclusiva entre homem e mulher, passível apenas de ser compreendida como o recusar e o conceder — isso, claro está, no sentido mais amplo e de modo a assimilar em si todos os conteúdos de tipo interno e externo.[20] Recusar e conceder é o que é dado às mulheres levar a termo e a elas apenas. A partir desse nexo, pretendeu-se remontar toda a circunstância da coqueteria à manifestação arcaica do "casamento por rapto" — sobre cuja difusão pouco se sabe. Ainda hoje, em várias partes da Terra — entre os tungues, neozelandeses e algumas tribos beduínas —, considera-se

---

[20] Em investigações que abordam a relação entre os sexos na sua abrangência plena, as expressões acabam soando antes de tudo no seu sentido mais cru — algo quase inevitável, por óbvias razões psicológicas. Ao passo que, sempre que se discorra aqui sobre conceder e prazer, sobre sim e não, o que assim se designa são as formas universais daquelas relações que se cumprem tanto com os mais elevados conteúdos morais e estéticos, como com os mais baixos. Essas diferenças extremas de valor não devem impedir a consideração puramente psicológica de captar com a mesma eficiência as categorias formais aí presentes. (N. do A.)

perfeitamente adequado que a noiva resista ao noivo com todas as forças durante o casamento e que a ele se entregue só depois de um confronto violento. Certamente convergem aqui os elementos da coqueteria, ainda que numa medida brutal. Mas, com a alteração no padrão da medida, parece que seus sinais também se alteram: uma noiva dessas se bate em resistência, mas no fim se entrega, ao passo que, em comparação, a coquete não se bate em resistência, mas também não se entrega. Fora isso, a atitude dos sexos quanto ao recusar e conceder é, justamente, de característica diversa. O recusar-se de um homem a uma mulher que o aborda, por mais justificável e mesmo necessário que venha a ser por razões éticas, pessoais ou estéticas, sempre traz consigo algo de doloroso, de descortês, de condenável, num certo sentido — e isso, aliás, mais para ele do que para a mulher, para a qual, por sua vez, o ser--rejeitado adquire mais facilmente um acento trágico. Rejeitar uma mulher não é a atitude que convém ao homem, não importa se além disso convinha ou não a ela se oferecer a ele — ao passo que, no caso contrário, a conta fecha sem o menor problema: recusar o homem solicitante é, por assim dizer, um gesto perfeitamente adequado a uma mulher. E, igualmente, o poder-se-entregar da mulher (apesar de certa reserva a ser indicada ao fim destas páginas) é uma expressão que consome tão profunda e plenamente o seu ser, que talvez o homem jamais possa alcançá-la, caso siga o mesmo caminho. É das mulheres a maestria em dizer o não e o sim, em render-se e recusar-se. Essa é a consumação do papel sexual atribuído ao elemento feminino já desde o reino animal: ser *quem escolhe*. Com isso, é provável que se fundamente a manifestação já observada por Darwin de que, entre os nossos animais domésticos, as fêmeas apresentam muito mais afeição e aversão aos machos individuais, do que os machos, às fêmeas individuais. Como é a mulher quem escolhe, ela o define em maior grau pela individualidade do homem; o que provoca toda a decisão é que o homem seja este ou aquele determinado homem, ao passo que o homem procura mais a mulher como mulher em geral — por mais que, em cima disso, as diferenças culturais possam modificar essa relação básica para um lado ou para o outro. Essa eleição individual, que no caso cabe às mulheres, dá a elas, em comparação ao

A coqueteria

homem, muito mais a ocasião de deixar a escolha no ar. Não é de se admirar que, com todas essas ocasiões, tenha se originado para elas uma forma como a coqueteria — nem um pouco adequada ao homem —, em que o recusar e o conceder, próprios dela, são possíveis de modo por assim dizer simultâneo.

O motivo que leva a mulher a esse comportamento é, para referi-lo à sua fórmula *mais universal*, o estímulo da liberdade e do poder. Normalmente, a mulher só está em condições de decidir sobre a questão básica de sua vida uma ou poucas vezes — e, mesmo nesse momento crucial, a liberdade individual de sua decisão é não raro apenas aparente. Mas, na coqueteria, ela tem como que permanentemente essa decisão nas suas mãos, ainda que apenas como aproximação e símbolo. Ao dominar pela alternância ou ao fazer sentir de uma só vez o sim e o não, a atenção enviada e desviada, ela se distancia dessas duas alternativas e maneja cada uma como um meio, atrás do qual reserva, com toda a liberdade, sua personalidade própria, isenta de predefinições. É uma observação comprovada por toda a parte que a liberdade não se detém em seu sentido negativo, mas sim, no mesmo instante ou logo depois de obtida, já é empregada para a aquisição e exercício de poder. No caso da coqueteria, ambas as coisas se enredam imediatamente uma na outra. O poder da mulher diante do homem manifesta-se no sim ou não, e é justamente essa antítese, na qual oscila o comportamento da coquete, o que fundamenta o sentimento de liberdade, o desprendimento do Eu diante dessas duas opções, o ser-para-si que está além das contraposições que imperam. O poder da mulher sobre o sim e o não situa-se *antes* da decisão; assim que tenha se decidido (quer pelo sim, quer pelo não), chega ao fim seu poder assim caracterizado. A coqueteria é o meio para desfrutar esse poder de uma forma duradoura. E, ao menos num certo número de casos, é possível observar que mulheres muito sedentas de poder foram também bastante coquetes. Pois — e isso precisa ser especialmente enfatizado para esclarecer a tipicidade da situação — toda essa flutuação e oscilação de modo algum toca quer o ser da mulher, quer sua resolução sobre o rumo a tomar, mas sim apenas a inteligibilidade disso para o parceiro. Nada disso trai uma incerteza objetiva intrínseca à mulher — incerteza que, onde está presente, resulta numa imagem completamente distinta daquela da coqueteria, e só guarda com esta uma semelhança superficial, ou então esconde-se sob a sua forma com certo embaraço, para, quem sabe, ganhar algum tempo para a decisão. No seu interior, a mulher que flerta já está perfeitamente decidida para um lado ou para o outro. Ora, é justamente por ter uma resolução a encobrir que ela pode despertar no seu parceiro uma dúvida que se destina a *ele*, ou então uma hesitação quanto a algo já assegurado em si mesmo — esse é o sentido de toda a situação; e é isso também o que outorga à coquete seu poder e preeminência em relação ao homem: *ela* está segura e determinada em si mesma, e com isso impõe um comportamento entre os dois que deixa *ele* desestabilizado e inseguro.

Ora, que o homem se renda a esse jogo, e isso não só porque seu desejo está atrelado ao favor da mulher, não restando nada mais a fazer, mas sim, muitas vezes, como se ele mesmo extraísse um estímulo e prazer especiais justamente desse ser manobrado para cá e para lá — isso a princípio se deve, como é bem óbvio, à conhecida manifestação segundo a qual um encadeamento de vivências orientado a uma sensação derradeira de felicidade recebe já ao longo dos momentos que a precedem uma irradiação de parte de seu valor-de-prazer. A coqueteria é um dos casos mais apurados dessa experiência. Na origem, o único prazer do encadeamento erótico deve ter sido o prazer fisiológico. Mas, a partir daí, o prazer pouco a pouco foi se alastrando para todos os momentos antecedentes do encadeamento. É provável que aqui, considerando apenas o que há de puramente psicológico, estejamos com efeito diante de uma evolução histórica, posto que, quanto mais refinada e cultivada é a personalidade, tanto mais o significado da libido se distende para momentos cada vez mais remotos, mais insinuados ou mais simbólicos do domínio do erotismo. Esse recuo anímico pode ir tão longe que, p. ex., uma jovem pessoa apaixonada pode se deleitar mais com o primeiro apertar furtivo de mãos do que com qualquer concessão total que venha depois — e, para muitas naturezas delicadas e sensíveis (que de modo algum precisam ser frígidas ou despojadas de sensualidade), o beijo e mesmo a mera consciência de ter seu amor correspondido ultrapassam to-

A coqueteria

da satisfação erótica mais, digamos, substancial. O homem com quem uma mulher flerta sente já no seu interesse por ele, no seu desejo de atraí-lo, o estímulo de algum modo reminiscente de sua posse, assim como, agora em chave geral, a felicidade prometida já antecipa uma parte da que há para ser obtida. Em paralelo a isso, e atuando de modo autônomo, surge outra nuance da mesma relação. Onde o valor de uma meta já está perceptivelmente deslocado para o seu meio ou para seus estágios preliminares, a quantia do valor assim desfrutado é modificada pela circunstância de que em nenhum encadeamento real a aquisição de um grau intermediário garante com absoluta certeza a do valor final e decisivo: a compensação deste valor, que já descontamos com o gozo preliminar, talvez não seja afinal creditada para nós. Considerando os estágios intermediários, isso exerce, junto a uma degradação inevitável de seu valor, também um incremento do mesmo graças ao estímulo do risco, especialmente se o elemento fatídico (ou seja, que não se deixa decidir pela força própria do interessado), inerente a toda conquista, sobressai com sua atração obscura. Se calculássemos com todo o seu peso objetivo a chance do fracasso implicada entre o estágio preliminar e o final, o provável seria não chegar àquele adiantamento da felicidade; mas sentimos esta chance ao mesmo tempo como estímulo, como um jogo cativante pelo favor dos poderes incalculáveis. No comportamento anímico que a coquete sabe provocar, esse valor eudemonista do risco, do saber que não se sabe se o que vem é o ganho ou o fracasso, é como que imobilizado e consolidado. De um lado, esse comportamento extrai da promessa encerrada na coqueteria aquela felicidade antecipada; mas o reverso disso, ou seja, a chance de que tal antecipação acabe negada por uma virada das coisas, desemboca para ele no simultâneo distanciamento que a coquete torna perceptível a seu parceiro. Enquanto esses dois lados seguem em jogo entre si, nenhum deles genuinamente basta para suprimir o outro da consciência, mas também a chance do quem-sabe se sobrepõe à resposta negativa — e é mesmo esse quem-sabe, no qual a passividade da aceitação e a atividade da conquista formam uma unidade estimulante, que circunscreve toda a reação interior diante do comportamento da coquete.

Se aqui, já por conta do seu desejo pelo risco e da conjugação peculiar e ostensiva de suas possibilidades polares, tal reação do homem implica muito mais do que o ser meramente arrastado nessa oscilação do jogo coquete — então seu papel nisso tudo afinal se alça muito além do mero ser-objeto, contanto que ele mesmo entre no jogo e encontre nele seu estímulo, e não num eventual *definitivum*. Só assim a ação é plena e efetivamente alçada à esfera do jogo, ao passo que, enquanto o homem ainda a levava a sério, estava até aí mesclada à da realidade. Agora, o homem também não quer mais dar um único passo além da linha especificada pela coqueteria, e ainda que isso pareça, consoante o sentido lógico e genético da coqueteria, anular seu conceito, ao invés disso é apenas assim que emerge seu caso perfeitamente puro quanto à forma, desembaraçado de toda refração e de toda chance de alteração. O que então compõe o fulcro da relação e seus atrativos é menos a arte da *atração* — que ainda de algum modo se infiltra na esfera da realidade — do que a *arte* da atração. Aqui, a coqueteria deixou completamente de desempenhar o papel de meio ou de mero provisório para assumir o papel de um valor último: tudo o que era importado do primeiro em termos de valor-de-prazer agora se engendra perfeitamente bem dentro das fronteiras do segundo, o provisório descartou seu condicionamento a um *definitivum* e até mesmo à ideia do *definitivum* em geral, e o que se transformou em seu estímulo derradeiro, que não se questiona sobre o que está além do instante de sua existência, é justamente o fato de ter o *cachet* do provisório, do flutuante, do oscilante — algo logicamente contraditório, mas efetivo em termos psicológicos. Portanto, aquela consequência do comportamento coquete — a saber: que à certeza interior da coquete correspondia uma incerteza e desenraizamento do homem, um abandonar-se não raro cheio de desespero a um quem-sabe — transforma-se aqui totalmente no seu contrário. Quando o próprio homem nada mais deseja além desse estado, justamente a convicção de que a coquete não o leva a sério lhe proporciona alguma certeza diante dela. Agora que já não anseia pelo sim ou receia o não, agora que os oponentes potenciais a tal anelo não precisam mais ser ponderados, ele pode seguir deixando-se levar pelo estímulo desse jogo — mais do que era capaz

A coqueteria

quando desejava, mas talvez de algum modo também temia, que o caminho, uma vez iniciado, levasse ao ponto final.

Aqui, apenas se sublinha da forma mais pura possível a relação entre jogo e arte, própria em todos os aspectos à coqueteria. Pois ela é o grau máximo disso que Kant professou ser a essência da arte: "Finalidade sem fim". A obra de arte de forma alguma possui um "fim" — por mais que suas partes pareçam envolvidas umas nas outras de modo tão pleno de sentido, estando cada qual em seu lugar necessário, que é como se atuassem em conjunto para um fim perfeitamente especificável. Ora, a coquete se conduz exatamente como se estivesse interessada apenas em seu parceiro atual, como se tudo que ela faz devesse desembocar nalguma devoção, qualquer que seja a qualidade desta. Mas essa espécie de finalidade lógica do seu fazer de forma alguma é o que ela tem em mente; ao invés disso, ela deixa esse fazer pairando no ar de modo inconsequente, ao lhe dar uma meta com uma inflexão totalmente diversa: atrair, cativar, tornar-se desejada — mas isso tudo sem se deixar levar ao pé da letra. Ela se conduz de um modo completamente "apropriado a um fim", mas rejeita o "fim" a que essa conduta deve se encaminhar no encadeamento da realidade, dissipa-o no deleite puramente subjetivo do jogo. Assim como a sociabilidade é a forma lúdica da sociedade, ou seja, assim como o um--com-o-outro, o um-contra-o-outro e o um-pelo-outro que compõem a sociedade são simbolizados na graciosidade de ser-sociável e aí reiterados como algo, digamos, sem a menor gravidade — assim também a coqueteria é a forma lúdica do amor. O jogo não tem futuro, ele se exaure no estímulo de seu presente, falta-lhe a força da teleologia real, que transcende o momento. Esse estar cortado da continuidade do encadeamento da vida é um dos elementos que vinculam o jogo à obra de arte. O que realmente distingue a essência da obra de arte da essência interior e, bem se poderia dizer, transcendental da coqueteria é que a arte se põe desde o começo além da realidade e dela se desfaz graças à linha de visão que a evita, ao passo que a coqueteria, ainda que, ela também, apenas *jogue* com a realidade, é mesmo com a *realidade* que joga. A oscilação dos impulsos que ela proporciona e provoca jamais extrai totalmente o seu estímulo das formas puramente desprendidas do sim e do não, da relação por assim dizer abstrata entre os sexos — apesar de que essa seria a verdadeira consumação da coqueteria, de todo modo inalcançável na sua plenitude; na verdade, é sempre possível captar, em meio à coqueteria, sensações que só estão mesmo em casa no encadeamento da realidade, e é isso que dá sangue à relação pura das formas. Embora a coquete e, no caso anteriormente indicado, também o seu parceiro estejam de fato jogando, desonerando-se com isso da realidade, ainda assim não é com a aparência da realidade que jogam, como o faz o artista, mas sim com a própria realidade.

Além disso, há ainda uma analogia peculiar entre o comportamento coquete e a arte. Diz-se da arte que ela se "comporta com indiferença quanto a seu objeto". O sentido dessa afirmação só pode ser que os valores que a arte extrai das coisas não são nem um pouco afetados pelo fato delas serem (quando medidas de acordo com padrões não artísticos) agradáveis ou desagradáveis, morais ou imorais, religiosas ou profanas. A coqueteria assimila com um método em certa medida mais aguçado e pronunciado esse jeito relativamente simples de se posicionar além dos demais valores positivos ou negativos das manifestações ao redor. Pois — o que já se indicou acima, em outro contexto — a maneira como as coquetes se portam com as coisas que servem ao seu propósito envolve uma oscilação (mesmo que só ideal, mesmo que só sentida como possibilidade contínua) entre o interesse por elas e a falta de interesse; envolve um alternar entre uma devoção ao objeto e o contrário disso; um atrair-para-cá e um repelir-para-lá em relação a toda individualidade. Esse desprendimento diante do significado objetivo e ulterior do valor das coisas, tal como se exprime no comportamento ao mesmo tempo positivo e negativo em relação a elas, é mais uma vez sublinhado pela imparcialidade com a qual a coquete põe a seu serviço toda contrariedade que bem entenda: o olhar jogado para cima e o que se esquiva para baixo, a piedade e o ateísmo, a ingenuidade e a malícia, o saber e a inexperiência — e, sim, uma mulher é capaz de flertar tanto com o próprio flerte, como deixando de flertar. Assim como o artista pode se servir de todas as coisas, pois não quer delas nada além da sua forma, assim também todas elas estão fadadas a servir à coquete, pois es-

A coqueteria

ta só quer delas que tomem parte nesse jogo de pegar e largar, enviar e desviar. Isso porque, mais uma vez: uma mulher pode tentar cativar um homem por meio de sua religiosidade ou de sua liberdade de espírito — isso ainda não é coqueteria, mas nela se transforma apenas por esse tratamento singular que não se rende a nenhum conteúdo tomado como derradeiro, que não abandona sua soberania em face de nenhum deles, mesmo no piscar de olhos em que lhes diz sim ou não, e que também imprime à relação da coquete com as coisas precisamente o colorido do recurso específico de que ela dispõe para atrair seu parceiro, ou seja: o da concomitância de atração e rejeição. Também nesse caso, o quem-sabe, o olhar de lado que é ao mesmo tempo olhar para o alvo, a liberdade diante do meio que nada significa em si mesmo e que, portanto, não se leva a sério — isso, enfim, fica como pano de fundo de uma seriedade afinal realçada enquanto dura esse piscar de olhos. A arte conquista seu estar-além do significado real das coisas ao lhes interpelar, com uma segurança inequívoca, exclusivamente sobre sua forma; por isso, a arte é sempre decidida e uma coqueteria da arte é sempre um embaraço e um deslize. Mas, para a coqueteria, o mesmo estar-além emerge assim que, embora toda vez assimile aquele significado real de cada coisa, ainda assim o anula a todo momento com o seu contrário — mesmo sendo este apenas possibilidade, insinuação, nuance, pano de fundo. A razão pela qual é dado à arte parecer como jogo diante das demais categorias e conteúdos temáticos da vida, é que ela leva a sério, de modo implacável, uma dessas categorias que, por sua vez, exclui todas as demais; ao passo que a coqueteria é jogo, pois em geral não leva nada a sério; mas o que assim se expressa de modo negativo é uma conduta perfeitamente positiva, que, ao menos em potência, põe em jogo todas as contrariedades umas com as outras, e isso de modo a desonerar a relação, que é seu palco, de todo o peso que há em toda decisão. Se medimos a arte com os conceitos platônicos de que partiu este ensaio, verificamos que se situa de maneira equidistante acima do ter e do não-ter: ela tem todas as coisas, enquanto deseja delas apenas sua forma e seu sentido artístico, mas não tem nenhuma delas, pois a realidade, objeto do verdadeiro "ter", não possui para ela o menor interesse; as artes são isso que os franciscanos dizem de si mesmos: *omnia habentes, nihil possidentes*.[21] A coqueteria, aqui limitada à maneira como circunscreve seu objeto, está não menos distante tanto do ter como do não-ter — ou, formulado de modo ativo, do ceder ou não-ceder. Mas já não está mais acima, senão que, por assim dizer, entre ambos, o que faz mantendo num equilíbrio dinâmico a parcela que cede ou tem de cada um, ou então mesclando-as de tal modo que uma vai sempre neutralizando a outra como que num processo sem fim.

Anteriormente, indiquei que todo esse dualismo da coqueteria não implica nenhuma contradição com aquela unidade e resolução da mulher (concebida como tipo), graças a qual ela, muito mais do que o homem, encara a questão erótica como um "tudo ou nada" — em que esse "tudo", por sua vez, não se limita a seu sentido superficial. E a coqueteria não só não a contradiz como, no fim e no auge, torna-se mesmo o símbolo da maneira como se dá tal unidade. A experiência permanente da sensibilidade masculina parece mesmo ser a de que a mulher — e aliás a mais profunda delas, a que mais se entrega, sem jamais esgotar seu estímulo — reserva para si alguma coisa de indecifrável, algo que não se deixa conquistar, mesmo ao se doar e ao se expor com toda a paixão. Talvez isso tenha relação justamente com aquela unidade, na qual todos os germes e possibilidades ainda repousam muito próximos uns dos outros, numa indiferenciação, justaposição ou entrelaçamento, e isso a tal ponto que se tem, diante da maior parte das mulheres, o sentimento de certa rudimentariedade, de certa potência que não encontra a devida vazão na atualidade — e mesmo ao deixar completamente para trás os eventuais obstáculos ao desenvolvimento impostos por preconceitos e desvantagens sociais. É decerto um equívoco ver nessa "indiferenciação" simplesmente uma falha, um ficar-para-trás; em vez disso, esse é um jeito de ser da essência feminina, formador de um ideal próprio, perfeitamente positivo, que faz par com a "diferenciação" masculina, possuindo os mesmos direitos desta. Porém, vista da perspectiva de tal di-

---

[21] Em latim, no original; a expressão refere-se a alguém "que tudo tem, mas nada possui", ou então, desdobrando um pouco mais o que está aí implicado, a quem "tudo tem, sem ter posse material nenhuma". (N. do T.)

ferenciação, esse traço realmente aparece como um ainda-não, uma promessa não cumprida, uma imensidão ainda não gestada de possibilidades obscuras que, vistas do lugar anímico do homem, ainda não se desatrelaram uma da outra, nem se arrojaram a ponto de ganharem visibilidade e se fazerem presentes. A isso ainda se soma, com o mesmo resultado, o seguinte: os modos de expressão e de formação (e de maneira alguma apenas os da linguagem) que a nossa cultura põe à disposição da interioridade anímica foram, no que têm de essencial, criados por homens e, por isso, é inevitável que estejam à serviço sobretudo dos modos de ser próprios à essência masculina e de suas necessidades; assim, muitas vezes não se dispõe de nenhuma expressão satisfatória e inteligível justamente para o caráter distintamente feminino. Isso também contribui para sustentar aquele sentimento de que mesmo a entrega mais plena da mulher não suspende uma reserva derradeira e recôndita de sua alma, de que há alguma coisa cuja revelação e exposição seria realmente de se esperar, mas que não quer se desgarrar do solo em que radica. É certo que essa não é uma contenção deliberada da dádiva, algo que seria de se recusar à pessoa amada, mas sim uma última gota de personalidade que é, por assim dizer, inexplicável, e que também se entrega, só que não como algo transparente e designável, e sim como um recipiente fechado, para o qual quem a recebe não tem a chave. Não é então de se espantar que lhe ocorra a sensação de que algo é retido fora do seu alcance, ou então de que o sentimento de não possuir alguma coisa seja interpretado como se tal coisa não lhe tivesse sido dada. Como quer que essa manifestação de uma reserva venha a ocorrer, de todo modo ela se apresenta como um enlace enigmático entre o sim e o não, entre o ceder e o rejeitar, no qual a coqueteria já está em certo sentido pré-formada. Como a coqueteria assimila com uma consciência enfática esse "estar encoberto pela metade" da mulher, que exprime sua relação mais profunda com os homens, ela com efeito rebaixa o fundamento último e metafísico dessa relação a um mero meio para sua realização externa; mas é isso que, não obstante, explica por que a coqueteria não é de forma alguma uma "arte de rameiras" (assim como nem a mulher hetera, nem a mais carnal e menos espiritual cuidam ser as mais coquetes) e, igualmente, por que homens que não são nem um pouco influenciados por tentações meramente superficiais ainda assim se rendem de modo consciente ao estímulo da coqueteria, e isso tudo com o sentimento de que esta não deprecia nem seu sujeito, nem seu objeto.

Ora, junto a essa forma que compõe a parte cabível à mulher na relação entre os sexos, a esse sim e não que é a base de todo sim e não, ganha afinal evidência um sentido mais profundo para aquela interpretação do amor como um intermediário entre ter e não-ter. Pois agora o não-ter está aclimatado ao ter, ambos formam os aspectos de uma unidade de relação, cuja forma mais extrema e candente é, afinal, ter um pouco disso que ao mesmo tempo não se tem. A profunda solidão metafísica do indivíduo (sendo a vontade de chegar ao outro, para assim superar tal solidão, apenas um caminho que procede ao infinito) obteve na relação entre os sexos uma elaboração de colorido particular, mas aí perceptível, talvez, do modo mais visceral possível. Como alhures, aqui também a relação entre os sexos proporciona o protótipo para inúmeras relações entre a vida interna do indivíduo e a interindividual. Se ela vem à tona como o mais puro exemplo de inúmeros processos, é porque estes são de antemão definidos na sua composição por essa condicionalidade fundamental da nossa vida. Que, p. ex., nosso intelecto nunca seja capaz de conceber o devir e a evolução (tanto a real, como a lógica) a partir de uma unidade perfeita, de modo que tal unidade permanece algo em si mesmo estéril, algo que não permite compreender a mudança — isso provavelmente se liga ao fato de que o surgimento da nossa vida está condicionado à cooperação de dois princípios. Sim, que o ser humano afinal seja uma criatura dualista, que seu viver e pensar movam-se na forma da polaridade, que todo o conteúdo de ser só encontre a si mesmo e se defina junto a seu contrário — isso talvez remonte a essa divisão de última instância da espécie humana, cujos elementos sempre buscam complementar um ao outro e com efeito jamais superam sua contrariedade. Que o ser humano, pelas suas necessidades mais candentes, se destine à criatura de que está separado talvez pelo mais profundo abismo metafísico — eis a imagem mais pura, e talvez a forma primordial da solidão, que faz da solidão humana, que faz do ser humano, em última análise, uma criatura estra-

A coqueteria

nha não só em meio às coisas do mundo, mas também junto ao que cada um tem de mais próximo.

Caso, portanto, o simultâneo ter e não-ter seja a forma inescrutável da manifestação ou mesmo uma base última do erotismo, então, graças à coqueteria, extrai-se disso seu mais puro destilado, e por sinal bem na forma do jogo, tal como já afirmei — sendo exatamente como o jogo, que frequentemente extrai das complicações do real suas relações básicas mais elementares para tomá-las como seus conteúdos: a caça e o ganho, o perigo e a chance da sorte, a briga e a trapaça. Com a consciência da coqueteria, cada elemento da oposição, profundamente impregnado de seu contrário, destaca ainda mais os contornos do outro: ela proporciona ao não-ter uma espécie de nitidez positiva, é o que enfim faz disso algo propriamente palpável, graças à simulação lúdica e sugestiva do ter, assim como, inversamente, amplia ao extremo o estímulo do ter, graças à simulação ameaçadora do não-ter. E se aquela relação básica mostrava que também no ter definitivo de certa maneira ainda não temos, então a coqueteria cuida de que também no não-ter definitivo de certa maneira já podemos ter. Chegando a um pensamento semelhante, um psicólogo social francês explicou a propósito da coqueteria que, com o crescimento da cultura, a maior propensão a receber estímulos, de um lado, e o número crescente de manifestações estimulantes, de outro, teriam criado uma atribulação erótica para os homens; não seria mesmo possível possuir todas as mulheres atraentes — ao passo que, em tempos primitivos, via de regra não havia tamanha abundância de manifestações atraentes. Ora, a coqueteria lhes serviria de remédio, já que, sendo com ela possível à mulher entregar-se potencialmente, simbolicamente ou em sentido aproximado a um grande número de homens, então o homem individual poderia de certo modo possuir um grande número de mulheres. —

Se ficou a impressão de que a coqueteria floresceria exclusivamente na relação entre homens e mulheres, sendo um reflexo superficial que mostraria, ao ser refratada sob determinado ângulo, a base última dessa relação — então também isso prova aquela experiência abrangente de que várias formas universalmente humanas de comportamento possuem na relação entre os sexos seu exemplo normativo. Caso se considere as maneiras como as pessoas encaram as coisas e as demais pessoas, então a coqueteria está entre elas como um comportamento de todo universal, cuja forma não rejeita nenhum conteúdo. O sim ou não com que encaramos as decisões, tanto as mais importantes, como as mais cotidianas — as devoções e os interesses, a adesão a um partido e a crença em pessoas ou ideias —, inúmeras vezes se transforma em um sim ou não que traz o caráter de uma simultaneidade, ou então em uma alternância entre ambos igualmente caracterizada, já que, atrás de cada decisão atual, lá está a outra, como possibilidade ou tentação. A linguagem corrente permite às pessoas "flertarem" com pontos de vista religiosos ou políticos, com o que há de importante e, igualmente, com passatempos; e, com uma frequência bem maior do que cuidamos admitir expressamente, o comportamento assim designado aparece (de forma rudimentar e em simples nuances) combinado com outros modos de se portar, iludindo a si mesmo quanto a seu caráter. Todos esses estímulos simultâneos do ser-a-favor e do ser-contra, do quem-sabe, da demora em emitir a decisão, que permitem gozar por antecipação e de uma só vez seus dois aspectos, que, ao se realizarem, excluem um ao outro — tais estímulos não são apenas próprios à coqueteria da mulher com o homem, mas sim jogam com milhares de outros conteúdos. Trata-se da forma em que a indecisão da vida se cristalizou formando um comportamento perfeitamente positivo, que transforma essa necessidade não numa virtude, mas sim num prazer. Com esse aproximar-se e distanciar-se que segue em jogo (ainda que nem sempre acompanhado pela atmosfera do "jogo"), esse agarrar para deixar cair de novo e deixar cair para agarrar de novo, essa espécie de estar-inclinado-a a título de experiência, sobre a qual já recai a sombra de sua recusa — com isso, a alma encontrou sua forma adequada para a relação com inúmeras coisas. O moralista pode ralhar com isso; mas afinal faz parte da problemática da vida que, diante de inúmeras coisas com as quais não se pode simplesmente deixar de se relacionar, não se possua nenhum posicionamento inequívoco, firme já de partida; por sua própria forma, nosso fazer e sentir não se encaixa exatamente no espaço que tais coisas têm a oferecer. E aí surge o avançar e recuar, o segurar e largar tateante, em cujo dualismo volátil aquelas relações básicas do ter e não-ter, tão amiúde inevitáveis, mostram suas cores. Como até mesmo momentos tão trágicos da vida são capazes de se vestir nessa forma lúdica, oscilante e que não assume nenhum compromisso, a que damos o nome de flertar com as coisas — então torna-se compreensível que essa forma obtenha sua consumação mais típica e mais pura precisamente na relação entre os sexos — ou seja, na relação que, por si mesma, desde o começo recobria aquele que talvez seja o mais obscuro e trágico de todos os relacionamentos da vida com a forma de seu êxtase mais extremo e de seu estímulo mais radiante.

IV.

Para a estética

A asa do jarro

As teorias modernas da arte são resolutas ao ressaltar como verdadeira tarefa da pintura e da escultura trazer à representação a composição espacial das coisas. Com base nisso, pode-se facilmente perder de vista que o espaço interno à pintura é uma estrutura completamente diversa do espaço real que vivenciamos. Pois, enquanto neste o objeto pode ser tocado, na imagem artística só pode ser observado; enquanto cada porção real do espaço é sentida como parte de um infinito, o espaço da imagem o é como um mundo encerrado em si; enquanto o objeto real estabelece interações com tudo que passa fluindo ou se aferra a seu redor, o conteúdo da obra de arte já cortou esses fios e funde apenas seus próprios elementos para formar uma unidade autônoma — a obra de arte vive sua existência além da realidade. A obra de arte edifica um império soberano com base nas visões da realidade, das quais com efeito extrai seu conteúdo; e, se a tela e a tinta nela aplicada são porções da realidade, a obra de arte que estas apresentam vai levando sua existência num espaço ideal, que já não tem a menor relação com o espaço real, assim como tampouco os sons podem se relacionar com os cheiros.

A relação é a mesma com todo utensílio, com todo vaso, na medida em que seja considerado como valor artístico. Como peça de metal passível de ser tocada e pesada, envolvida nos negócios e nexos do mundo ao redor, o vaso é uma fração da realidade, ao passo que sua forma artística leva uma existência puramente desprendida e que repousa em si mesma, da qual sua realidade material é o mero suporte. Mas o jarro não é pensado para permanecer intocado feito uma ilha, como a pintura ou a estátua, devendo ao invés disso cumprir um fim (ainda que apenas simbolicamente), já que é apanhado pela mão e incluído nos movimentos práticos da vida — e por isso ele se situa ao mesmo tempo naqueles dois mundos: se o elemento de realidade é algo de todo indiferente na obra de arte pura, tendo sido por assim dizer tragado, ele tem direitos a reivindicar diante do vaso, que é manuseado, que é enchido e esvaziado, levado de cá para lá e acomodado aqui ou ali. Ora, é na sua asa que essa posição dupla do vaso se expressa do modo mais decisivo. Ela é a parte com que o vaso é apanhado, erguido, entornado; com a asa, o jarro é visivelmente projetado para o mundo da realidade, quer dizer, para as relações com tudo o que há de externo, inexistentes para a obra de arte como tal. Acontece que não é apenas o corpo do vaso que deve cumprir as exigências artísticas, como se as asas fossem meros pegadouros alheios ao valor estético de sua forma, feito os ilhós na moldura de um quadro. Pelo contrário: essas asas, que vinculam o vaso à existência além da arte, estão ao mesmo tempo envolvidas na forma artística; elas precisam, não importando nem um pouco o sentido prático de seu fim, ser puramente justificadas como composição, e isso de modo a formar *uma só* visão estética com o corpo do vaso. Graças a esse significado duplo e a seu destaque de nitidez característica, a asa torna-se um dos problemas estéticos que mais dão o que pensar.

O critério inconsciente do efeito estético provocado pela asa do jarro parece estar no modo como o seu formato põe em harmonia esses dois mundos dentro de si: o mundo externo, que transmite suas demandas ao jarro por meio da asa, e a forma artística, que ele requer para si, sem consideração ao primeiro. E não só a asa efetivamente tem de ser capaz de exercer a função prática, como também precisa enfatizar isso por sua aparência. Isso acontece de modo acentuado nos casos em que a asa aparece soldada, em oposição àqueles em que parece ter sido moldada num único processo com a substância do corpo do vaso. A primeira composição acentua que a asa está mais próxima das forças externas, que parte de uma ordem externa das coisas, deixando ressaltar seu significado que vai além da forma artística pura. Tal intervalo entre o vaso e a asa é salientado com força ainda maior na seguinte forma, bem recorrente: quando a asa é moldada como serpente, lagarto, dragão. Se isso sugere aquele significado particular da asa, é porque o animal parece ter vindo de fora, rastejando até o vaso, e juntado-se à forma integral como que só tardiamente. Permeando a unidade estético-visual entre o vaso e a asa, ainda atua aqui um pertencimento desta a uma ordem completamente diversa, de que teria surgido e que, com isso, reivindica o vaso para si. Em contraposição perfeita a isso, realçando ao extremo a tendência à unidade, vários vasos parecem primeiro ter sido formas cheias, cuja matéria se estendia sem intervalos até sua periferia, sendo que só depois se teria removido mais e mais dessa matéria até sobrarem as asas; isso chega à maior perfeição em certas tigelas chinesas, cujas asas são talhadas no metal frio. Assim, o envolvimento na unidade estética acentua-se de maneira mais orgânica quando a asa parece extraída do corpo do vaso num caminho ininterrupto e pelas forças que moldaram esse mesmo corpo — como os braços do ser humano, que cresceram no mesmo processo unitário de organização que o seu tronco e igualmente dão os meios para a relação da essência como um todo com o mundo fora dela.

Às vezes, tigelas rasas são moldadas de modo a representarem com sua asa o papel de uma folha com sua haste; foram conservadas peças muito bonitas desse tipo da cultura da América Central antiga. Aqui é possível sentir como a unidade do crescimento orgânico unifica as duas partes. Caracterizou-se a ferramenta como a extensão por excelência da mão ou dos órgãos humanos em geral. Com efeito: assim como a mão é uma ferramenta para a alma, assim também para esta a ferramenta é uma mão. Mas que o caráter de ferramenta separe a alma e a mão, isso não cria nenhum obstáculo para a unidade íntima com a qual flui o processo vital; o que compõe o segredo indecifrável da vida, justamente, é que ambas estejam uma fora da outra e, ainda assim, uma implicada na outra. Mas a alma se estende além do perímetro imediato do corpo e envolve em si a "ferramenta"; ou melhor: toda substância estranha torna-se ferramenta assim que a alma a traz para dentro de sua vida, do perímetro em que seus impulsos estão contidos. A diferença entre o exterior e o interior da alma, ao mesmo tempo crucial e inexistente para o corpo, é, com vistas às coisas além do corpo, retida e dissipada com *um só* ato dentro da corrente unitária e envolvente da vida. A tigela rasa nada mais é, senão o pro-

A asa do jarro

longamento ou ampliação da mão que cria e carrega. Ora, como ela não é simplesmente tomada na mão, mas sim apanhada pela asa, surge uma ponte mediadora, uma conexão maleável que leva até ela; ao ser manipulada pela asa, esta transfere como que numa continuidade visível o impulso anímico para dentro da tigela e, nisso, volta a envolvê-la no perímetro vital da alma com a corrente de retorno dessa energia. Não há símbolo mais perfeito da ocorrência disso, do que nos casos em que a tigela brota de sua asa, como a folha de sua haste — como se o homem utilizasse aqui os canais do fluxo natural da seiva entre a haste e a folha para fazer seu próprio impulso fluir para dentro da coisa externa e com isso incorporá-la a seu próprio encadeamento vital.

Mas temos de imediato uma impressão desconfortável quando, na aparência do jarro, uma das interpretações da asa é completamente negligenciada em prol da outra. Esse é muitas vezes o caso, p. ex., quando as asas formam apenas uma espécie de ornamento em relevo, anexando-se ao corpo do vaso sem nenhum intervalo. Já que a finalidade da asa (usada para pegar e manejar o vaso) é excluída por tal forma, sobrevém um sentimento incômodo de contrassenso e confinamento, como o que sobrevém diante de uma pessoa com os braços atados ao corpo; e só muito raramente a beleza decorativa da aparência é capaz de compensar pela circunstância de que aqui a tendência à unidade interior do vaso tragou sua relação com o mundo externo. — Portanto, assim como a forma estética não deve ser tão mesquinha a ponto de negar à visão a finalidade da asa (mesmo se esta, como no vaso decorativo, está na prática totalmente fora de questão) — assim também sobrevém uma imagem repulsiva, tão logo a finalidade atua em sentidos tão disparatados a ponto de destruir a unidade da impressão. Há certos jarros gregos que possuem três asas: duas no corpo do vaso, para apanhá-lo com as duas mãos e incliná-lo para um lado ou para o outro, e uma terceira no gargalo, com o auxílio da qual o jarro pode ser entornado para um dos lados. O que provoca a impressão decisivamente feia dessas peças não é um pecado nem ao visual, nem à prática; afinal, por que é que um jarro não poderia ser entornado em várias direções? Como me parece, tal impressão se deve a que os movimentos inerentes a esse sistema só podem ocorrer *um em sucessão ao outro*, ao passo que as asas se apresentam *ao mesmo tempo*; daí sobrevirem sensações de movimento totalmente confusas e contraditórias; pois, embora as exigências do visual e da prática aqui não se contradigam num sentido por assim dizer primário, ainda assim a unidade da intuição é indiretamente rasgada: as asas, que são como que movimentos em potencial, exigem ambas as coisas de uma só vez, o que não pode ser atualizado na prática.

E isso leva ao outro engano estético da asa do jarro: sua *separação* exagerada da unidade de impressão do vaso — para que possamos examiná-la, precisaremos primeiro dar uma volta. A estranheza mais extrema da asa diante do jarro como um todo, seu mais extremo destacamento para um fim prático, está presente nos casos em que ela afinal não se liga ao corpo do jarro com rigidez, sendo, ao invés disso, flexível; na linguagem dos materiais, isso é muitas vezes realçado quando o material da asa é distinto do material do corpo do jarro. Isso produz visuais que permitem várias combinações. Em muitos vasos e tigelas gregas, a asa, rigidamente fixada ao corpo do jarro e feita do mesmo material, é em essência um laço amplo. Caso ela preserve nesse formato a unidade plena da forma com o jarro, o resultado pode ser muito feliz. Pois assim fica simbolizado o material de um laço, com seu peso, consistência e flexibilidade completamente destoantes daqueles do material do corpo do vaso, sugerindo o pertencimento da asa a outra província da existência por meio dessas diferenças insinuantes, ao mesmo tempo em que a asa retém o nexo estético do todo, já que seu material é na realidade igual ao do corpo do vaso. Porém, o equilíbrio mais fino e lábil entre as duas exigências impostas à asa passa a ser desfavorável, caso a asa fixa, embora seja com efeito do mesmo material que o do corpo do vaso, imite outro material de modo naturalista, para dar destaque a seu sentido particular por meio dessa outra aparência. Justo entre os japoneses, que de resto são os maiores mestres das asas de jarro, encontramos esta completa abominação: asas de porcelana fixas, arqueando-se além do diâmetro do vaso, que imitam com exatidão as asas maleáveis de palha trançada dos bules de chá. Nesse caso, fica escancarado o quanto a asa impõe um mundo estranho ao sentido autônomo do

A asa do jarro

vaso, na medida em que o fim particular da asa faz com que o material do vaso apresente uma superfície que lhe é completamente antinatural e falsa. Assim como a asa amalgamada sem intervalos com o corpo do vaso exagera para um dos lados o seu pertencimento a ele, à custa do significado de sua finalidade, assim também esta última composição acaba caindo no extremo oposto: não há como a asa realçar a distância em relação ao resto do vaso com maior falta de consideração, do que ao incorporar a matéria deste e lhe impor justamente a aparência de um aro completamente heterogêneo, só anexado como que por fora.

O princípio da asa: ser o mediador entre a obra de arte e o mundo, mesmo estando completamente integrado à forma artística — tal princípio afinal se confirma com o fato de que sua contraparte, a abertura ou sulco para escoamento do conteúdo do jarro, está subordinada ao mesmo princípio. Com a asa, o mundo vem e encosta no jarro; com o bico, o jarro vai e se derrama no mundo. Só com isso se completa a incorporação do jarro na teleologia humana, pois aí o jarro recebe a corrente teleológica pela asa e a devolve com sua abertura. Posto que a abertura sai do próprio jarro, é mais fácil ligar de modo orgânico sua forma a ele (as expressões bico ou bocal, para as quais a asa não fornece nenhum equivalente, já sugerem essa função orgânica específica), e é por isso que quase nunca lhe sobrevêm extravagâncias tão antinaturais e absurdas como no caso da asa. O fato de que a asa e o bico visivelmente correspondam um ao outro como pontos finais do diâmetro do jarro, precisando se manter em certo equilíbrio, equivale aos papeis que desempenham ao limitar o jarro em si mesmo e, ainda assim, conectá-lo ao mundo prático: um com o papel centrípeto, outro com o centrífugo. É como a relação do ser humano como alma com o ser fora dele: pela percepção sensorial, a corporeidade ascende e alcança a alma, e pelas inervações volitivas a alma sai e se projeta no mundo corpóreo — sendo ambas associadas à alma e à integridade de sua consciência, que é o outro da corporeidade e que, ainda assim, está a esta enlaçada tanto pela percepção, como pelas inervações. —

É do mais fundamental interesse que se cumpram os requisitos *estéticos* e puramente formais da asa, caso se pretenda levar à harmonia ou ao equilíbrio os seus dois significados simbólicos, a saber: pertencer à unidade do vaso e ao mesmo tempo ser o ponto de aplicação de uma teleologia completamente externa a essa forma. Esse não é um caso daquele dogma curioso segundo o qual a utilidade seria o decisivo para a beleza. Pois trata-se aqui precisamente de que a utilidade e a beleza se aproximam da asa como duas exigências *estranhas* uma em relação à outra — esta vinda do todo formal do vaso, aquela do mundo —, e de que agora uma espécie de beleza de grau mais elevado abrange as duas e evidencia em última instância seu dualismo como unidade que não admite descrição mais precisa. Graças à abrangência de suas duas atribuições, a asa se torna a pista mais altamente emblemática para essa beleza mais elevada, ainda praticamente intocada pela teoria da arte e em relação à qual toda a beleza em sentido mais estrito é apenas um elemento; esta é condensada com as exigências integrais da ideia e da vida por aquela beleza como que supraestética, rumo a uma nova forma sintética. Essa beleza de suprema instância pode muito bem ser o que há de decisivo para todas as obras de arte efetivamente grandiosas, e seu reconhecimento nos afasta o máximo possível de todo esteticismo.

Além desse panorama, talvez valha a pena propor um segundo, que traz uma interpretação abrangente para um fenômeno discreto como esse: a da *amplitude* das associações simbólicas, que ganha evidência justamente ao se aplicar também ao que é em e por si insignificante. Pois trata-se aqui realmente da grande síntese e antítese humana e ideal, ou seja: de que uma essência pertença inteiramente à unidade de um domínio abrangente e ao mesmo tempo seja reivindicada por uma ordem de coisas completamente diversa, que lhe impõe uma finalidade com base na qual sua forma é determinada, sem que, com isso, deixe de fazer parte daquele primeiro nexo — agora como se o segundo sequer existisse. Um número extraordinariamente grande de círculos — políticos, profissionais, sociais, familiares —, em que nos situamos, são circundados por outros mais amplos, do mesmo modo como o ambiente prático circunda o jarro, ou seja, de modo que o indivíduo, ao pertencer a um círculo mais estreito e cerrado, é por isso mesmo projetado para o mais amplo, sendo por este utilizado a cada vez que o círculo maior por assim dizer remaneja o menor, já tendo envolvido este em sua teleologia mais abrangente. E assim como a asa não deve quebrar a unidade formal do vaso com sua disposição para as tarefas práticas, assim também a arte da vida exige do indivíduo conservar seu papel dentro da integridade orgânica de um círculo, pondo-se à serviço dos fins dessa unidade mais ampla e ao mesmo tempo contribuindo com tal serviço para integrar o círculo mais estreito ao mais amplo. Não é diferente com as nossas províncias individuais de interesse. Sempre que obtemos conhecimento ou nos subsumimos a exigências morais ou criamos estruturas com normas objetivas, empregamos partes ou energias de nós mesmos para, com elas, nos inserirmos em ordens ideais que são movidas por uma lógica interna, por um impulso evolutivo suprapessoal, e que, a partir daí, apanham a nossa energia integral (que alcançam a partir daqueles elementos particulares) e a ajustam a si. E o essencial é não deixarmos que se destrua a integridade do nosso ser centrado em *nosso* interior, que cada poder e fazer e dever contido no perímetro desse ser permaneça aferrado às leis de sua unidade, ao mesmo tempo em que faz parte daquela exterioridade ideal, que nos converte em um ponto de passagem para a teleologia *dela*. Aí está, talvez, a formulação da riqueza vital do ser humano e das coisas; pois tal riqueza realmente repousa na *multiplicidade* de seu pertencimento recíproco, na *simultaneidade* do por dentro e do por fora, no que é de um lado união e fusão, mas ao mesmo tempo dissolução, já que de outro lado contrapõe-se à união e à fusão. Isto é o que de mais incrível pode haver na concepção de mundo, na configuração de mundo do ser humano: que um elemento conviva com a autossuficiência de um nexo orgânico como se estivesse nele completamente absorvido — podendo, ao mesmo tempo, ser a ponte pela qual uma vida completamente diversa flui para dentro daquele nexo, a alça pela qual uma totalidade apanha a outra, sem que com isso uma delas seja despedaçada. E como essa categoria — que encontra na asa do vaso o seu símbolo mais superficial, mas talvez por isso mesmo o que mais evidencia sua abrangência — brinda a nossa vida com essa pluralidade do viver e conviver, ela pode muito bem ser o reflexo da nossa alma, que tem sua pátria em dois mundos. Pois também a alma só se consuma na medida em que se integra totalmente à harmonia de um desses mundos como seu membro necessário e aí alcança — não apesar de, mas sim justamente por meio da forma que tal participação lhe impõe — os envolvimentos e o sentido do outro; como se ela fosse o braço que um dos mundos (quer o real, quer o ideal) estende para pegar o outro e envolvê-lo em si e para se deixar pegar e ser envolvido pelo outro.

A ruína

Numa só arte a grande luta entre a vontade do espírito e a necessidade da natureza chegou a uma verdadeira paz, o saldo entre a alma que aspira ao que está acima e a gravidade que traz abaixo chegou a uma igualdade exata: na arquitetura. Na poesia, na pintura e na música, a *legalidade própria do material* tem de servir calada ao pensamento artístico, que, na obra de arte consumada, absorveu em si o material, tornando-o como que invisível. Mesmo na escultura, a obra de arte não é a peça palpável de mármore; o que a pedra ou o bronze acrescenta de próprio à obra de arte atua apenas como um meio de expressão da visão criadora da alma. Também a arquitetura, com efeito, emprega e distribui o peso e a sustentação da matéria de acordo com um plano possível apenas na alma; porém, aí dentro o material atua com sua essência imediata, ele como que executa aquele plano com suas próprias forças. Eis a mais sublime vitória do espírito sobre a natureza — como aquela que se dá quando se sabe conduzir uma pessoa de tal modo que o nosso querer não se realiza como uma violação da vontade própria dela, mas sim por meio dessa vontade, ou seja, de tal modo que o nosso plano se baseia na tendência que caracteriza a lei própria dessa pessoa.

Porém, esse equilíbrio peculiar entre a matéria mecânica, pesada, que resiste passivamente à pressão, e a espiritualidade formadora, que se arroja para o alto, se desmancha no instante em que o edifício se desfaz em ruínas. Pois isso nada mais significa, senão que as forças puramente naturais começaram a impor seu domínio sobre a obra humana: a equivalência entre natureza e espírito, representada pela obra arquitetônica, desloca-se a favor da natureza. Esse deslocamento resulta numa tragédia cósmica, que, para a nossa sensibilidade, cobre toda a ruína com a sombra da melancolia; pois agora a ruína aparece como a vingança da natureza pela violação que o espírito cometeu contra ela ao formá-la segundo sua imagem. Todo o processo histórico da humanidade é uma dominação gradual do espírito sobre a natureza, que ele encontra em seu exterior — ainda que, num certo sentido, também em seu interior. Se nas outras artes o espírito fez com que as formas e eventos dessa natureza se curvassem a seus mandamentos, então o que a arquitetura faz é formar a massa e as forças imediatamente próprias da natureza até que elas produzam, como que por conta própria, a visibilidade da ideia. Mas é só enquanto a obra arquitetônica permanece intacta que as necessidades da matéria se submetem à liberdade do espírito, que a *vitalidade* do espírito se expressa sem falhas nas forças da natureza, que são por si puro peso e sustentação. No instante em que a ruína do edifício acaba com a integridade da forma, os dois partidos voltam a seguir em direções opostas e evidenciam sua hostilidade original e de abrangência universal: como se a formação artística fosse apenas um ato de violência do espírito, a que a pedra se submeteu a contragosto, e como se esta fosse pouco a pouco se livrando desse jugo até retornar à legalidade autônoma de suas forças.

Mas com isso a ruína se torna uma manifestação mais plena de sentido, mais significativa do que o são os fragmentos de outras obras de arte destruídas. Uma pintura com fragmentos de tinta deteriorados, uma estátua com membros mutilados, um texto poético antigo com palavras e versos perdidos — isso tudo só tem efeito com base no que ainda existe dessa formação artística, ou então no que a fantasia é capaz de construir para si a partir disso, desses restos: seu aspecto mais imediato já não é uma unidade estética, já não tem mais nada a oferecer, senão uma obra de arte aleijada de determinadas partes. Mas a ruína da obra arquitetônica significa que cresceram outras forças e formas — as da natureza — por cima do que se esvaiu da obra de arte, dos seus destroços, e assim se fez uma totalidade nova, uma unidade caraterística, composta da arte que aí ainda sobrevive e da natureza que aí ganha vida. É certo que, da perspectiva da finalidade a que o espírito deu corpo no palácio ou na igreja, no castelo ou no salão, no aqueduto e na

A ruína

151

coluna monumental, sua figura em ruínas não passa de um acidente sem sentido; entretanto, esse acidente passa a abrigar um novo sentido, abarcando numa unidade tanto ele, como a composição do espírito, agora fundada não mais numa finalidade humana, mas sim nas profundezas em que esta finalidade e a teia das forças inconscientes da natureza ainda brotam de sua raiz comum. Daí que não haja em várias ruínas romanas, por mais interessantes que de resto sejam, o estímulo específico da ruína, em particular quando se percebe que nelas a destruição foi feita *pelo homem*; pois isso não envolve a contraposição entre a obra humana e o efeito da *natureza*, sobre a qual repousa o significado da ruína como tal.

Não é só o fazer positivo do ser humano que leva a esse resultado; sua passividade também o faz, caso o homem passivo atue como mera natureza (e, nesse caso, por conta disso mesmo). Isso caracteriza várias ruínas urbanas ainda habitadas, como muitas vezes ocorre na Itália, fora das grandes vias. Nesses casos, o que há de peculiar na impressão suscitada é que as pessoas, ainda que não destruam a obra humana, sendo, antes, a natureza quem se encarrega disso — mesmo assim *deixam-na ruir*. E vista da perspectiva da ideia humana, esse deixar-acontecer é por assim dizer uma passividade positiva, com o qual ele se torna cúmplice da natureza e de uma das tendências de seu efeito, que é de orientação contrária a da sua própria essência. Essa contradição tira da ruína habitada o equilíbrio sensível ou suprassensível que, no caso da ruína abandonada, atua junto às tendências opostas da existência, e lhe confere esse quê de problemático, perturbador e muitas vezes insuportável que nos acomete, pelo fato desses locais de onde a vida escapa ainda emoldurarem uma vida. —

Expresso de outro modo, o estimulante da ruína é que aqui uma obra humana é enfim sentida como um produto da natureza. As mesmas forças que proporcionam às montanhas sua forma — por meio do desgaste atmosférico, da erosão, do desmoronamento e da formação da vegetação — provam-se então atuantes nas ruínas. O estimulante nas formas alpinas, na verdade no mais das vezes grosseiras, acidentais e impalatáveis para o gosto artístico, repousa mesmo no jogo antagônico percebido entre duas tendências cósmicas: a elevação vulcânica ou o empilhamento gradual ergueram a montanha,[22] ao passo que a chuva e a neve, o desgaste atmosférico e os deslizamentos, a decomposição química e o efeito da vegetação que vai aos poucos se infiltrando acabaram serrando e erodindo a borda superior, trazendo abaixo partes do que fora alçado e definindo assim sua forma. Logo, sentimos aí a vitalidade daquelas tendências de energia contrária e, para além de tudo que há de formal e estético, emulando por instinto em nós mesmos tal contraposição, também sentimos a importância da configuração em cuja unidade serena ambas convergiram. Ora, na ruína, elas se dispersaram para partes ainda mais distantes da existência. O que ergueu o edifício foi a vontade humana, e o que lhe dá seu aspecto atual é a força mecânica da natureza, que traz abaixo, corrói, despedaça. Mas essa força, contanto que ainda se trate afinal de uma ruína e não de um amontoado de pedras, mesmo assim não faz a obra afundar na amorfia da matéria nua — o que vêm à tona é uma forma nova, que é, da perspectiva da natureza, totalmente plena de sentido, concebível, diferenciada. A natureza fez da obra de arte o material de sua formação, assim como, anteriormente, a arte servira-se da natureza como sua matéria.

Na hierarquia entre natureza e espírito, seguindo sua ordem cósmica, cuida-se mesmo apresentar a natureza como se esta fosse o substrato, a matéria ou então o produto intermediário, e o espírito como o que coroa e dá forma definitiva. A ruína inverte essa ordem, pois aí o que o espírito elevou é feito objeto das mesmas forças que formaram o contorno da montanha e a margem do rio. Caso algum significado estético surja por essa via, ele logo se ramifica num significado metafísico, como o evidencia a pátina que recobre o metal e a madeira, o marfim e o mármore. Também com a pátina um processo meramente natural tomou conta da superfície de uma obra humana e deixou que esta se revestisse por uma membrana que cobriu completamente a original. O estímulo fantástico e super pitoresco da pátina está nesta harmonia enigmática: que a figura se torne mais bela por conta de algo químico e mecâ-

---

[22] Trata-se aqui na verdade de uma referência pouco específica às duas modalidades clássicas de orogenia, conhecidas como a térmica e a mecânica. (N. do T.)

A ruína

nico; que algo proposital seja, por meio do que é despropositado e incontrolável, transformado em algo pitorescamente novo, não raro mais belo e com unidade renovada. Sem perder esse estímulo, a ruína adquire um segundo, da mesma ordem: a destruição da forma espiritual pelo efeito das forças naturais, aquela inversão da ordem típica, é sentida como um retorno à "boa mãe" (tal como Goethe chamava a natureza). Aqui, o fato de que tudo que é humano "tenha sido tomado da terra e à terra deva voltar" se alça acima de seu triste niilismo. Entre o ainda-não e o não-mais há uma afirmativa do espírito, cujo caminho, é verdade, já não aponta para sua eminência, mas, saciado com a riqueza de sua eminência, desce de volta à sua pátria — eis, digamos, a contraparte do "momento frutífero", que para aquela riqueza ainda é uma visão prospectiva, e que a ruína já tem em retrospectiva. Que a violação cometida pela força da natureza sobre a obra da vontade humana seja em geral capaz de ter efeito estético, isso pressupõe que certo direito da natureza nua sobre tal obra jamais se extingue completamente, por mais que ela seja formada pelo espírito. Por sua matéria e sua efetividade, tal obra permanece sempre natureza, e se esta torna-se outra vez senhora sobre aquela, com isso apenas exerce um direito que até então ficara latente, mas do qual ela por assim dizer jamais abdicou. É por isso que a ruína amiúde tem um efeito tão trágico — mas não triste —, pois nesse caso a destruição não é algo vindo de fora e sem sentido, e sim a realização de uma tendência inerente à mais profunda camada existencial do que foi destruído. Assim, quando dizemos de uma pessoa que está "arruinada", muitas vezes falta a impressão esteticamente satisfatória associada à tragédia ou à justiça latente na destruição. Pois embora aqui o sentido também seja o de que as camadas anímicas que se chama de naturais em sentido estrito — ou seja, as pulsões ou inibições atreladas ao corpo, as inações, os acidentes, os indícios da morte — passam a dominar as camadas especificamente humanas e valiosas para a racionalidade, o nosso sentimento é de que, com isso, não se consuma nenhum direito latente a essas tendências. Pelo contrário: aí em geral não se tem esse direito. Julgamos — não importa se acertada ou equivocadamente — que tais decaimentos que se opõem ao espírito *não* habitam a essência humana, e isso justamente por seu sentido mais profundo; eles têm algum direito de nascença sobre tudo que há de exterior, mas não sobre a humanidade. Por isso, desconsiderando observações tiradas de outras concatenações e complexos, o homem arruinado é amiúde mais triste do que trágico, carecendo daquela serenidade metafísica que adere à ruína da obra material como se fosse oriunda de um *a priori* profundo.

Aquele caráter do retorno à casa é apenas uma espécie de interpretação da paz, cuja atmosfera envolve as ruínas — e que está ao lado da outra, ou seja, a de que na ruína aquelas duas potências universais, o anseio ascendente e o afundar descendente, cooperam resultando numa imagem serena da existência puramente natural. Ao expressar essa paz, a ruína se integra de modo uniforme à paisagem ao redor, crescendo com ela como árvore e pedra, ao passo que o palácio, a *villa* e até a casa rural, mesmo quando se rendem ao máximo à atmosfera de sua paisagem, ainda assim sempre se originam de uma ordem diferente de coisas e só coincidem com a da natureza como que tardiamente. Em construções muito antigas de regiões campestres, e ainda mais em se tratando de ruínas, nota-se amiúde uma homogeneidade peculiar de colorido com os tons do solo de seu entorno. A causa só pode de algum modo ser análoga a que também compõe o estímulo dos materiais antigos, por mais heterogêneas que possam ter sido suas cores logo que pintadas: os longos fados comuns com que se depararam no correr dos séculos (da aridez à humidade, do calor ao frio, da abrasão externa ao desgaste interno) trouxeram consigo uma uniformidade de matiz, uma redução ao denominador comum da cor, que nenhum material novo é capaz de imitar. Mais ou menos do mesmo modo, as influências da chuva e da exposição solar, da formação da vegetação, do calor e do frio só podem acabar tornando os edifícios sujeitos a elas semelhantes ao matiz de cor dessa região, afinal sujeita aos mesmos fados: todas essas influências fazem com que o destacamento por contraste que tais edifícios outrora tiveram acabe submergindo na unidade plácida do pertencimento ao local.

E a ruína produz a impressão de paz por mais um aspecto. Num dos lados do conflito típico de que vínhamos tratando, tínhamos a seguinte forma manifesta em sua máxima depuração ou

A ruína

simbolismo: o contorno da montanha, determinado pela edificação e desmoronamento. Já no outro polo da existência, no interior da alma humana, esse conflito ganha vida no campo de batalha entre a natureza que a compõe e o espírito que também a compõe. As forças a que só se pode designar com o símile espacial do anseio ascendente trabalham continuamente na nossa alma, e são continuamente cortadas, desviadas ou sobrepujadas pelas outras, que atuam em nós como o que temos de sombrio e ignóbil, no sentido ruim do que é "mera natureza". O que dá a cada instante a forma da nossa alma é a maneira como essas duas forças se mesclam, variando tanto no grau, como no tipo de mescla. Contudo, a alma nunca chega a uma situação definitiva, nem com a vitória mais decisiva possível de um dos partidos, nem com o acordo firmado entre ambos. E isso não apenas porque o ritmo inquieto da alma não tolera tal situação, como também, acima de tudo, porque atrás de cada ocorrência individual, de cada impulso individual vindo de uma ou de outra direção, há algo que segue vivendo, há demandas que a resolução presente não apazigua. Com isso, o antagonismo entre os dois princípios adquire algo de interminável, amorfo, que extrapola toda moldura. No que há de inconclusivo no processo moral, nessa ausência profunda de uma composição arredondada, que atingiu a quietude das estátuas — ausência essa imposta pelas exigências infinitas de ambos os partidos da alma —, talvez esteja a razão última da hostilidade das naturezas estéticas diante das éticas. Onde contemplamos pela estética, desejamos que as forças contrárias da existência tenham alcançado algum equilíbrio, que a luta entre o que está em cima e o que está embaixo tenha cessado; mas essa forma, que afinal proporciona apenas uma *visão*, é confrontada pelo processo ético da alma, com seu incessante para cima e para baixo, com o deslocamento constante de seus limites, com a inesgotabilidade das energias que jogam uma contra a outra em seu interior. O que, por outro lado, traz essa paz profunda que envolve a ruína numa espécie de feitiço sagrado é *esta* constelação: aqui, como no processo moral, o antagonismo obscuro que condiciona a forma de toda a existência (atuante quer no interior das forças nuas da natureza, quer no interior da vida anímica por si só, ou ainda, como no caso do nosso objeto, transcorrendo entre a natureza e a matéria) não é resolvido num equilíbrio, mas sim um dos lados prepondera, enquanto o outro se deixa afundar aniquilado — e aqui, mesmo assim, tal antagonismo propicia uma imagem segura em sua forma, que perdura com serenidade. O valor estético da ruína unifica o desequilíbrio, o devir eterno da alma que luta contra si mesma, com a satisfação formal, com o caráter delimitado da obra de arte. Por isso, onde não resta mais o bastante das ruínas para que se possa perceber a tendência ascendente, cessa seu estímulo metafísico-estético. As colunas do *Forum Romanum*, que não passam de tocos, são simplesmente feias e nada além disso, ao passo que uma coluna desmoronada até mais ou menos a metade pode ser extremamente estimulante.

É certo que se pode muito bem atribuir aquela paz a outro motivo: o caráter de passado da ruína. Ela é o lugar da vida que a vida deixou para trás — mas isso não é algo puramente negativo, nem algo agregado pelo pensamento, como é o caso das inúmeras coisas que antes nadavam na vida e que foram jogadas por acaso à sua margem, mas que ainda podem, por sua essência, ser outra vez apanhadas pela corrente vital. Ao invés disso, o presente imediatamente visível é que a vida outrora habitou esse local, com sua riqueza e suas mudanças. A ruína cria a forma presente de uma vida passada, não segundo os seus conteúdos ou resquícios, mas sim segundo o seu passado como tal. Esse é também o estímulo das antiguidades, a respeito das quais só uma lógica tacanha poderia afirmar que uma imitação absolutamente precisa se igualaria em termos de valor estético. Não interessa que sejamos enganados em certos casos individuais — com a peça que temos em mãos, dominamos em espírito todo o intervalo de tempo desde o seu surgimento: o passado, com seus destinos e mudanças, está reunido no ponto presente da visão estética. Também aqui, como em relação à ruína, que é a máxima elevação e realização da forma presente do passado, estão em jogo energias tão profundas e sintéticas da nossa alma que a divisão nítida entre visão e pensamento se torna completamente insatisfatória. Aqui atua uma totalidade anímica que, assim como o seu objeto — que funde numa forma unitária a contraposição entre passado e presente —, recolhe toda a amplitude entre a visão do corpo e a do espírito na unidade do

A ruína

prazer estético, que aliás sempre se enraíza numa unidade mais profunda que a estética.

Assim, finalidade e acaso, natureza e espírito, passado e presente resolvem nesse ponto a tensão das suas contradições, ou melhor: retendo essa tensão, levam ainda assim à unidade da imagem externa, do efeito interno. É como se um pedaço da existência precisasse primeiramente ruir, para enfim se render sem opor resistência a todas as correntes e forças vindas de todos os cantos da realidade. Esse talvez seja o estímulo do colapso, da decadência em geral, que vai além de sua mera negatividade, de sua mera degradação. A cultura rica e multifacetada, a *impressionabilidade* sem limites e a compreensão aberta em todas as direções, próprias às épocas decadentes, implicam precisamente essa conjunção de todas as aspirações contrárias. Uma justiça igualitária associa uma junção irrestrita de todos os elementos que crescem se destacando e se contrapondo uns aos outros com o colapso dessa pessoa e dessa obra humana, que agora podem apenas se entregar, sem mais poder criar para si suas próprias formas, nem mantê-las com sua própria força.

Os Alpes

A hegemonia universal da concepção de que a impressão estética do visual repousaria sobre sua forma — isso inúmeras vezes esconde de nós que um outro fator ainda determina tal impressão: o tamanho em que a impressão se dá. Não temos em absoluto como desfrutar uma forma pura, i.e., a mera relação entre linhas, superfícies e cores, uma vez que nossa constituição sensível-espiritual, tal como está dada, associa esse desfrute a determinada quantidade dessas formas. Essa quantidade tem certa margem de atuação, mas se movimenta entre uma grandeza (que em muitos casos pode ser determinada com segurança) em que a forma, permanecendo como tal perfeitamente inalterada, perde seu valor estético, e uma pequenez em que advém a mesma perda. Em grau e profundidade muito maiores do que se reconhece de costume, as formas e a escala compõem uma unidade inextrincável de impressão estética; e uma forma revela sua essência estética, considerada em suas raízes, pela maneira como seu significado se modifica com a alteração de seu tamanho. Como isso se faz patente sobretudo pela transposição das formas naturais à obra de arte, produz-se um escalonamento de formas que começa com aquelas que seguem possuindo valor estético em tamanhos bem variados e termina naquelas em que esse valor está exclusivamente associado a uma quantia singular de sua exposição. No primeiro desses polos está a figura humana. Especialmente quando apreendemos por dentro o sentido de uma figura, vivenciando sua vida ao lado dela, fica relativamente fácil para o artista conhecer que mudanças, acentos e atenuações são necessárias para deixar o significado e a unidade correta da forma atuarem sem alterações nas várias escalas: o ser humano — e ele apenas, pois não conhecemos nenhum outro ser tão a fundo como ele — é por isso representável sem maiores problemas quer como figura colossal, quer como miniatura. No outro polo daquela série estão os Alpes. Por menos que se espere da obra de arte que reproduza realisticamente o efeito de seu objeto real, é preciso que o essencial desse objeto — como quer que seja remodelado — ganhe vida na obra de arte, para que ela seja a ele atribuído e não a outro objeto qualquer. Mas isso é algo que os Alpes parecem recusar às suas pinturas: nenhuma alcança a impressão da *grandeza* esmagadora dos Alpes, e seus maiores pintores, Segantini e Hodler, buscam com suas estilizações refinadas, mudanças de acento e efeitos de cor mais fugir a essa tarefa do que resolvê-la. Portanto, aqui as formas por evidente não possuem o valor estético intrínseco que sobrevive à mudança de sua quantia, mas sim tal valor permanece atrelado a essa grandeza natural. Ainda que em quaisquer outros objetos o efeito da forma tampouco seja indiferente à escala, é só o caso em que tal efeito malogra completamente na ausência de determinada escala que evidencia que ambos os fatores compõem certa unidade imediata de impressão; é só a análise posterior que cinde em dois a forma e o tamanho.

O significado particular do elemento da escala repousa na peculiaridade da composição dos Alpes. Esta tem em geral algo de inquieto, acidental, que prescinde de qualquer unidade real de forma — e é por isso, então, que os Alpes são difíceis de suportar para muitos pintores que consideram até mesmo a natureza como tal visando apenas sua qualidade de forma. Mas esse quê de irritante em sua forma é em certa medida dominado e apaziguado a ponto de se tornar aprazível graças ao seu caráter maciço, ao peso descomunal da quantia de matéria. Onde as formas estão correlacionadas por um sentido, elas se apoiam mutuamente, cada uma encontra nas demais alguma resposta, algum preparativo, algum alívio, e com isso elas formam uma unidade resistente em si mesma, que não carece de nenhum suporte externo aos próprios elementos para lhes conferir congruência. Mas onde, como nos Alpes, as formas se justapõem de modo tão acidental, sem se conectarem à linha do todo por meio de um sentido, suas partes individuais acabariam se isolando de uma maneira desagradável e não teriam onde firmar pé em meio a essa totalidade, caso a escala material não fosse perceptível, com sua indiferenciação que se estende uniformemente pelos picos montanhosos, dando um corpo unitário a essa individualidade que não tem sentido por si só. Nesse caso, o material amorfo precisa ter, para causar sua impressão, uma preponderância que, fosse outro o caso, seria desproporcional, pois com isso o caos dos contornos dos picos, indiferentes entre si, encontra por assim dizer um centro de gravidade e uma congruência. A inquietude dispersante das formas e a materialidade pesada na sua quantidade bruta produzem, com sua tensão e equilíbrio, essa impressão na qual a excitação e a paz parecem se entremear de modo singular.

A questão da forma desloca a impressão dos Alpes para a alçada das categorias anímicas últimas. Há elementos dessa impressão tanto no interior da forma estética, como além dela. Por um lado, os Alpes atuam como o caos, como a massa desestruturada característica de algo amorfo, que obteve um contorno só por acidente e independentemente de um sentido formal próprio; o segredo da matéria aqui se revela, e apreender-se com um único olhar sobre as configurações da montanha mais desse segredo do que em qualquer outra paisagem. Sentimos aqui o terreno como tal, com seu peso gigantesco e ainda totalmente distante de toda vida e do significado próprio da forma. Mas, por outro lado, os rochedos erguidos a enormes alturas, os declives cobertos de gelo, translúcidos e reluzentes, a neve do pico, que já não tem a menor relação com as baixadas da terra — são todos símbolos do que é transcendente, elevando a visão da alma mais alto inclusive do que só se alcança passando pelos maiores perigos, até às alturas a que a mera força de vontade não chega mais. Por isso, assim que o céu acima das montanhas de neve fica encoberto, desaparece a impressão estética, e junto dela também a impressão mística, a que nesse caso a primeira estava mesclada; pois então as montanhas são forçadas pelas nuvens a descer à terra, são capturadas e acorrentadas a tudo mais que há na terra. Só quando nada mais há sobre elas, senão o céu, é que apontam sem limites e sem cessar para o que está acima da terra, podendo pertencer a outra ordem que não a terrena. Na medida em que se pode afirmar de uma paisagem que seria transcendente, isso se aplica à paisagem nevada — é verdade que apenas lá onde haja tão-só gelo e neve, sem mais nenhum verde, nenhum vale, nenhuma pulsação de vida. E como o transcendente, o absoluto, em cuja atmosfera essa paisagem nos enlaça, estão acima de toda palavra, ficam igualmente acima de toda forma, contanto que não a antropomorfizemos de maneira infantil. Pois tudo que se formou é como tal algo limitado — seja porque a pressão e o impacto da formação mecânica acabam delimitando uma de suas partes com base na linha onde uma outra começa, seja porque a essência orgânica, mesmo determinando positivamente sua forma com suas forças interiores, ainda assim só é capaz de se desenvolver até uma configuração delimitada, devido à finitude de suas forças. Nesta medida, o transcendente é sem forma: configuração é limitação, e assim o absoluto, o que não tem limites, não pode ser configurado. Há, portanto, uma amorfia por baixo de toda composição e outra acima de toda composição. As grandes montanhas, com sua irredenção[23] e com o ímpeto indistinto de sua massa bruta de matéria, e ao mesmo tempo com a aspiração que se eleva acima do que é terreno e com a exaltação que ultrapassa todo o movimento da vida (estas características de sua região nevada) trazem até nós as duas impressões *numa só* toada. Aquela falta de um significado próprio e verdadeiro para sua forma permite que o sentimento e o símbolo das grandes potências da existência — ou seja: da potência que é menos do que toda forma, e daquela que é mais do que toda forma — encontrem aí, nas grandes montanhas, o seu símbolo comum.

O segredo último da impressão dos picos dos Alpes talvez esteja nesse distanciamento frente a vida. A contraposição com o oceano torna isso claro. O oceano é sentido por toda parte como

---

[23] O neologismo "irredenção" traduz aqui *Unerlöstheit*, que designa o estado do que não está redimido, do que não tem salvação, no sentido religioso do termo; parece-me que o termo não pode ser simplesmente vertido por "condenação" ou "perdição", pois a meu ver indica justamente um estado "terreno" para o qual não há a menor perspectiva de salvação, ou seja, para o qual a condenação é certa, sem, no entanto, ter sido consumada. O termo será retomado mais adiante, no ensaio sobre Michelangelo, onde seu sentido deve ficar mais claro. (N. do T.)

o símbolo da vida: seu movimento que sempre muda de forma, a inescrutabilidade de suas profundezas, a alternância entre calmaria e tormenta, seu perder-se no horizonte e o jogo despropositado de seu ritmo — isso tudo permite à alma transpor para o oceano seu próprio sentimento de vida. Mas como isso só é transmitido graças a certa equivalência simbólica de forma, e como o oceano reproduz a configuração da vida com um esquematismo estilizado e supraindividual, sua visão proporciona aquela libertação que chega por todos os lados à realidade e que deriva da forma imagética desse que é justamente o seu sentido mais puro, mais profundo e mais, por assim dizer, real. O oceano nos redime da realidade imediatamente dada e da quantidade simplesmente relativa da vida graças ao dinamismo esmagador que leva a vida, por meio de sua própria forma, para além de si mesma. Já nas grandes montanhas, a redenção da vida vista como acidental e opressora, individual e baixa, chega a nós da direção contrária: ao invés de vir da plenitude estilizada do arrebatamento da vida, vem de uma distância em relação a ela; nas montanhas, a vida está cercada por algo, está de algum modo imbricada em algo mais quieto e mais rígido, mais puro e mais elevado do que a vida jamais pode ser. Nos termos propostos por Worringer para expressar a contrariedade básica dos efeitos da arte: o oceano atua pela empatia com a vida, os Alpes, pela abstração da vida.[24] E esse efeito mais uma vez se acentua na subida da paisagem rochosa à paisagem nevada pura. Nos rochedos, ainda sentimos de algum modo as forças contrapostas da natureza: as forças construtoras, que ergueram o todo, e as forças da corrosão, da enxurrada, do deslizamento; na configuração presente, essa contraposição e entrelace de forças está como que paralisado, voltando a ganhar vida para o observador como que por meio de uma reconstrução anímica, com sua compreensão instintiva. Mas a paisagem nevada não dá a sentir mais nenhum jogo entre fatores dinâmicos. O que foi erguido lá de baixo está com-

---

[24] Trata-se aqui do historiador da arte Wilhelm Worringer (1881-1965), cuja tese *Abstraktion und Einfühlung* [Abstração e empatia], publicada como livro em 1908, exerceria considerável influência no seu meio; diga-se, de resto, que Worringer conhecia muito bem o trabalho de Simmel. (N. do T.)

Os Alpes

plemente coberto pelo revestimento de neve e gelo. O movimento de constituição da forma pela nevasca, pelo degelo e pela formação glacial não se deixa mais perceber no resultado assim constituído. Como aqui não se reconstrói interiormente os efeitos de força alguma, como não se revitaliza pela alma nenhum movimento que se fez latente (independente de seu grau de obscuridade), tais formas então ganham algo de atemporal, algo de afastado do fluir das coisas. Assim como os Alpes simbolizam aquelas duas amorfias de que falei, assim também são por assim dizer sem forma temporal; eles não são o símbolo da negação da vida — pois esta ainda se situa no plano da vida e a pressupõe —, mas sim o seu "outro" por excelência, a intangibilidade em face do movimento temporal, que é a forma da vida. A região nevada é, por assim dizer, a paisagem absolutamente "a-histórica"; aí, onde o verão e o inverno em nada interferem na imagem, são cortadas as associações com o destino humano que muda e que passa, que acompanham todas as demais paisagens. Em todos os outros casos, a imagem anímica do nosso entorno é do começo ao fim colorida pela forma da existência anímica; somente na atemporalidade da paisagem nevada tal extensão da vida não encontra onde se instalar. E então a contraposição absoluta com o oceano, símbolo do destino humano em movimento contínuo, ganha também uma expressão histórica. O oceano está profundamente arraigado nos destinos e evoluções da nossa espécie; inúmeras vezes, ele se mostrou não como o divisor, mas sim como a ligação entre as terras. Mas as montanhas, à proporção de sua altura, essencialmente atuaram na história humana de modo apenas negativo, isolaram uma vida da outra e impediram seu movimento bilateral, do mesmo modo como, inversamente, o mar o mediou.

E de novo a impressão dos Alpes rejeita o princípio da vida, que repousa na diferença entre seus elementos. Nós somos criaturas medidoras; cada fenômeno que passa pela nossa consciência tem uma quantidade, um grau maior ou menor de sua qualidade. Ora, todas as quantidades só se determinam reciprocamente: só há um grande, pois há um pequeno, e vice-versa; só há o elevado, pois há o profundo; só há o frequente, pois há o raro, e assim por diante. Cada coisa se mede no seu outro, cada uma é um polo referido ao polo oposto, e assim cada realidade só é capaz de se configurar dentro de nós formando uma impressão se for relativa, i.e., se estiver em contraste com algo que a ela se contrapõe dentro do mesmo encadeamento do ser. É obvio como justamente a paisagem montanhosa é com isso fortemente caracterizada, e como deve sua unidade a isso mesmo. Pois como todo acima só é possível por um embaixo, e todo embaixo — como tal — por um acima, suas partes dependem uma da outra de um modo incomparavelmente mais cerrado do que é o caso das porções da paisagem plana, cada uma das quais poderia ser extraída e seguir existindo de modo autônomo e inalterado mesmo sem as porções vizinhas. Graças a sua relatividade, as partes da paisagem montanhosa vinculam-se numa unidade da imagem estética aparentada à da configuração orgânica, com a interação vital entre suas partes. Assim, o incrível é que toda a altura e exaltação dos Alpes só se torna perceptível quando todos os vales, vegetação e habitações humanas somem na paisagem nevada, quando, portanto, já não se pode ver mais nada que seja baixo — o que, porém, parecia condicionar a impressão da altura. Todas as outras formações a que me referi por si só apontam para baixo, especialmente a vegetação, que sempre faz ecoar o sentimento da raiz que se prolonga na descendente; por todos os lados nas demais paisagens, identificamo-nos com as profundezas, em que tudo repousa. Mas eis aqui a paisagem perfeitamente "pronta": já que ela por assim dizer prescinde de relações e se abstém de toda possibilidade de mudança e de jogo de oposição com algo que lhe seja correlativo, tal paisagem não requer nenhum aperfeiçoamento ou resgate proporcionado pela visão ou eventual modelagem artística, às quais responde com o peso inigualável de sua mera existência. Isso, fora o que já foi discutido, pode ser o fundamento profundo em razão do qual se fez dessa paisagem objeto das artes plásticas em proporção menor do que qualquer outra. E realmente é só na paisagem nevada pura que o embaixo parece ter perdido seu direito às coisas. Assim que o solo do vale desaparece completamente, engendra-se a relação pura com a altura, i.e., não somos mais apenas relativa, mas sim absolutamente "altos", não estamos mais tantos metros acima de algo que está mais embaixo. Portanto, não se deve em absoluto comparar a elevação

Os Alpes

mística dessa impressão com o que se considera a "bela" paisagem alpina, em que as montanhas cobertas de neve servem apenas para coroar uma paisagem amena mais abaixo, com floresta e prado, vales e chalés, em cuja alacridade as montanhas estão envolvidas. É só quando se deixou isso tudo para trás que se alcança a novidade elementar, metafísica: uma altura absoluta, sem a respectiva profundidade; ora, aí está, num ser-para-si ostensivo, um dos lados de uma correlação que entretanto não poderia existir sem o outro. Eis o paradoxo das grandes montanhas: toda a altura se apoia na relatividade do acima e do abaixo, sendo condicionada pela profundidade — e aqui, não obstante, atua como o incondicionado, que não apenas prescinde da profundidade, como ainda só se mostra como altura plena assim que a profundidade desaparece. No caso em questão, o sentimento de ser redimido, tal como o devemos à paisagem nevada nos momentos mais solenes, baseia-se o mais enfaticamente possível no sentimento de sua oposição à vida. Pois a vida é a relatividade incessante das contrariedades, a definição de uma pela outra e da outra pela uma, o movimento fluido em que cada ser só pode persistir como ser-condicionado. Mas, a partir da impressão das grandes montanhas, deparamo-nos com uma suspeita e um símbolo de que a vida ao se intensificar ao máximo se redime junto a algo que não se encaixa mais na sua forma, mas que está, ao invés disso, acima e em frente dela.

V.
Sobre personalidades estéticas

Michelangelo

No fundamento da nossa essência anímica, parece habitar um dualismo que não nos permite conceber o universo, cuja imagem cai sob a alçada da nossa alma, como unidade, mas que o decompõe sem cessar em pares de contrários. Ao reincorporar nossa própria existência no universo assim cindido, seguimos aplicando essa cisão como que retrospectivamente à nossa própria imagem e nos contemplamos como criaturas que são de um lado natureza, de outro espírito; criaturas cuja alma distingue seu ser de seu destino; nas quais, no que têm de visível, uma substância firme e pesada luta com um movimento fluido, que joga ou então aspira ao que está acima; cuja individualidade se destaca no contraste com um universal que ora parece formar seu cerne, ora estar acima dele, como sua ideia. Certas épocas da arte tornam imperceptível a cisão entre uns e outros, graças à naturalidade desimpedida com a qual se aliam a um dos lados dessas contrariedades. A escultura grega clássica concebe o ser humano em termos totalmente naturais, e a vida espiritual que ele expressa se encaixa sem falhas na existência dessa fração da natureza; na formação escultural-anatômica e ao mesmo tempo típica da sua superfície, ela expõe unicamente a sua substância, concedendo apenas o mais limitado dos espaços para o movimento que irrompe de dentro, concebido como desfigurador e individualisticamente acidental. Em seguida, na época helenística, o destino, na sua tensão com o ser em repouso da criatura humana, alcançou expressão artística; o agir e sofrer com violência tomou conta das figuras e tornou visível o abismo instalado entre o nosso ser e o caráter inconcebível do nosso destino. Ora, o cristianismo dá a todas essas dualidades da nossa essência uma consciência metafísica e íntima, proporciona uma decisão que só pode mesmo ocorrer a partir de sua tensão radical. Nesse momento, o fervoroso movimento ascendente da alma relega a um plano inferior a nossa substancialidade externa e sua forma, como se fossem algo sem importância; o destino eterno da humanidade em certo sentido dissolve em si o ser natural: o que somos por nós mesmos fica a uma distância enorme e esquecida diante do nosso destino de graça ou condenação. Na arte sacra, a decisão do dualismo é selada. Seja na forma nórdica, que, com sua distensão vertical, seu esguiez excessiva, seu recurvar e torcer antinaturais, converte a forma do corpo em mero símbolo da fuga para uma altura acima do sensível, inclinada a dissolver a substância natural em favor do espírito; seja na modelagem italiana do *Trecento*. Aqui o dualismo não tem mais o formato daquela luta ainda repleta de agonia, cujo vencedor não consegue consumar sua vitória de modo cristalino o bastante; antes, a aparência se mantém numa espiritualidade solenemente interior, desde o princípio intocada por tudo que é mera natureza, por toda substância consistente, numa perfeição situada além da vida e das contrariedades desta. O Renascimento maduro parece transpor o acento para o outro lado, para a natureza, para a corporeidade que obtém sua forma expressiva por meio de suas forças orgânicas próprias, para a autossuficiência estável da existência. Mas sua tendência última se volta a algo mais elevado: superar o dualismo pela raiz. É verdade que sem desgarrar de uma existência natural e, por conseguinte, em plena contraposição com a plenitude religiosa do *Trecento*. Mas ela prefigura um conceito de natureza — que só haveria de encontrar sua expressão consciente com Espinosa — no qual a corporeidade e o espírito, a forma substancial e o movimento, o ser e o destino eram vistos e vividos conjuntamente, numa unidade imediata.

Ora, isso foi de início alcançado na forma do retrato. Pois a individualidade é a estrutura corporal-anímica que deixa o mais completamente possível para trás a oposição entre corpo e alma como *oposição*. Já que a alma pertence a esse corpo *determinado* e intransferível, e o corpo a essa alma *determinada* e única, ambos estão vinculados não por simples justaposição, mas sim permeando-se mutuamente; a individualidade se alça acima deles como unidade mais elevada, atuante tanto numa, como no outro, própria do ser humano circunscrito em si e aliás circunscrito em si pela particularidade de sua pessoa. Seu elemento corpóreo e o anímico, sua existência e seu destino podem, ao se desligarem dessa unidade de vida e de essência, acabar como particulares que, embora justapostas, permanecem isoladas, estranhas, dualistas. Mas como vida fundamental de uma dessas pessoas concretas, cuja unidade e singularidade expressam de maneiras distintas, já não há a menor dualidade ou discórdia entre eles. A acentuação candente da individualidade no *Quattrocento* e o aperfeiçoamento do retrato, nunca suficientemente pessoal e característico, repousam nesta razão mais profunda: o elemento corporal e o anímico da nossa essência novamente aspiravam a escapar de seu dualismo cristão e de sua hierarquia unilateral, rumo a um equilíbrio, o que num primeiro momento encontraram no fato da individualidade, sendo esta a unidade que define a forma tanto de um elemento, como do outro, garantindo sua congruência. Porém, com poucas exceções, tal arte do retrato não teve êxito na representação do corpo como um todo, mas apenas na da cabeça, que com efeito expõe já no seu estado natural, de modo inconfundível, a animação da força substancial, ou, inversamente, a visibilidade material do espírito. E não é só por isso que o retrato individual não resolve em absoluto aquele problema lançado pela nossa essência, mas também porque a solução alcançada só se aplica ao caso individual. A conciliação não é extraída das profundezas das próprias contradições, o dualismo não conquista por suas próprias forças uma unidade necessária, mas apenas de caso em caso: o que reata os seus dois aspectos é a cada vez a oportunidade feliz de uma individualidade irrepetível. Botticelli, por sua vez, está ao mesmo tempo mais próximo e mais distante da unidade desses mesmos elementos que o cristianismo designara a pátrias afastadas. No seu caso, a princípio parece que tanto o corpo nu, como o rosto estão perfeitamente acomodados no colorido e no ritmo da atmosfera anímica, em que uma excitação profunda e uma timidez paralisante se mesclam de um modo incrível. Mas examinando mais de perto, verifica-se que de forma alguma foi aí superada a fissura entre o corpo e o espírito, entre o nosso ser e o nosso destino, que nos acompanhava desde o período gótico. Em Botticelli, embora a alma tenha regressado de seu voo ao transcendente, pousando no corpo, trouxe consigo uma nostalgia abstrata, que tateia à procura de um império intermediário que não se acha em parte alguma, uma nostalgia que se arroja rumo à interioridade — como melancolia, como empedramento no momento elegíaco, já que mesmo aí a alma tampouco encontra sua pátria. Os corpos de Botticelli anunciam a essência e os movimentos da alma com um simbolismo afinal transigente demais — embora realmente se perca aquela destinação da certeza celestial, não se conquista para a alma um corpo e um chão em que se firmar, e lá no fundo ela continua a uma distância inalcançável e irremediável do mundo terreno e da substancialidade de tudo que é manifesto

Mas eis que, num único golpe, envolvendo numa unidade exaustiva a expressão artística da nossa essência, apresenta-se a solução para todas essas bipartições (que são de teor universal para a alma e cristão para a história), assim que se depara com o teto da Capela Sistina, com as peças do monumento de Julio II, com os túmulos dos Medici. Aí se conquistava o equilíbrio e a unidade visual das mais tremendas contrariedades da vida. Michelangelo criou um mundo novo, povoado com criaturas para as quais isso que outrora só se mantinha como relação, movendo-se ora junta, ora separadamente, é agora por princípio *uma só* vida; e isso como se houvesse nelas certa medida de *força* até então inaudita, em cuja corrente unitária todos os elementos são tragados, sem a menor chance de resistir a ela, de seguir existindo como algo à parte dela. Acima de tudo, é como se as essências anímica e corpórea do ser humano, depois da longa separação que lhes fora imposta pela transcendência da alma, novamente se reconhecessem como unidade. Se, para comparar, pensarmos nas mais belas figuras de Signorelli, concluímos que possuem uma essencialidade e beleza afinal estranhas à alma, além de uma proveniência peculiar, que lhes permite dispor do corpo como mera ferramenta da alma. Mas os referidos corpos de Michelangelo estão tão absolutamente permeados pela interioridade anímica que até essa expressão, "estar permeado",[25]

---

[25] As aspas foram acrescentadas pelo tradutor. (N. do T.)

já contém um dualismo excessivo. Nesse caso, até mesmo falar em uma dualidade ainda a superar já parece algo totalmente provisório e insatisfatório. A disposição e a paixão das almas é *de imediato* forma e movimento, e até seria possível dizer: é a massa desses corpos. Chegou-se ao ponto enigmático a partir do qual corpo e alma só podem ser considerados como duas palavras distintas para uma mesma essencialidade humana, cujo cerne não é de modo algum atingido por essa cisão presente no seu ser-nomeado. E essa unidade com efeito não se distancia tanto dos próprios elementos, como era o caso da individualidade com a qual o *Quattrocento* conquistara parcialmente a conciliação dos mesmos; antes, a superação da exclusão recíproca do corpo e da alma é atingida com um rodeio bem menor, por meio da vida em geral, que pulsa nos dois. Michelangelo substituiu aquela acentuação individualista da aparência pela estilização clássica, supraindividual, que tende ao típico. Enquanto talvez se possa exprimir a impressão das criações de Rembrandt afirmando que é como se em todas elas o destino geral da humanidade tivesse se aguçado e talvez mesmo afunilado até resultar numa existência incomparável, situada no ponto interior da singularidade, nas referidas figuras de Michelangelo parece, inversamente, que uma existência altamente pessoal, que viveu conforme a mais singular das fatalidades, agora se alastra a ponto de se tornar a mais universal das sinas, envolvendo na sua teia a humanidade como um todo. A paixão mais plena, que está o mais profundamente entranhada e que rebenta para fora sem ter o que a contenha, aqui se exprime numa modelagem serena, classicamente tipificadora. Talvez um espírito de paixão tão explosiva, perpassado por tensões tão desmedidas como o foi Michelangelo, precisasse dessa modelagem objetiva e em certo sentido mais superficial para enfim conquistar uma produtividade criativa. É óbvio que a interioridade de Rembrandt não foi, nem de longe, assim tão violenta e titânica, tão obstinada a unificar, com uma força afinal tão sobre-humana, os polos mais extremos da vida, que sempre tendem a se despedaçar novamente. É por isso que Rembrandt foi capaz de ser mais subjetivista em sua modelagem, dispensando uma estilização que se empenhava tão intensamente em promover a síntese e o suprapessoal. Mas a razão mais profunda, mais que psicológica daquela visão formal universalizante, que passa por cima de toda exaltação individualizadora, é que nas criações de Michelangelo o que primeiramente se expressa é uma efetividade sensível ou metafísica da *vida como tal* — da vida que, embora se desdobre em vários significados, estados e destinos, ainda assim possui uma unidade última, que já não se pode descrever com palavras, em que a contrariedade da alma com o corpo já se dissipou, exatamente como a contrariedade das existências particulares dos indivíduos com suas respectivas atitudes. Trata-se sempre da vida fluindo homogeneamente no corpo e na alma, com os êxtases e extenuações, paixões e fados que lhe são próprios enquanto vida, enquanto seu ritmo e sua fatalidade interiores.

Essa condensação de todos os elementos dualistas numa unidade vital, que até então nunca fora explicitada — pois a uniformidade da Antiguidade era mais uma indiferenciação ingênua, não precisava reconciliar contrariedades tão profundamente marcadas na consciência e tão amplamente dissociadas —, segue se expressando na relação entre a forma e o movimento das figuras. Pela maneira como uma criatura se move, evidencia-se o acontecimento anímico corrente em seu interior, ao passo que a forma de sua substância é um estado natural, que já encontra como algo dado a mudança dos impulsos psíquicos. O estranhamento entre corpo e alma outrora postulado pela concepção cristã reflete-se, pois, na casualidade existente entre a estrutura anatômica desse mesmo corpo e o movimento por ele realizado, própria da arte que precedeu Michelangelo. Mesmo diante das figuras de Ghiberti, Donatello e Signorelli, não sentimos que esse movimento particular exige um corpo formado desse ou daquele jeito, ou que tal corpo necessariamente engendraria por si só esse movimento e nenhum outro, como se fosse, digamos, o movimento decisivo para ele. Só nas figuras de Michelangelo há essa unidade que deriva o gesto realizado pela figura da formação inscrita no seu corpo, como se tal gesto fosse a consequência lógica cristalina dessa formação; só aí há essa unidade que não admite nenhum outro veículo para tal movimento, senão o corpo assim configurado. A forma consumada e a mobilidade do corpo agora aparecem como a análise por assim dizer tardia que nós operamos sobre uma vida sem divisões, definida por *uma só* lei interior.

Dessa superação de todo estranhamento e casualidade recíprocos entre os elementos essenciais, surge o sentimento de que tais figuras têm uma existência concluída em si mesma. O que nelas foi sentido a cada vez como algo titânico, desonerado das relações e condicionamentos empíricos, é não só a preponderância de suas forças, mas também aquela integridade da essência interna-externa, cuja ausência constitui o que há de especificamente *fragmentário* na nossa existência. Pois tal fragmentação não se baseia apenas na insuficiência das nossas forças, mas também no fato de que os aspectos da nossa essência não chegam à unidade, de que cada um deles por assim dizer dá os limites do outro: o corpo e a alma, o estado consolidado e o devir corrente dentro de nós, o ser e o destino — cada um de algum modo se opõe a seu contrário, tira o outro do equilíbrio. Tão logo passamos a sentir que *uma só* vida jorra por todos esses canais, esta já não precisa de modo algum ser especialmente forte ou objetivamente impecável — ela nos dá mesmo assim uma consciência do acabamento e nos desonera da incompletude embaraçosa que é própria da existência cotidiana. Todas as figuras humanas de Michelangelo possuem esse, como eu gostaria de chamá-lo, acabamento formal, a despeito da dupla tragédia que, como veremos mais adiante, se revelará no fato de que justamente a fragmentariedade da vida aparecia como fatalidade para a consciência mais íntima de Michelangelo. Em todo caso, para retomar o rumo que está agora em questão, o sentido detectado de suas criações é sempre a vida em sua totalidade, oriunda de seu próprio centro unitário e representada de modo a equilibrar perfeitamente aquelas mesmas contrariedades que, de outro modo, perderiam o equilíbrio em função de acidentes e dogmas empíricos. Essa unidade da vida se alça tão acima de sua polaridade que, para as figuras de Michelangelo, somem até mesmo as contrariedades dos sexos. Embora os caracteres masculino e feminino não se confundam nem um pouco entre si no tocante à sua aparência externa (o que já ocorreu na história da arte pelos mais diversos motivos), ainda assim a contrariedade entre ambos realmente não penetra no cerne derradeiro, na tendência derradeira

Michelangelo

do ser dessas criaturas; antes, o predominante é apenas o humano como tal, a integridade da ideia humana e da sua vida, que só traz o fenômeno da contraposição entre homem e mulher como que numa camada mais superficial. A tremenda potência física e caracterológica das figuras da Capela Sistina e das dos Medici afinal não confere aos homens aquela masculinidade específica com a qual tanto o Renascimento italiano como o nórdico tão amiúde armaram os seus tipos masculinos; e tampouco tira a feminilidade das mulheres formadas desse mesmo modo. Portanto, embora tais figuras não sejam nem um pouco assexuadas, ainda assim o caráter diferencial, unilateral ou, caso se queira, incompleto da divisão entre os sexos — já que só como conjunto ambos ilustram o "ser humano" — realmente não atinge o âmago delas, o centro de onde a vida absoluta irradia não só essas relações, como todas as demais.

Esse acabamento da existência, situado acima de toda restrição de seus aspectos, ainda não é de modo algum a glorificação; e pode inclusive trazer como conteúdo para sua forma o oposto mais extremo disso. A primeira indicação para tal está na enorme solidão que envolve as figuras de Michelangelo como se fosse uma esfera tangível e impenetrável. Há aqui um nexo mais profundo com a forma de arte da escultura como tal — que traz o caráter da solidão muito mais do que, por exemplo, a pintura. Os limites do universo em que vive a figura esculpida, seu espaço ideal, não estão além e em nada diferem dos limites de seu próprio corpo; fora deste, não há nenhum universo com o qual tais limites teriam de se haver. Como a figura pintada está dentro de um espaço circundante, está, portanto, contida num universo que ainda tem espaço para outras além dela, no qual o espectador é capaz de se pôr em pensamento, estando em certo sentido mais próximo dessa pessoa figurada. Mas a figura esculpida e seu espectador jamais podem ser englobados pela mesma atmosfera, já não há nesse caso o menor espaço para que a fantasia consiga se instalar ao lado dessa figura. É por isso que toda a escultura que flerta com o espectador causa uma repulsa tão particular, afastando-se de sua ideia artística — com maior gravidade, inclusive, do que no caso da pintura análoga. Que as figuras da Capela Sistina, não obstante seu pertencimento a uma ideia e à unidade decorativa do espaço, ainda assim pareçam tão infinitamente solitárias, como se cada uma delas vivesse em um universo que é preenchido por ela e nada mais — eis, contanto que o consideremos em termos artísticos, a consequência de sua natureza *escultural*. Não se trata em absoluto de, digamos, "esculturas pintadas", como se tais figuras tivessem sido concebidas como esculturas e pintadas só mais tarde, por assim dizer. Em vez disso, foram do começo ao fim pensadas como pinturas, embora desde o início carreguem, como tais, o sentimento de vida peculiar à escultura; elas talvez sejam os únicos fenômenos na história da arte que se mantiveram perfeitamente dentro do estilo e das leis formais de sua arte, passando ainda assim perfeitamente bem a sensação que emana do espírito de uma outra arte. A escultura talvez seja a arte mais apropriada para exprimir uma existência concluída em si, que mantém em equilíbrio seus vários elementos. Desconsiderando a música, cujo caráter especialmente absoluto e abstrato lhe confere uma posição de exceção entre as artes, as demais artes estão todas elas mais envolvidas com a mobilidade das coisas do que a escultura, são por assim dizer mais comunicativas, estão separadas do mundo fora delas de forma mais porosa. Mas posto que, na sua manifestação mais pura, a escultura é capaz de nos brindar com a existência livre de carências, acabada, equilibrada em si, ela é por isso mesmo cercada de solidão, como se esta fosse uma sombra gélida, que nenhum destino consegue dissipar. É óbvio que essa solidão da obra escultural é algo bem diferente da solidão da criatura representada — exatamente como a beleza de uma obra de arte figurativa não implica a beleza do objeto figurado. Mas essa oposição inexiste para a arte de Michelangelo. Suas figuras nada dizem sobre um ser fora delas, como o fazem um retrato ou uma pintura histórica, muito pelo contrário: assim como, na esfera do conhecer, a validade e o significado do conteúdo de um conceito independem de que algum objeto lhe corresponda ou não aqui ou agora, assim também tais esculturas são composições da vida, situadas completamente para lá da questão de seu ser ou não-ser no que se refere a outras esferas da existência. Elas já *são* o que *representam* diretamente, sua legitimação independe de uma existência ulterior a tais figuras, e elas tampouco copiam algo que, fora dessa cópia, talvez se pudesse caracterizar de outro jeito; a parte que lhes cabe como obra de arte cabe a elas e a nada mais. Assim como não se pode dizer de um pedaço de rocha que está mortalmente cansado, assim também não se pode dizê-lo de uma realidade como a da *Noite* de Michelangelo, que está numa situação tão agonizante e fantástica, que já não lhe resta outra alternativa, senão dormir; mas ocorre que, nesse caso (se me for permitido usar esta expressão algo gasta e excessivamente vulgarizada), a "ideia" de uma vida definida por um sentido, uma disposição e um destino chegou ao mesmo grau de expressividade a que também pode chegar o vulto de uma pessoa viva, só que numa modalidade diversa e sob categorias distintas. A impressão de uma solidão interminável atua naquelas figuras claramente ideais com toda sua imediaticidade e autonomia, e com isso elas levam ao ápice o traço da gravidade profunda, que traz um colorido trágico — traço esse que está fundado na essência da escultura e que esta compartilha com a música. Pois, como sugiro, o diferencial de ambas está no fato de serem mais íntegras do que todas as outras artes, na impossibilidade de dividirem seu espaço com qualquer outra existência, um certo estar-só-consigo--mesmo que, na obra de Michelangelo, se consuma no absoluto equilíbrio interno entre todos os elementos e cujo reflexo sentimental, que é de uma melancolia implacável, chegou a ser expresso por Franz Schubert nesta pergunta espantosa: "Os senhores conhecem alguma música realmente alegre? Eu não". Só à primeira vista seria paradoxal pretender transpor essa questão para a escultura. As figuras de Michelangelo, como extremos da perfeição da escultura, revelam sua gravidade lúgubre e pesada a princípio como realização plena de uma contingência artística puramente formal da escultura como tal.

Assim, ficou indicado com um máximo de universalidade que aquela equação entre os elementos essenciais, que antes de Michelangelo estavam mais ou menos desconectados e desequilibrados, de forma alguma chega a expressar uma perfeição por assim dizer subjetiva, uma glória ligada ao ser-perfeito, que permanece intocado por tudo que é humano e fragmentário. Isso se percebe ao máximo na síntese de certo antagonismo consumado nas criações de Michelangelo com violência e significado maiores do que em qualquer outro lugar na arte. Trata-se agora da gravidade física, que puxa os corpos para baixo, e do impulso de movimento, que parte da alma para enfrentar a gravidade. Cada movimento dos nossos membros mostra a cada instante o estado atual da luta entre esses partidos. As energias volitivas comandam os nossos membros segundo normas e numa dinâmica completamente diversas das energias físicas, e o nosso corpo é o campo de batalha em que ambas se encontram, desviam uma da outra ou então firmam um compromisso forçado. Eis, quem sabe, o símbolo mais simples da forma permanente da nossa vida: esta se define pela pressão que as coisas e as relações, que a natureza e a sociedade exercem sobre nós, e pelos contramovimentos da nossa liberdade, que podem reverter essa pressão ou se deixar tiranizar por ela, enfrentá-la ou sair de seu caminho. A alma com efeito encontra nessa oposição, nessa pressão hostil a única possibilidade de se afirmar, de criar, de entrar em ação. Se seguisse irrestritamente sua liberdade, a alma se perderia no infinito, cairia no vazio, assim como a cinzelada do escultor, caso o mármore não o confrontasse com sua sólida independência. Talvez a mais profunda das complicações da nossa vida seja que o mesmo que restringe sua espontaneidade e traz abaixo a ambição elevada de sua liberdade é também, ao mesmo tempo, a condição exclusiva sob a qual esse fazer e ambicionar pode alcançar uma expressão visível, um criar formador. O modo como esses dois elementos se distribuem pela vida; se o que governa a relação entre ambos é o predomínio de um ou o equilíbrio; até que ponto entram em tensão ou em que unidade se enlaçam — são esses os fatores que decidem o estilo das manifestações singulares e das totalidades tanto da vida como da arte. Ora, nas figuras de Michelangelo, a gravidade que traz abaixo e as energias anímicas que aspiram ao que está acima repelem-se entre si com uma rispidez hostil, como partidos situados a uma distância insuperável um do outro — e ao mesmo tempo, no seu confronto, elas se interpenetram, mantém-se em equilíbrio, engendram uma aparência de unidade tão inaudita como também o é a tensão das contradições por elas condensadas. Suas figuras estão o mais das vezes sentadas ou reclinadas — em contradição direta com os arrebata-

Michelangelo

179

mentos de suas almas. Mas com a sustentação recíproca ou, pode-se mesmo dizer, a compactação da atitude e do contorno, tais figuras expressam com uma veemência maior do que o poderia qualquer gesto dissipador aquele jogo antagônico, aquela tensão interna entre os seus princípios vitais e a potência vencedora e ao mesmo tempo vencida de cada um deles. Podemos sentir como a massa material tende a puxar tais figuras para baixo, para uma escuridão inominável, assim como até mesmo as colunas na arquitetura de Michelangelo parecem não raro extrair das paredes pesadas a possibilidade da ambição elevada e da tomada de fôlego. E contra esse ímpeto — que pesa sobre suas figuras ou, para ser mais exato, dentro delas como o próprio destino, como se fosse seu símbolo —, insurge-se uma forma igualmente grande, um anseio candente por liberdade, felicidade e redenção, que irrompe do íntimo da alma. Mas como por toda a parte o fator negativo pesa mais do que o positivo, transmitindo o *seu* caráter ao resultado final, o que fica como impressão geral daquelas figuras é a melancolia incurável, é um estar-preso ao fardo da gravidade que traz abaixo, uma luta sem perspectiva de vitória. Mesmo assim, aqui os elementos do destino e da liberdade — tal como foram expressivamente encarnados pela gravidade e pelas inervações anímicas que anseiam enfrentá-la — reuniram-se numa equivalência mais contígua, mais unitária e mais decisiva do que em qualquer outra arte. É certo que na Antiguidade o peso e a espontaneidade cooperavam resultando numa aparência totalmente serena, que não permitia em parte alguma o favorecimento de um de seus aspectos. Mas aí sua unidade está presente como que desde o princípio: não se trata, afinal, de uma tensão dos contrários, ou seja, o cooperar das tendências opostas é uma paz sem a luta precedente e, portanto, sem a consciência específica que daí desponta. No Barroco, por outro lado, os elementos se movem numa preponderância alternada. De um lado, há algo de surdamente maciço, há um peso material a que não se opõe nenhum movimento formador originado de dentro, uma tendenciosidade da quantia da matéria que a faz atuar somente em direção à terra. E, de outro, uma mobilidade cheia de emoção, que não leva mais em conta os condicionantes e obstáculos físicos, como se nada mais houvesse, a não ser a paixão da vontade e da força, agora desgarrada dos nexos regulares do corpo e das coisas. As tendências que se opõem até a morte umas às outras e que, no caso de Michelangelo, foram unidas à força por uma unidade vital de potência inaudita, desmembraram-se na arte barroca, e isso, aliás, com a mesma veemência e incondicionalidade que lhes seria outorgada por Michelangelo — e que ele, justamente, precisou outorgar para que assim um problema gigantesco como esse encontrasse a solução gigantesca.

Nas figuras do teto da Capela Sistina e sobretudo nas dos túmulos e nos *Escravos*, a gravidade captura a própria energia da ambição ascendente, invade a pousada mais profunda dos impulsos que a ela se opõem e que a anulam, poda-lhes desde o começo a liberdade; opondo-se mais uma vez a isso, a massa pesada, a gravidade palpável, choca-se com e é animada em seu íntimo por aquele impulso espiritual que luta pela liberdade e pela luz. O que quer se libertar e o que tolhe a libertação coincidem de modo absoluto num ponto, o ponto de indiferença das forças em que então a aparência não raro como que queda paralisada, como se tivesse se petrificado bem no instante grandioso em que as potências decisivas da vida se anulam reciprocamente; uma vida cuja tragédia emana de sua unidade mais íntima desmembrou-se naquele dualismo e agora volta a crescer aí mesmo. Essa compactação, esse peso terrestre da massa de pedra talvez só encontre alguma analogia em certas esculturas egípcias. Mas falta a tais esculturas a simultânea vitalidade da pedra, que se daria com os impulsos da aspiração contrária. Ela não é atirada em direção à alma pela própria ação da gravidade; antes, seu interior permanece pedra nua, algo meramente natural, permanece um peso ainda sem envolvimento algum na luta dos princípios universais, que ainda não recebeu o impulso rumo à forma. Como forma, vida e alma lhe são anexadas de fora, as contrariedades se encontram por assim dizer no espaço, sem alcançar uma unidade interior — seja a do equilíbrio, seja a da luta, ou ainda, como no caso de Michelangelo, a de ambas ao mesmo tempo. Não se trata aí de um impulso rumo à unidade, que acaba não satisfeito — ao passo que, no caso de Michelangelo, a verdadeira unidade dos princípios evidencia a satisfação na insatisfação e a insatisfação na satisfação —, mas sim da tensão inanimada, ainda sem vitalidade, que antecede o impulso. Isso confere às estátuas egípcias certa estagnação no dualismo, e não raro algo de infinitamente triste, que se opõe ao trágico das figuras de Michelangelo. Pois a tragédia está de fato presente lá onde a agonia ou a aniquilação de uma energia vital provocada por algo hostil não depende de uma colisão acidental ou externa de duas potências, onde esse destino, que um inflige ao outro, está ainda assim já prefigurado no último como algo inevitável. A forma unitária dessa essência é a luta. As estátuas inacabadas de Michelangelo (mas não *apenas* elas) emergem do bloco de mármore como que com grande esforço, com luta — contrastando ao máximo, p. ex., com a pintura expressiva e simbólica de Afrodite surgindo do mar. Aqui a natureza tira alegremente todo o peso da beleza, da existência animada, pois nela reconhece sua própria lei, não se perdendo em meio às formações mais elevadas. Mas no caso de Michelangelo a pedra parece reter, cheia de ciúmes, sua própria natureza de orientação descendente, sua amorfia pesada, sem abdicar de seu conflito com as formações mais elevadas, ante as quais, contudo, precisa capitular. O que se acaba de formular — ou seja: que a luta é a maneira particular a que nesse caso as contrariedades alcançaram a unidade artística — designa uma categoria em cuja profundidade metafísica coincidem alguns dos espíritos que mais marcaram época no curso da vida espiritual. Ao que parece, era bem isso o que Heráclito tinha em mente ao conceber o ser universal como a relação e a unidade das contrariedades e ao mesmo tempo professar que o princípio criador e formador seria a luta. O que o levou a isso só pode ter sido o sentimento de que luta não significa apenas que este luta contra aquele e aquele contra este, ou seja, não significa apenas uma soma de dois partidos, cada um dos quais se moveria por si de um modo determinado, sendo antes uma categoria totalmente unitária em si, da qual a dualidade é conteúdo ou aparência, assim como, por exemplo, se diz da oscilação de um pêndulo que esta encerra dois movimentos de sentido contrário. Nessa exterioridade e contrariedade recíprocas dos partidos, ganha vida um acontecimento unitário: não há como expressar mais forte, intensa e tragicamente o fato de que a vida é a unidade do múltiplo, do que negando que a unidade seja a cooperação pacífica dos elementos e afirmando, no lugar disso, que ela seria a luta entre eles, o querer-se-destacar um do outro. Essa unidade da vida, que só se torna inteiramente perceptível se acompanhada da violência de sua tensão, ganha a forma metafísica na medida em que, para Heráclito, o universo como um todo seria a coincidência dos opostos e o produto da luta; e ganha a expressão artística formal graças a Michelangelo, na medida em que ele reúne à força as contraposições entre a alma que aspira ao que está acima e a gravidade que traz abaixo numa imagem de integridade patente e incomparável: de modo que o próprio peso do corpo se revela como um elemento impregnado na *alma*, ou melhor, que brota nela mesma, ao mesmo tempo em que o conflito entre alma e corpo se revela como uma luta de intenções contrárias do *corpo*.

Foi com isso que as criações de Michelangelo alcançaram aquela plenitude existencial que nelas se constatou desde sempre, e com isso, em contrapartida, a tarefa da arte em geral está por assim dizer resolvida. O que, tanto na realidade natural como na histórica, caiu aos pedaços, o que foi parar ao lado daquilo com que não tinha a menor relação, o que foi se decompondo em fragmentos — tudo isso é aqui unificado numa vida mais elevada, na forma da arte. Mas, assim mesmo — e com isso o fenômeno de Michelangelo remete a um problema que é novo em relação a todos os que se discutiu até aqui, e que é o seu verdadeiro *problema* —, tais criações revelam uma irredenção aterradora:[26] fica a impressão de que todo o seu triunfo sobre a miséria terrena do indivíduo, toda a plenitude titânica, todo o acúmulo de todo tipo de força e de empenho existencial — de que isso tudo acabou deixando um anseio cuja satisfação não se encaixa naquela unidade cerrada da existência. A interpretação desse fato leva ao motivo decisivo não apenas para o caráter das criações de Michelangelo, mas também para o de seu processo de composição artística e em última análise para o de sua própria vida.

Ora, o destino de que aqui se trata aflora do *caráter renascentista* de sua obra. A tendência do querer viver e do anseio des-

---

[26] Ver acima a nota 23, p. 162, no ensaio sobre os Alpes. (N. do T.)

sas criações se dá do começo ao fim dentro do plano terreno; neste plano, elas são pressionadas por uma necessidade colossal de salvação, de certo alívio da pressão, de certo deixar-de-lutar — uma necessidade cuja intensidade é definida pela escala gigantesca do seu ser. A completude de seu ser de modo algum contradiz esse anelo por algo mais pleno, mais bem-aventurado, mais livre: faz parte desse quê enigmático de sua existência que seu anseio esteja aí implicado como uma parte de seu ser, assim como o seu ser está implicado em seu anseio. Mas como esse ser é totalmente terreno, nutrindo-se dos mananciais energéticos de todas as dimensões mundanas, seu anseio decerto se destina a algo absoluto, infinito, inalcançável — mas isso de modo indireto, e sem realmente se destinar a algo transcendental; em seu interior, tais criações visam a algo possível (ainda que jamais efetivo) neste mundo, uma completude que não é religiosa, mas sim a do seu próprio ser tal como foi dado, uma redenção que não advém de Deus e que, por seu próprio direcionamento, não pode dele advir, sendo, ao invés disso, um destino proveniente das potências da vida. Naquele sentido mais íntimo, segundo o qual o anseio de uma criatura forma o seu ser, tais criações estão de fato acima do empírico, mas não acima do que é terreno. O anseio religioso, tal como despertado pelo cristianismo e configurado pelo estilo gótico, é trazido abaixo como que por meio de uma rotação axial, de modo a recair no plano terreno, no plano do que, consoante o seu sentido, é vivenciável, embora jamais seja vivenciado; tal giro trouxe para o mundo aquilo que surgira de e por referência ao mundo superior: trouxe todo o fervor, toda a insuficiência em face de tudo que há de efetivamente dado, todo o caráter absoluto presente naquele "para lá, para lá".[27] A progressão infinita das linhas terrenas tomou

---

[27] Temos aqui outra referência a Goethe e, mais especificamente, à canção entoada por Mignon, para encanto de Wilhelm, na abertura do Livro III de *Wilhelm Meisters Lehrjahre* [Os anos de aprendizado de Wilhelm Meister]. O "para lá, para lá" evoca o anseio nostálgico de partir em viagem, de sair "daqui", ou seja, da circunstância presente, com suas limitações características (o que Mignon deixa claro ao dizer a Wilhelm que "aqui ela sentia muito frio"), e rumar "para lá", para esse local idealizado, para a "terra on-

o lugar da trajetória rumo ao mundo superior; mas estas, se examinadas mais de perto, não são de forma alguma infinitas na mesma medida que aquelas, podendo, ao invés disso, nalgum momento — qualquer que seja — alcançar sua meta e *definitivum*. O encantamento mais profundo da religiosidade está em que seu objeto seja algo infinito, afinal obtido mediante uma empreitada finita e na conclusão de um caminho finito, como no dia do Juízo Final. Mas, caso se transponha o sentimento religioso — o ritmo, a intensidade, a relação do elemento individual com o todo da existência, tal como foram cultivados pela transcendência do cristianismo — para o plano terreno, então aquela relação se inverte: agora o espírito imagina uma meta que, por sua essência, tem um fim; como, porém, o espírito já assimilou as referidas determinações sentimentais, o que agora está em jogo passa a ser algo inalcançável, uma meta ideal que ainda prescreve ao anseio o curso a seguir, mas já não o leva a nenhuma conclusão imanente ao plano de toda finitude imaginável. Descortinou-se uma contradição entre a forma da vida desejante e diligente e o conteúdo que essa forma deve agora assimilar, que não é intrinsecamente adequado, já que esta se desenvolvera junto a um conteúdo em tudo diverso. O anseio cristão, gótico, precisa do céu, de modo que, ao ser transposto à dimensão terrena, renascentista, precisa seguir desejando ardentemente ou então contemplando fixamente algo impossível de encontrar. A religião mostra ao ser humano o infinito cobiçado numa amplitude finita, enquanto aqui uma finitude cobiçada se move em meio a amplitude infinita — o que é a expressão lógica fatal de um ser humano dotado de alma religiosa, voltada ao infinito, ao absoluto, mas que cresceu em meio à vida e ao estilo de um tempo que reconduzia à terra seus ideias celestes, que encontrava a satisfação derradeira destes na formação artística do que é meramente natural. As criações de Michelangelo parecem ter alcançado o ponto de plenitude em termos de grandeza, força e equilíbrio, no tocante a todas as energias humanas. Embora já não ha-

de os limoeiros dão flor e as laranjas douradas reluzem na folhagem escura" (no caso a Itália, como fica claro pelo diálogo entre os dois personagens). (N. do T.)

ja como avançar pelo caminho que tomaram, elas ainda assim sentem-se impelidas a um extremo ainda maior. Enquanto o ser humano continua com sua imperfeição bem terrena, pode mergulhar no indefinido com aspirações e esperança; mas o que resta a quem foi tomado por um anseio destinado a dimensões totalmente diversas, assim que alcança o seu fim em meio à única dimensão que lhe foi dada, a terrena, sendo esse um fim que já não sente como a verdadeira conclusão — o que lhe resta, senão lançar um olhar desesperançado ao vazio? Serem perfeitas e ao mesmo tempo desventuradas — eis o que tais criações concluem de suas duas premissas.

Há uma obra de Michelangelo a que não se aplica nenhuma das definições dadas até aqui, em que não se sente nem o dualismo das tendências vitais que se cancelam na forma artística, nem o dualismo ainda mais desesperançado entre a criação concluída em seu visual e a exigência e desejo pelo infinito. Na *Pietà Rondanini*, desapareceram completamente a violência, o contramovimento, a luta; aí não há, por assim dizer, mais nenhum material com o qual a alma teria de se bater. O corpo desistiu da luta pelo seu valor intrínseco, as aparências são como que descarnadas. Com isso, Michelangelo renunciou ao princípio vital de sua arte; porém, na medida em que tal princípio o enredou naquela irredenção aterradora, naquela tensão entre uma paixão transcendente e sua forma expressiva corpórea e necessariamente inadequada — nessa medida, a rejeição do princípio renascentista não chegou a se converter aí na conciliação desse antagonismo. Quer dizer, a redenção permanece puramente negativa, semelhante ao nirvana; desistiu-se da luta, mas sem vitória, nem conciliação. A alma, aí livre do peso do corpo, não avançou no curso triunfal rumo ao transcendente, mas sim sucumbiu no limiar desse curso. Eis a obra mais reveladora e mais trágica de Michelangelo, eis o carimbo de sua incapacidade de alcançar a redenção pelo caminho da criação artística, centrada na intuição sensível.

A fatalidade derradeira que abalou sua vida é esta, como o revelam seus poemas tardios: Michelangelo investira toda a sua força, todo o seu prolongado afã numa criação que não satisfez sua carência definitiva, suas necessidades mais profundas, nem poderia tê-las satisfeito, já que tal criação seguia num plano diverso daquele em que se situavam os objetos desse anseio.

As fantasias deste mundo me roubaram
o tempo dado para a contemplação de Deus

*

Afrescos e esculturas não acalmam
a alma: ela busca o amor de Deus, de braços
estirados na cruz, cingindo a gente

*

O que é mortal não pode apaziguar
o anseio de quem vive[28]

Não há a menor dúvida: para Michelangelo, a vivência mais profunda e aterradora foi afinal não avistar mais os valores eternos em sua obra; foi ver que seu caminho correra numa direção que enfim não poderia levá-lo aonde era preciso chegar. As confissões de seus poemas mostram acima de tudo que para ele o valor, tanto da arte por ele criada como da beleza por ele adorada, emanava de algo suprassensível. Ele chega a tratar da beleza prazerosa do ser humano artisticamente retratado; mas é só quando os flagelos do tempo destroem a obra de arte que

... ressurge a beleza primeira, atemporal,
e leva o vão prazer aos reinos superiores.

E a grande crise de sua vida estava mesmo no fato de que ele uma vez pensou que o valor absoluto, a ideia situada acima de toda visão, estava para todos os efeitos representada na visão da arte e da beleza — percebendo na velhice que, pela arte, não podia ascender ao reino onde estava aquilo a que aspirava. Seu mais profundo sofrimento metafísico era que o único meio pelo qual o ab-

---

[28] Simmel cita os versos (tirados de poemas distintos) apenas em tradução alemã. Foi nela que me baseei para a presente tradução, embora também tenha contado com o apoio do original em italiano quando encontrei os versos em meio às rimas de Michelangelo. (N. do T.)

soluto, o pleno, o infinito se punha em manifesto para nós — ou seja, a aparência e seu estímulo —, ao mesmo tempo encobre-o para nós, promete nos levar para lá e nos desvia do seu caminho. E, se esse conhecimento se transformou em crise e no mais arrasador dos sofrimentos, foi justamente porque seu coração e sua paixão para a sensibilidade artística não deixaram com isso de se agarrar, com a mesma violência e inexorabilidade de outrora, a essa aparência e ao seu estímulo. Michelangelo recitou para si mesmo estas palavras consoladoras em que no fundo não acreditava: "Não é possível que seja pecado amar a beleza, pois foi feita, ela também, por Deus".

É compreensível que essa alma fosse governada tanto pela arte como pelo amor; pois neste, não menos do que naquela, cremos possuir com o terreno algo mais-que-terreno:

> O que decifro em tua beleza, amor,
> está fora do alcance de toda alma terrena:
> para avistá-la é preciso primeiro morrer.

Era próprio à fórmula do destino de sua alma exigir que toda a plenitude do finito apresentasse nada menos que toda a plenitude do infinito: a arte e o amor são os dois meios que a humanidade tem a oferecer para a satisfação desse anseio, e foi para eles que nasceram o gênio e a paixão de Michelangelo — de modo que ele permaneceu dependente de ambos, mesmo muito depois de reconhecê-los como insuficientes diante daquela exigência do destino. É nessa relação que o sentimento que parece ter acompanhado toda sua existência alcança o ápice, a saber: o de que essa existência é um fragmento, de que suas frações não se fundem numa unidade. Talvez isso explique o enorme impacto de *Vittoria Colonna*.[29] Aqui ele se defronta, talvez pela primeira vez, com o ser humano perfeito em si em termos por assim dizer formais, o primeiro que não era em absoluto fragmento ou dissonância; esse é, obviamen-

---

[29] Vittoria Colonna (1490-1547) foi poetisa e musa de Michelangelo. (N. do T.)

te, um caso extremo da sensação típica que mulheres muito perfeitas amiúde desencadeiam justamente em homens fortes e extraordinários. Sua adoração não depende desta ou daquela perfeição individual, mas sim da unidade e totalidade dessa existência em relação à qual o homem sente sua vida como mero fragmento, como um complexo de elementos que não chegaram a termo — mesmo que cada um desses elementos supere em força e significado aquele todo. Michelangelo já era um homem velho ao conhecer Vittoria, ciente de que não podia mais arrematar e arredondar a incompletude de sua existência, as inibições e rupturas que cada um de seus aspectos essenciais impunha ao outro — não com suas próprias forças. Daí sua enorme comoção ao se deparar com uma existência que não abria espaço para o fragmento e que ele, por isso, sentiu como algo incondicionalmente superior em termos de forma de vida (o que, para ele, afinal uma pessoa bastante profunda e imbuída do ideal renascentista, designava seu valor autêntico) — a ponto de que simplesmente não ocorreu a Michelangelo que ele também teria, na singularidade de suas obras, algo capaz de remediar aquela incompletude. Daí sua reverência humilde diante de Vittoria. Segundo o seu conceito, nenhuma obra individual, não importa o quão monumental, chegava ao patamar em que se achava a perfeição dela. O amor de Michelangelo aqui se revela não como vivência individual, coordenada com um outro, mas sim como a consequência e realização de um destino como um todo.

E com isso se resolve um problema peculiar, ligado justamente ao traço erótico de sua imagem. Pela quantidade, pelo tom e pelas inúmeras expressões indiretas, seus poemas não deixam a menor dúvida de que sua vida era constantemente movida pelo erotismo, e aliás da maneira mais candente. Muito amiúde, seus poemas apresentam sua vida amorosa em conexão simbólica com sua arte. E eis então o mais curioso: sua arte não traz o menor traço desse erotismo, nem pelo conteúdo, nem pela atmosfera. No caso de todos os demais artistas de temperamento erótico, esse tom vibra de modo inconfundível em suas composições; é assim tanto em Giorgione como em Rubens, tanto em Ticiano como em Rodin. Mas não há nada disso em Michelangelo. O que suas criações parecem dizer e viver, assim como a atmosfera estilística em que o

Michelangelo 189

temperamento do criador as envolveu, não contém sequer um traço disso, assim como em geral não contém nenhum afeto individual. Elas estão sob a pressão de um destino universal, em que todos os elementos de conteúdo especificável estão dissolvidos. O que pesa sobre elas, abalando-as, é a vida como um todo, a vida como destino em geral, que está acima e ao redor de todos nós e que somente se isola em seu curso ordinário na forma das vivências e afetos, das buscas e fugas. A figura de Michelangelo afasta-se de todas as configurações particulares, nas quais o fato do destino afinal se concretiza; ela expõe o fato do destino na frequência que lhe é própria, em que este se acha desatrelado de todos os modos de manifestação ocasionados por esta ou por aquela circunstância mundana. Mas, salvo por algumas referências (especialmente as cabeças de jovens de inspiração grega), o que no seu caso está além do destino não é a abstração do ser humano ao modo da escultura clássica. Por mais que as figuras ideais gregas — anteriores ao período helenista — possam ter sido "cheias de vida", a vida como tal não é para elas uma fatalidade do destino, como o é para as figuras do teto da Capela Sistina e do túmulo dos Medici. Essa perspectiva permite iluminar seus poemas amorosos de modo a atenuar seu estranhamento em relação ao caráter de sua arte. Por mais que a paixão erótica o tenha movido com tamanha subjetividade, intensidade e como vivência imediatamente pessoal, todas as fulgurações do amor estão afinal centradas na hegemonia de seu *elemento fatalista*. O conteúdo específico do erotismo não incide em suas obras; mas o fato do destino, a que remonta o amor ou a que é possível estendê-lo, é o denominador comum entre sua vivência, seus poemas e sua arte. Só em algumas pinturas de Hodler essa sensação voltaria a predominar: nelas, o amor não é meramente o afeto que se confinaria a certos pontos no espaço e no tempo, mas sim um ar que respiramos e de que não podemos escapar, um destino metafísico situado acima da humanidade e dos seres humanos de um modo surdo e abrasador, pesado e persistente. Ele nos prende como a rotação da Terra, que nos arrasta consigo em seu giro ao redor de si; é um fado que não apenas se converte em destino individual para os seres humanos (entendidos como a soma dos indivíduos) como também nos abarca como uma força objetiva, que impera em todo o universo. Eis o que há em comum entre os poemas amorosos e as esculturas de Michelangelo: em ambos, o destino individual é um dado que acompanha a vida em geral; o essencial, o decisivo para os fados individuais é o ritmo da vida; e esse ritmo é algo grave, de um peso inescapável, que vem misturado ao ar que respiramos. Não se trata de inflar antropomorficamente o fado particular para convertê-lo em destino universal, mas sim da sensibilidade genial e metafísica diante do ser universal, do qual para ele emana o ser particular e a partir do qual este pode ser interpretado. Suas criações exprimem o mesmo extremo da grandeza humana que a sua atitude interior diante da vida, no qual o destino do universo e da vida em geral constitui o cerne e o sentido do fado pessoal, e no qual, agora visto pelo outro lado, isso que há de pessoal não se efetiva pelo seu reflexo puramente subjetivo, pelos estados passageiros de prazer e dor, mas sim por seu significado suprapessoal, pelo seu valor como um ser objetivo. Se seus poemas tardios discorrem sobre a perdição eterna que o aguarda, não é, digamos, por ele tremer de medo pelo sofrimento no inferno; antes, o que lhe aflige é a tormenta puramente interior de ser alguém que mereça o inferno. Essa é apenas a expressão da insuficiência de seu ser e de seu comportamento — algo completamente distinto do dar-se-por-vencido dos fracos. No seu caso, o inferno não é um destino ameaçador que vem de fora, mas sim o desdobramento lógico e contínuo da índole terrena. O puramente transcendental, o afastamento puro do céu e do inferno em relação às tendências do destino terreno, tal como o sentia por exemplo Fra Angelico, é completamente alheio a Michelangelo. Também aqui seu caráter completamente renascentista se evidencia: a existência terrena e pessoal se vê diante da exigência absoluta de se valer da vida subjetiva para cumprir os valores objetivos — e é isso mesmo que lhe permite superar a subjetividade acidental própria do estado egocêntrico. Temos aí o personalismo professado por Nietzsche, que lhe conferiu uma relação afinal tão profunda com o ideal renascentista; certamente o que aí interessa é o Eu e afinal o Eu apenas: mas não as suas sensações de prazer e dor, que por assim dizer nada têm a ver com o ser universal, e sim o sentido subjetivo de sua existência. Que, em sua vida terrena, formada e delimitada por sua liberdade, ele tenha sido imperfeito, fragmentário, infiel ao ideal — eis a tormenta de Michelangelo, sendo a ideia religioso-dogmática da condenação ao inferno apenas a projeção disso, determinada durante o tempo histórico. Com as tormentas que, como ele acreditava, aguardavam-no no além, simboliza-se apenas que ele, seguindo as condições de seu tempo e de sua personalidade, visara alcançar um ideal transcendente e absoluto somente com os meios de uma existência terrena e em linha com esta, e agora tremia diante da visão do abismo entre eles, que afinal não comportava ponte alguma.

Já mencionei o caráter trágico que as criações de Michelangelo apresentam, e que agora reforça toda sua profundidade ao recair sobre a sua vida como um todo. Tragédia parecia significar para nós que o mesmo que se volta contra a vontade e a vida, aparecendo como a sua negação e destruição, nasce ainda assim do que há de mais profundo e derradeiro nessa própria vontade e nessa própria vida — o que difere da tristeza pura e simples, em que essa mesma destruição procede de uma fatalidade acidental em relação ao sentido vital mais íntimo do sujeito destruído. O que constitui o trágico é que a aniquilação se origina do mesmo solo básico de que brotou o aniquilado, com seu sentido e seu valor — e por isso Michelangelo é a personalidade trágica por excelência. A frustração de sua vida, orientada ao visual artístico, à beleza terrena, veio do anseio de transcendência, diante do qual o caráter necessário daquela primeira orientação se estilhaçou; mas esse anseio não era menos necessário; originava-se do fundamento mais profundo de sua natureza, e por isso escapar daquela aniquilação seria algo tão impossível para ele como desfazer-se de si mesmo. Ele e suas criações encaravam o "outro" mundo — situado a uma distância inconcebível, exigindo o irrealizável — quase que com os gestos peremptórios e assustados de Cristo no *Juízo Final*, pois este era o destino que vinha aniquilar sua vontade de viver. Mas ambos foram desde o começo atingidos por esse problema e pela necessidade de um absoluto, de uma existência despojada de todas as escalas terrenas. Assim como o seu anseio de ascensão era imanente à fatalidade de sua materialidade que o oprimia e rebaixava, assim também o anseio por um alcance infinito e por uma satisfação absoluta prendia-se às raízes de sua existência de alcance terreno e satisfeita também neste plano, emaranhando-se nele de modo irreparável por toda sua existência, como propósito de sua vontade mais profunda — e, assim, a consumação de seu ser era a aniquilação de seu ser. As forças e o ritmo, as dimensões, formas e leis nas quais e somente com as quais sua existência e criação podiam se consumar no plano terreno eram elas mesmas ao mesmo tempo destinadas a transcender este plano — no qual não podiam, justamente, consumar-se —, e com isso também a rejeitar, em retrospectiva, aquela vida definida por elas mesmas. Em se tratando de pessoas de realizações tão grandiosas, até onde as conhecemos, jamais se constatou outra em que o elemento que antagoniza, aniquila e desvaloriza sua existência tenha se originado de modo tão imediato e inescapável dessa mesma existência e de suas tendências mais essenciais e plenas de vida; em seu caso, um estava vinculado *a priori* ao outro, ou melhor: *era* ele mesmo. Talvez ainda mais do que nas suas obras, esse traço titânico de sua natureza revela-se no fato de que para Michelangelo essas obras afinal nada eram diante da tarefa que ele sentia ter sido imposta à sua alma.

A ideia da qual Michelangelo foi um dos mártires parece ser um desses problemas sem fim da humanidade: encontrar a plenitude redentora da vida em meio à própria vida, esculpir o absoluto na forma do finito. Em variações e com ecos os mais diversos, essa mesma ideia acompanharia a vida de Goethe, indo da exclamação esperançosa de seus trinta e oito anos: "Ah, como o mundo se torna infinito, a quem algum dia se dispõe a guiar-se pelo finito do jeito certo!"[30] — até chegar à exigência mística de seus setenta e nove anos, que parte por assim dizer do outro extremo, e para a qual a imortalidade seria necessária como possibilidade de provação das nossas forças que, embora terrenas, não afloravam totalmente no plano terreno. Com uma paixão extrema, Fausto também exigia da vida que a pretensão absoluta se realizasse nela mes-

---

[30] Trata-se de uma passagem de *Italienische Reise* [Viagem à Itália]. O trecho é datado de 22 de setembro de 1867, e encontra-se no capítulo 67 do livro de Goethe. (N. do T.)

ma: "Firme-se aqui [neste mundo] e olhe ao redor! [...] Para que sair errando pela eternidade? [...] Seguindo em frente, que encontre tormento e alegria".[31] E, não obstante, algumas páginas depois, Fausto precisa começar novamente no céu, precisa ser "ensinado": como o novo dia o cega, é preciso que o amor eterno recaia e tome conta dele para salvá-lo! No caso de Nietzsche, a mesma trajetória do anseio final, ou seja, a paixão por algo absoluto e infinito, é realizada dentro de uma permanência realista no âmbito terreno; assim, para ele, o ideal da distinção surge como cumprimento de toda exigência suprema com os meios do cultivo biológico; assim, o eterno retorno e o super-homem são ideias que almejam granjear para o curso dos acontecimentos terrenos o infinito, o ir-além de todo ponto realmente alcançável — até que, eventualmente, a despeito disso tudo, surge, com o sonho dionisíaco, um misticismo meio transcendental para recolher no interior da finitude os fios que não quiseram se distender até alcançar os valores infinitos. Ninguém fez tanto como Michelangelo para abarcar a vida na forma mundanamente visível da arte, para consentir em se haver com ela, já que ele não apenas criou uma unidade de aparência entre o corpo e a alma a que ninguém chegara (pois a alma até então dependia do céu), como ainda deu plena expressão, por meio da mobilidade peculiar de suas criações e da luta de suas energias, a todas as discrepâncias de sua vivência, a todas as tragédias entre o que tinha de mais elevado e de mais baixo. Porém, ao consumar a possibilidade de dar integridade e acabamento à vida pela via artística, ficou terrivelmente claro para Michelangelo que o ponto final não se achava em tais fronteiras. O destino da humanidade até aqui parece ser o de que foi mesmo preciso avançar o mais longe possível no plano da vida para enxergar que nela talvez se possa alcançar as suas fronteiras, mas não as nossas próprias. Talvez um dia seja dado à humanidade encontrar o império em que sua finitude e miséria sejam redimidas no absoluto e na

---

[31] Trata-se dos versos 11.445, 11.447 e 11.451 do *Fausto II* (Quinto ato, cena "Meia-noite"), de Goethe. Incluí entre colchetes a referência a "este mundo", pois se encontra no verso imediatamente seguinte e ajuda a compreender o que Simmel tinha em vista ao evocar a passagem. (N. do T.)

plenitude, sem que para isso ela precise se mudar para aquele outro império das realidades transcendentes, das revelações em última análise dogmáticas. Todos os que, como Michelangelo, buscaram obter os valores e infinitudes desse segundo império sem abandonar o primeiro pretenderam condensar o dualismo em pensamento, forçá-lo a uma síntese; mas não foram além de exigir de um império as regalias que o outro prometia, sem chegar a uma nova unidade além da oposição entre eles. O que se tornou a tragédia derradeira e decisiva não só das criações de Michelangelo, como também de sua vida, foi que a humanidade ainda não encontrara o terceiro império.

Rodin
(com uma nota preliminar sobre Meunier)[32]

A nossa visão decompõe toda obra de arte na dualidade entre forma e conteúdo. O que nos autoriza a cindir dessa maneira sua unidade é a independência com a qual ora um, ora outro desses elementos é arrastado pelo mesmo curso de desenvolvimento que deixa o elemento restante quieto em seu lugar. A arte, como veículo ou espelho da cultura geral, põe isso em evidência quando o gênio, que faz a arte avançar para o degrau seguinte, abre as suas formas tradicionais para conteúdos que até então pareciam esquivar-se completamente delas — ou quando, sem se ocupar da originalidade do *conteúdo*, cria uma forma, um estilo que denota apenas uma nova possibilidade expressiva, cabível em um sem número de conteúdos. Dois artistas plásticos, ambos anunciando com a novidade de sua obra a novidade do nosso tempo, tiveram significados bem distintos para a nossa cultura justamente porque um deu à escultura um novo conteúdo, e o outro, uma nova forma estilística de expressão, o primeiro ao dar vida, no seio de sua arte, a uma nova ideia da cultura, o segundo a um novo sentimento da cultura: Meunier e Rodin.

O grande feito de Meunier foi ter descoberto o valor artístico do visual próprio ao trabalho braçal. Millet e outros pintores do povo trabalhador tomaram o trabalho mais pelo seu significado ético ou mesmo sentimental, ou seja, por algo que na verdade somente se *liga* ao trabalho — sem fazer de sua aparência imediata um problema artístico. A integridade externa e a expressão de uma

---

[32] Trata-se do pintor e escultor belga Constantin Meunier (1831-1905). (N. do T.)

interioridade unitária, em que a composição escultural do ser humano encontra o seu sentido, parecem contradizer completamente o gestual do trabalho. Pois o trabalho, ao se realizar junto ao objeto, transporta a pessoa para fora de si e com isso estilhaça o escultural repousar-em-si de sua figura, enredando-a no mundo exterior que a ela se opõe, e assim impedindo justamente o seu destaque no sentido da unidade autossuficiente da obra de arte — ele seria uma necessidade imposta ao ser humano por acidente, na mais profunda contraposição à necessidade e simultânea liberdade que caberiam à arte e ao ser humano no âmbito artístico. Por isso, a escultura o retratou muito bem como jogador ou pensador, em repouso, no fervor apaixonado e até adormecido, mas nunca como trabalhador. Mas Meunier viu que o trabalho não é algo externo a nós, mas sim o nosso *feito*, que justamente envolve o exterior no interior e com isso amplia a nossa periferia, sem necessariamente danificar a nossa unidade. Eis o que é incrível no trabalho: ele submete o fazer do sujeito às exigências do material (pois do contrário podemos muito bem sonhar ou jogar, mas não necessariamente trabalhar), ao mesmo tempo em que, com isso, envolve o material na esfera do sujeito. A integridade artística das esculturas de Meunier, com seu erguer e arrastar, torcer e remar, mostra-nos as energias que o homem trabalhador transfere à matéria, no instante em que refluem novamente para ele. O trabalho converte o corpo em ferramenta; Meunier compreendeu que, com o trabalho, a ferramenta, por sua vez, também se converte em corpo. Como para Meunier o movimento do trabalho expressava o sentido da aparência humana de uma maneira coerente, satisfatória por si mesma, ele revelou o trabalhador para o império dos valores estéticos. Talvez apenas as figuras de Hermann e Doroteia[33] possam ser consideradas (com as devidas reservas) como representantes anteriores dessa visão; aí temos duas existências que não possuem todo aquele conteúdo de vida acentuado patética ou es-

---

[33] Personagens do poema *Hermann und Dorothea*, de Goethe, publicado em 1797, cuja ação se passa no início das Guerras Revolucionárias Francesas, por volta de 1792. (N. do T.)

teticamente, estando bem próximas do âmbito do trabalho e vivendo dele — e que foram mesmo assim, sem sair de tal província, representadas no estilo grandioso à maneira clássica. É essa vida confinada ao labor que se revela o local por onde passa o valor artístico: as duas figuras não sobressaem do caráter dessa vida, mas sim é desta que nasce a possibilidade da composição artisticamente plena. De modo correspondente, o movimento social do século XIX tornara o trabalhador visível para o império dos valores éticos. O engano que parecia afastá-lo como *trabalhador* do império dos valores em geral — ou seja: que o importante no trabalho seria o seu resultado, e não o sujeito — só foi corrigido por esse movimento, que nos despertou para o fato de que o trabalhador também é importante; e essa foi, justamente, a virada que Meunier aplicou à arte, ao ser o primeiro a tratar os gestos do trabalho como uma modelagem estética do corpo humano com o mesmo valor de todas as outras. É bem verdade que esse motivo já estava na base das imagens de camponeses feitas por Van Gogh há uns trinta anos, e ele também teria afirmado ser essencial exigir do pintor que imaginasse os camponeses *trabalhando* — um problema evitado por pintores mais velhos —, para então pintar o movimento nos próprios termos desse movimento (de trabalho). Aí está contido mais um elemento de grande significado para a cultura filosófica. O movimento de trabalho, cujo valor estético era então descoberto, não é apenas um puro visual isolado; ao invés disso, o fato de que o seu suporte seja a extensa massa da camada inferior da sociedade está inextrincavelmente atrelado a esse visual. É com esse *cachet* que Meunier retrata os trabalhadores: não como exemplares humanos de individualidade apurada, tais como os que a escultura buscara e que seriam então colocados na "pose" do trabalho, como o eram nas das outras poses. Antes, no caso de Meunier, fica perceptível no e com o visual que ali está uma existência vinda da multidão, sem o menor acento pessoal; não um "representante" da massa — tal elemento seria não só inexpressivamente idealista, como também individualmente ressaltado —, mas sim realmente um igual a muitos outros; não é uma reflexão a esse respeito que torna esse indivíduo uma alegoria do "trabalhador em geral"; tal indivíduo permanece inteiramente dentro da camada de seus companheiros, não é em nenhum sentido alguém "mais particular". E é justamente como tal que ostenta em si todo o refinamento próprio à perfeição estética, ou seja, aquele estímulo "particular" que se acostumou a chamar somente de aristocrático, mas que nesse caso, transformado em puro visual, deixa de estar vinculado à distinção do um diante dos muitos. Com isso, realizou-se no domínio estético a relação de valor que a filosofia da vida de Maeterlinck propôs para os elementos da alma individual, ou seja: que a nossa felicidade, o nosso valor, a nossa grandeza não residem no extraordinário, no ímpeto heroico, nos feitos e vivências proeminentes — mas sim justamente na existência cotidiana e em todos os seus momentos homogêneos e anônimos. É o mesmo motivo que está na base da social-democracia: o essencial no ser humano seria o que ele tem em comum com todos os outros, e por isso seria possível uma situação em que os valores subjetivo e objetivo, que até então pareciam vinculados à distinção, ao ato de sobressair, ao favorecimento particular do indivíduo, seriam acessíveis a todos justamente por conta da igualdade. Ao mostrar como o trabalhador não precisa ser e fazer nada de diferente do que todos são e fazem para alcançar o máximo valor estético, já que o trabalho como tal envolve esse valor, Meunier se vê totalmente livre do caráter agitador e sentimentalista próprio a tantos outros que glorificam o trabalho na arte. Pois estes acabam sempre deixando implícito que, *apesar do* trabalho, o ser humano é valioso e belo desta ou daquela maneira; já Meunier diz: ele é assim simplesmente *devido ao* trabalho. Revela-se aqui mais uma vez o sentido mais profundo e o que há de absolutamente artístico em sua obra: não se separa as pessoas do trabalho, não se mostra naquelas um valor que parece neste apenas respingar, mas sim um valor presente nele mesmo, que se espalha de modo uniforme por toda a amplitude do povo trabalhador, que põe à mostra a sua plenitude estética.

Porém, uma das condições mais profundas desse arranjo do conteúdo artístico recém-descoberto talvez resida no fato de Meunier não o ter retratado com um estilo artístico novo: ele apenas demonstrou que o trabalhador moderno pode ser contemplado e estilizado pela arte da mesma forma como o podem o jovem grego ou o senador de Veneza. Aquele movimento social também proporcionou à sensibilidade ética apenas um conteúdo novo: ajustar a justiça, a compaixão e o interesse altruísta à classe trabalhadora como tal significou uma tremenda ampliação da consciência moral, mas não um novo estilo para ela; este só lhe seria dado por Nietzsche. Assim, Meunier encontrou um objeto novo junto ao qual a vida pode muito bem ser valiosa para a arte, mas não uma forma nova, não um princípio estilístico novo que permita a contemplação artística da vida em geral. O primeiro a encontrá-lo foi Rodin, que não proporcionou à escultura nenhum conteúdo essencialmente novo, mas foi o iniciador de um estilo com o qual a escultura passou a exprimir a postura moderna diante da vida. Para fundamentá-lo, traço em poucas linhas a relação que os grandes estilos históricos da escultura tiveram com as tendências da vida em seu presente.

A escultura grega, em suas composições autênticas e clássicas, é definida pelo fato de que toda formação ideal do espírito grego é voltada a um *ser* firme, delimitado e substancial, e de que concebe esse ser como *formado*, ressaltando o mais enfaticamente possível que a forma estaria além do tempo e do movimento. A inquietude do devir, a indefinição que desliza de uma forma a outra, o movimento como ruptura constante da composição firmemente estruturada, que basta a si mesma — eis o mal e o feio para os gregos, talvez porque a realidade da vida grega já fosse inquieta, fraturada e incerta o bastante. Assim, em sua melhor época, a escultura grega buscava o permanente, a forma substancial do corpo, situada além de todas as atitudes particulares devidas ao movimento corporal; buscava a sua composição físico-anatômica, que é na verdade uma abstração, posto que na realidade o corpo está sempre fazendo algum movimento singular, individual. Nesse ideal da Antiguidade, só havia espaço para um mínimo de movimento, pois todo movimento parecia tirar o corpo do repouso de sua estrutura estável, convertê-lo em algo acidental e isolado. Mil e quinhentos anos depois, as artes plásticas do período gótico fariam do corpo pela primeira vez portador da mobilidade, dissolvendo a segurança substancial de sua forma. Com isso, ela correspondia ao fervor da alma religiosa, que realmente não se sentia parte do corpo, e aliás justamente de sua materialidade firme e de sua forma consumada, que basta a si mesma.

O radicalismo cristão recusou-se a reconhecer não só o valor, como até mesmo, por assim dizer, o fato do corpo: o corpo na realidade não é, apenas a alma é — assim como, nas catedrais góticas, a pedra, com o seu significado e peso próprios, não existe, mas apenas a força que transporta a si mesma às alturas. Ora, como a única coisa que está à disposição da escultura é o corpo, surge com isso uma contradição que se exprime no desprezo gótico em relação à forma corporal, que é exatamente a mesma cuja consequência prática é a ascese (em que o corpo não está aí, mesmo que aí esteja). Esses corpos comprimidos, estirados na vertical, torcidos e curvados, retorcidos e fora de proporção — eles todos são como a ascese convertida em escultura. O corpo deve fazer o que é incapaz de fazer: ser o veículo da alma que almeja a transcendência, e que aliás tem na transcendência sua morada. Tais figuras são habitadas por uma expressão anímica bem arrebatadora (também para nós), decorrente de que a alma delas já deixou de ser a alma *delas*, estando, ao invés disso, nalgum lugar além dessas figuras, de modo que o corpo tenta ir atrás dela num esforço impossível. Com os gestos do corpo, a alma expressa o fato de que foi incapaz de se expressar, e como o corpo na verdade só estava ali para que a alma dele se afastasse — então seus movimentos por assim dizer afastaram-no de si mesmo.

Ghiberti e sobretudo Donatello foram os que primeiro reuniram corpo e alma. Por seu sentido e tendência, o movimento agora se transferia para dentro do corpo, já não era mais símbolo de uma negação do corpo, mas, ao invés disso, a alma, expressando-se nele, passa a ser do começo ao fim a alma do *corpo* que produz tal movimento. Mas, mesmo no caso de Donatello, a dualidade e unidade dos dois elementos — a saber: a forma substantivo-escultural do corpo e a mobilidade passional — ainda não se expressam com toda intensidade e decisão nas suas figuras isoladas, mas apenas nos relevos, onde o movimento pode extravasar para o entorno do corpo. O corpo, como materialidade duradoura com três dimensões, ainda não é individual e seguro o bastante para deixar que a mobilidade — a mobilidade do anímico — saia por conta própria de si e a si retorne. É verdade que a alma já não se projeta, como que acompanhando o movimento, além do corpo em direção ao transcendente, mas ainda não está exclusiva e inequivocamente vinculada ao ser individual desse corpo em particular, ainda não se sente a raiz unitária que permite justamente a essa composição orgânico-escultural da substância corpórea e ao movimento momentâneo desdobrarem-se como expressões de um e do mesmo ser. Assim, se com efeito Donatello preparou o sentido de vida renascentista, o que fez foi mesmo apenas *prepará-lo*. Pois, caso se possa designar como o sentido do Renascimento (com todas as restrições que se aplicam a um chavão genérico como esse) a sua busca em sentir e viver de modo novamente unitário a natureza e o espírito, que haviam sido desmembrados um do outro pelo cristianismo — então a configuração específica desse problema no âmbito da relação entre o movimento e a forma escultural do corpo (pois esta seria mais natural e aquele, mais espiritual) só seria resolvida em definitivo por Michelangelo. A mobilidade do corpo, a infinitude de um devir sem repouso que suas figuras apresentam tornou-se aqui o meio para trazer à expressão mais plena a forma substancial e escultural do corpo: e, caso a caso, tal forma brota de si mesma como o único veículo adequado para esse movimento, para esse devir inconsumável. Eis a tragédia das figuras de Michelangelo: o ser foi tragado para dentro do devir, a forma para dentro da dissolução interminável da forma. Em termos artísticos, o conflito foi resolvido, os ideais da Antiguidade e da mobilidade acharam seu equilíbrio — porém, com isso o conflito tornou-se ainda mais palpável para Michelangelo em termos humanos e metafísicos. Diante dos corpos que ele criou, ninguém imagina que seriam capazes de se mover de algum outro modo; e inversamente: o processo anímico, que é por assim dizer a sentença predicada pelo movimento, não pode ter outro sujeito, senão esse corpo específico. Apesar de toda a veemência, aliás, de toda a violência desse movimento, este não aponta para nada que esteja além do perímetro fechado do corpo. De uma só vez, ele exprimiu na linguagem do movimento tudo que esse corpo é segundo a sua estrutura material, segundo a sua formação como substância em repouso.

Visto dessa perspectiva, no caso de Rodin o acento recai inteiramente na mobilidade do corpo: o equilíbrio entre ela e a substância do corpo que *ele* alcança mede-se numa outra balança, que se presta a um grau muito maior de mobilidade. O pressuposto ou a tônica da harmonia alcançada, que no caso de Michelangelo era ainda o "corpo puro", a estrutura abstrata e escultural, é no caso de Rodin o movimento. Com ele, o movimento conquista domínios e meios expressivos completamente novos. Graças a uma plasticidade nova das articulações, a uma vibração nova e uma nova vida própria das superfícies, graças a uma nova tangibilidade conferida ao contato entre dois corpos ou de um corpo consigo mesmo, a uma utilização nova da luz, a uma maneira nova de fazer com que as superfícies se encontrassem, enfrentassem ou confluíssem — graças a isso, Rodin trouxe uma nova medida de movimento à figura, mais completa do que fora até então possível, tornando visível a vitalidade interior do ser humano pleno, com todo o seu sentir, pensar e vivenciar. Igualmente, o destaque que a figura adquire ao erguer-se da pedra, partes da qual Rodin muitas vezes deixou envolvendo a figura, é o símbolo imediato do *devir* em que agora repousa o sentido de sua representação. Cada figura é apanhada numa estação de um caminho infinito por onde passa sem se deter — muitas vezes tão depressa que só se destaca do bloco por meio de contornos difíceis de discernir. E é especialmente com isso que o princípio do movimento se propaga da obra para o espectador. Temos um máximo de "estimulação" quando a recusa da forma plena provoca com toda a força a atividade por parte do observador. Caso haja alguma verdade na teoria da arte segundo a qual quem desfruta a criação simula em si mesmo o processo criativo — então isso não pode ocorrer mais energicamente do que no caso em que a fantasia tem de completar ela mesma o incompleto, transferindo sua mobilidade produtiva, presente entre a obra e o seu efeito final, para dentro de nós. Sem dúvida, para nós o movimento é o que se presta de modo mais pleno à *expressão*, pois é a única determinação do nosso ser comum ao corpo e à alma; a mobilidade é por assim dizer o denominador comum a esses dois universos que de outro modo não se tocariam, a forma equivalente para a vida de seus conteúdos, que não admite comparações.

— Em Van Gogh, os elementos foram então mais uma vez combinados de modo totalmente novo. Ele transpõe às suas pinturas uma vida altamente turbulenta, vibrante e febril, fazendo isso como ninguém; e o enigmático e chocante é que isso não se deu (ou se deu com uma frequência relativamente pequena) pelo recurso à figuração e sugestão de imagens de *movimento*. Considerando sua superfície, a maior parte de suas paisagens e naturezas-mortas é um simples estado, e não, como no caso de Rodin, um incessante ir e vir de um lugar a outro — e ainda assim elas são de uma inquietude sempre turbulenta, superando até mesmo Rodin, e cuja origem em meio ao sereno estar-parado de seu objeto constitui uma das mais insólitas sínteses artísticas. Com essa contrariedade imanente — como a que também se dá no caso de Michelangelo, ainda que de um modo bem mais balanceado —, o sentimento de mobilidade talvez tenha alcançado a sua intensidade máxima, imbatível.

Pode-se comparar a mobilidade da figura escultural em relação à sua forma permanente com a musicalidade da poesia lírica em relação ao conteúdo ideal do poema. Nesse caso, a lírica de Goethe revelaria aquele equilíbrio dos elementos correspondente à escultura de Michelangelo. Pode-se dizer que, se nos seus poemas mais perfeitos, ou então na lírica da transfiguração de Fausto, a ideia e a sonoridade formam uma unidade tão absoluta, é porque cada uma delas situa-se por si mesma na altura mais alta que se pode alcançar; nesses casos, o conteúdo atemporal do pensamento e o movimento em que ele se dá à sensibilidade desenvolveram-se a partir de uma plenitude tão harmônica de seu criador que cada um se infiltra nos limites do outro também no resultado da criação, sem deixar nenhum espaço vazio e sem sobressair em relação ao outro, sem que um seja o primeiro e o outro, o último. E então, revelando o mesmo movimento do espírito moderno verificado em Rodin, é na lírica de Stefan George que a musicalidade do poema — não só a externa e sensível, mas também a interior — converte-se no ponto de partida predominante. Mas não como se com isso o conteúdo necessariamente saísse perdendo: ao contrário, o poema atua como se a musicalidade, a mobilidade rítmica e melódica, fizesse o conteúdo brotar dela mesma. Assim, no caso de Rodin, o motivo do movimento parece ser o primeiro, parece em certo sentido cooptar a estrutura escultural pertencente ao seu veículo material. Rodin certamente busca a impressão, opondo-se ao naturalismo mecânico e ao convencionalismo, mas (por mais paradoxal que isso soe ao ser formulado conceitualmente) apenas a impressão de algo que ultrapassa o momento, a impressão atemporal; a impressão não do aspecto singular ou do instante singular da coisa, mas sim da coisa em geral; não a mera impressão do olho, como também a do ser humano como um todo. Assim como a grande realização de Stefan George foi ter obtido uma forma monumental para a expressão lírica da vivência subjetiva, assim também Rodin segue o caminho rumo a uma monumentalidade nova — a do devir, da mobilidade — ao passo que, até então, o monumental parecia atrelado ao ser, à substancialidade do ideal clássico. Isso não destoa nem um pouco do que ele mesmo chegou a proclamar como meta de sua busca: "O heroísmo latente a cada movimento natural". Rodin relatou que inúmeras vezes pedia a um modelo para assumir posições bem variadas, que mudassem arbitrariamente; então de repente ele se interessava pela virada ou flexão de algum membro específico: um determinado giro dos quadris, um braço erguido, o ângulo de uma articulação — e registrava o tom dessa parte isolada com seu movimento, sem o restante do corpo. Então, muitas vezes depois de bastante tempo, vinha-lhe a visão interior de todo um corpo em pose característica, e ele de imediato sabia com certeza que estudos surgidos daquele modo correspondiam à mesma. Indubitavelmente, portanto, aquele gesto singular, crescendo cada vez mais no inconsciente, por assim dizer gerou de si mesmo o corpo que lhe pertence, foi o movimento que construiu seu corpo, foi a vida que construiu sua forma. Não há como designar com maior nitidez a diferença com a Antiguidade, mas também com Michelangelo. Pois, por mais que Michelangelo alcance uma unidade e um equilíbrio tão perfeito dos elementos, o seu *ponto de partida* é ainda assim o ideal clássico, a substancialidade e integridade da forma anatômica, que agora ele apenas faz fluir com a chama e a impulsividade de seu sentir, impregnando-a com movimento até que os dois elementos tenham se integrado um ao outro sem deixar restos. Michelangelo também volta a se aproximar do que é estável quando busca dar ao movimento o valor da duração, o significado atemporal. Apesar de toda a paixão extenuante presente em seus movimentos, estes ainda permanecem agarrados a um ponto de relativo repouso, a um equilíbrio em que a figura é capaz de se manter por algum tempo — essa é a *sua* maneira de dar um significado atemporal ao movimento. E é justamente a isso que as criações mais significativas de Rodin renunciam: seus movimentos são realmente os de um momento passageiro. Mas, nessas criações, o sentido vital da criatura está a tal ponto concentrado nesse momento, elas estão a tal ponto ligadas ao seu ser supramomentâneo, como até então só fora dado estar à forma substancial e inalterável da aparência corpórea. Por isso os seus gestos parecem, por um lado, vagos — já que não se pode descrevê-los com *conceitos* atemporais, como convinha ao Classicismo, sendo por isso mensurados com a linha contínua do movimento vital —, mas, por outro lado, são perfeitamente definidos e claros para o sentimento que acompanha sua corrente. Embora revelem um único momento, esse momento é o todo — é todo o destino. Não se trata de forma alguma do "momento fecundo"; essa acentuação, essa interrupção, está de todo ausente; para Rodin, trata-se de algo totalmente momentâneo, mas não tão individual como o momento fecundo, cuja fraqueza consistia em superar a momentaneidade do tempo por meio de um mero prolongamento do tempo vislumbrado. No momento fecundo, há muito para ser encontrado, mas não mais do que muito; já nos gestos de Rodin, encontramos tudo. Antes dele, parecia impossível para a escultura alcançar a atemporalidade, a não ser dando ao objeto ou conteúdo da obra o caráter do repouso, do substancial, do duradouro; acreditava-se que a superioridade diante da emergência e do desaparecimento temporais só podia ser conquistada por meio ou na forma da permanência no tempo. Rodin foi o primeiro a descobrir a atemporalidade artística do movimento puro como um princípio — sendo é claro precedido por manifestações isoladas.

Assim como, no caso de Michelangelo, a coincidência das duas maneiras como representamos a nós mesmos pelo corpo, o ser e o mover, remete ao seu ponto radical último, ou seja, à alma, e à alma renascentista, com o seu ideal de equilíbrio harmônico de todos os elementos essenciais (sem importar o quão amplamente distante desse ideal é sentido o anseio de suas figuras) — assim também a alma que, para Rodin, forma o ponto focal do que há de corpóreo e visível, é justamente a alma moderna, muito mais lábil, muito mais mutável no que diz respeito às suas disposições e aos seus destinos autogerados, e, portanto, muito mais aparentada ao elemento do movimento do que a alma do homem renascentista. O *transmutabile per tutte guise*, que Dante dissera de si mesmo,[34] e que decerto se aplica a todo o Renascimento italiano, é mais um oscilar para cá e para lá entre estados de ser distintos em seu colorido, mas cada um dos quais é em si substancial e unívoco: entre a melancolia e o êxtase, a pusilanimidade e a coragem, a crença e a descrença — enquanto a *transmutabilità* moderna é um deslizar contínuo cuja oscilação não é marcada por nenhum polo consolidado e que não admite pontos estacionários, é menos uma alternância entre o sim e o não do que uma simultaneidade do sim com o não.

Ora, com isso tudo, Rodin deu o passo decisivo para além do Classicismo e, por isso mesmo, para além do convencionalismo. Como não possuímos nem a simplicidade de ser da Antiguidade, nem a harmonia do ideal de vida renascentista, que foi capaz de se originar da norma antiga sem romper o equilíbrio final de todos os elementos — então a persistência da forma clássica na escultura constitui uma discrepância gritante em relação ao sentimento de vida do ser humano contemporâneo e não pode em absoluto deixar de ser um convencionalismo. Este, ao predominar mais na escultura do que em qualquer outra arte contemporânea, exprime que esta é a arte especificamente antimoderna. Quem primeiro se oferece para demolir as convenções é o Naturalismo. Porém, ele é no fim das contas apenas o complemento do convencionalismo. Ambos recebem de fora a norma de suas composições,

---

[34] Alusão a uma passagem da *Divina Comédia* (*Paraíso*, canto IV, verso 99). Cito a estrofe que contém o verso, na tradução de Italo Eugenio Mauro: "E, se essa estrela sorrindo mudou,/ assim fiz eu também, que por Natura,/ de todo modo transmutável sou". Dante Alighieri, *A Divina Comédia — Paraíso*, São Paulo, Editora 34, 1998, p. 40. (N. do T.)

sendo que um copia a impressão natural, e o outro, o padrão básico; ambos são copistas (o que, é claro, não passa de um conceito-limite extremo) em comparação ao criador propriamente dito, a quem a natureza apenas estimula e fornece o material para modelar mundo afora a forma que se move em seu interior. Naturalismo e convencionalismo são apenas os reflexos artísticos das duas forças violadoras do século XIX: a natureza e a história. Ambas ameaçam sufocar a personalidade livre e pertencente a si mesma, uma porque seu mecanismo submeteu a alma à mesma compulsão cega da pedra que cai e do caule que brota, a outra porque fez da alma um mero ponto de intersecção dos fios sociais e reduziu sua produtividade a uma gestão da herança coletiva. Asfixiado desse modo pelas massas esmagadoras da natureza e da história, não resta ao indivíduo nem algo de próprio, nem uma atividade realmente sua, ele tornou-se um mero local de passagem para potências que lhe são exteriores; na produção artística, isso como que reapareceu no outro extremo, na medida em que a heteronomia do naturalismo nos agrilhoou à realidade meramente dada das coisas, e a heteronomia do convencionalismo, ao que subsistira na história e fora reconhecido pela sociedade: um ao que é, outro ao que era. Nenhum deles nos proporciona a liberdade e a necessidade no sentido em que as buscamos na obra de arte. Insurgimo-nos contra a convenção, pois ela não implica uma necessidade realmente intrínseca, mas apenas uma casualidade histórica que agora pretende se impor sobre nós como se fosse lei. E a natureza, por sua vez, tal como se apresenta imediata e irrefletidamente, é simples efetividade, ainda não repartida em liberdade e necessidade. Dizer que, segundo a natureza, as coisas "são obrigadas" a se dar como se dão, que a lei da natureza "impõe-se" sobre elas — isso é um antropomorfismo do mesmo gênero e um recurso expressivo aproximadamente tão vazio como afirmar que a natureza "sempre diz a verdade". Assim como a veracidade só tem um sentido lá onde a mentira é concebida ao menos como possibilidade, assim também toda imposição, toda obrigação só existe com relação a uma resistência, a uma liberdade que a isso se oponha. As coisas da natureza *são* pura e simplesmente como são, e parecem "obrigadas" a sê-lo, apenas porque nós de algum modo transferimos para elas o nosso sentimento de poder-ser-diferente, de liberdade. Ambas, tanto a liberdade como a necessidade, são triunfos da alma sobre a mera efetividade da existência; ambas ganham vida somente *na* composição, cuja necessidade reside no sentido e no ser do processo criativo, na expressão vital da figura criada — e não na lei acidental da convenção, nem na "lei" abstrata da natureza. Essas duas legalidades alheias à individualidade foram superadas da maneira mais completa possível por Rembrandt, que para tal entronizou o valor da individualidade. No entanto poder-se-ia chamar de cósmico (num sentido absoluto e acentuado) justamente isso de que prescindem as figuras de Rembrandt. As estações por onde passam cada uma dessas trajetórias de vida estão desde o começo sedimentadas nos seus rostos, e é desse complexo de sua vivência interior que são afinal formadas. Por outro lado, tais figuras não ecoam as fatalidades, obscuridades ou glórias características de tudo aquilo que envolve a alma individual enquanto metafísica do ser em geral, enquanto fundamento das coisas. O conceito especificamente germânico de individualidade, derivado do ponto de singularidade do indivíduo e com o qual Rembrandt combina liberdade e necessidade, inexiste para Rodin. Este, porém, projeta o curso de vida das suas criações rumo a uma direção e altura que podemos chamar de cósmicas e com as quais suas criações vão além não só do naturalismo e do convencionalismo, como também da necessidade e da liberdade pessoais. Também no seu caso, é verdade que a alma, pelo jeito como se apresenta, não obedece a nenhum esquema que lhe seja imposto de fora, e que ela forma a aparência e os gestos do corpo extraindo-os apenas de seu interior. Esse interior, porém, é impregnado, subjugado, animado por um destino que é mais do que a própria alma; um destino que, embora esteja, na sua vivência terrena, dentro dela, ainda assim está ao mesmo tempo ao seu redor, num espaço metafísico. Sente-se que os turbilhões que a impelem são afinal destinos do universo, ao passo que, nas figuras de Rembrandt, eles irrompem exclusivamente da própria alma, sopram apenas na direção de seu próprio desenvolvimento. Por isso, todas as figuras humanas de Rembrandt, seja uma mãezinha trepidante, surrada pela vida, seja um pobre jovenzinho judeu, possuem ainda algo radicalmente seguro de si, ao passo que as figuras de Rodin estão diluídas — e por sinal em algo mais potente do que o destino meramente pessoal, a saber: em uma fatalidade da existência que preenche o espaço em geral e por conseguinte também o particular de cada uma delas, tornando-se assim o destino delas de um modo inteiramente automático. No caso de Rodin, é sempre o amor em geral, o desespero em geral, a meditação em geral que, como dinâmica cósmica, transformam o indivíduo em destino — não na condição de conceito universal, como no Classicismo, que alegorizava a figura, mas sim como vida imediata, cujo veículo é o ser desse indivíduo e sua respectiva pulsação. — Se antes associei a superação do Classicismo por Rodin à eventual soberania do motivo do movimento em relação ao motivo do ser, agora a presente reflexão aponta, além disso, para uma camada mais profunda em que tal associação se efetiva. O Classicismo precisa se render porque, sendo agora apenas uma convenção empedernida, não proporciona nem a liberdade, nem a necessidade no sentido artístico — como também é o caso do Naturalismo. Já a centralização da composição na legalidade puramente interior do indivíduo unifica as duas, e com isso as criações de Rodin são "elas mesmas uma lei", sua modelagem é a expressão plástica de seu interior. Mas considerando que esse interior, como indiquei, está como que quimicamente dissolvido numa atmosfera cósmica ou metafísico-anímica, sendo por ela impregnado e impregnando-a, ele está muito mais comprometido com o motivo do movimento do que a forma germânico-rembranesca da individualidade. Esta, muito mais confinada pela personalidade bem delimitada, pela lei individual desse caráter singular, possui um cerne ou um perímetro muito mais firme, permanente, livre de flutuações. Por mais radicalmente que, de resto, Rembrandt escape de todo Classicismo — seu ideal de individualidade ainda não demoliu a última ponte até o ideal do ser, em sua generalização mais elevada. No seu caso, o indivíduo como tal ainda possui uma substância que, embora não possa ser descrita por conceitos, está ali, em meio a toda a dinâmica flutuante da vida, como algo de limites seguros, preso apenas a si mesmo. Já as criaturas de Rodin estão inerentemente à mercê dessa dinâmica, são devastadas por uma força que vai até o seu cerne mais profundo, mas que na verdade não pode ser designada como algo externo, como tampouco o vento é algo externo em relação ao átomo de ar que é por ele empurrado para frente — já que os átomos de ar que se movem são justamente um "vento". Pode-se ver uma analogia para tal em certas representações modernas acerca da substância e da energia. O que se mostrava na aparência externa como rijo e estável agora se dissolve em oscilações, em mobilidades cada vez mais completas; mas essa mobilidade da essência individual é ela mesma uma formação ou ponto de passagem do *quantum* uniforme e cósmico de energia. Não basta que uma essência, fechada em si mesma de algum modo, esteja por si mesma em puro movimento: é preciso que seus próprios limites se desmanchem para que aquele movimento interior seja imediatamente uma onda da torrente cósmica da vida. Ora, o motivo do movimento só se tornou absoluto lá onde a forma da individualidade deixou de delimitar como uma membrana um movimento que se passa exclusivamente dentro dela, lá onde essa última integridade desaparece para mostrar como o seu conteúdo, como sua própria mobilidade, é *uma só* com a mobilidade interminável do universo, da vida e do destino. —

A mobilidade aqui em jogo é totalmente diversa daquela presente na arte barroca ou na japonesa. No barroco, o movimento é maior apenas segundo sua aparência mais superficial. Pois a aparência perdeu o ponto firmado em si — em termos kantianos: o Eu da apercepção —, que proporciona mesmo ao movimento mais candente o contrapeso com o qual se pode mensurá-lo, e que se torna visível com a integridade espacial do contorno. Esse escoamento do ponto do Eu é concebível em um tempo que perdera o conceito de personalidade do Renascimento e ainda não conquistara o moderno, desenvolvido por Kant e Goethe; um tempo cuja imagem teórica de mundo, correspondentemente, também convertia o mecanismo, o fluir meramente causal, o jogo sem substância e regido por leis impessoais das forças da natureza no seu xibolete. Assim, muitas figuras barrocas são conglomerados de movimentos, mas não, por assim dizer, de movimentos de *uma* pessoa, ou seja, dessa determinada pessoa. Na arte japonesa — da qual aqui se menciona como analogia a *pintura* —, não é o corpo afinal que se move, mas sim apenas a linha do corpo; o fim e o conteúdo da ilustração não são o corpo em movimento por si mesmo e nos seus próprios termos, mas sim um contorno do corpo em movimento segundo pontos de vista decorativos. Só quando a alma enfrenta o peso do corpo, quando o seu impulso puxa a materialidade corpórea para cima, afastando-se do que há de meramente natural no devir de seu movimento — só então ela é capaz de fazer sua aparição; como a arte japonesa renuncia à substância material do corpo, a alma nada encontra para comandar e mover, nada que possa evidenciar a *sua* mobilidade.

No caso de Michelangelo, certamente o grau de mobilidade interior não é menor do que no de Rodin, mas é mais unívoco, menos problemático, está concentrado com o máximo de intensidade *numa só* direção; e tal forma não exige para sua expressão uma escala tão grande de movimento externo como o exige a forma ambivalente, vibrante da alma moderna, para a qual o destino individual, que para Michelangelo era algo definitivo, é, ao invés disso, um ponto de passagem de uma perambulação que vem do indefinido e vai ao indefinido, que ama caminhos sem destinos e destinos sem caminhos. A escultura da Antiguidade buscava, por assim dizer, a lógica do corpo; Rodin busca a sua psicologia. Pois a essência do moderno em geral é o psicologismo, a vivência e interpretação do universo de acordo com as reações do nosso interior e de modo a realmente considerá-lo como um universo interior, a diluição dos conteúdos firmes no elemento fluido da alma, expurgada de toda substância e cujas formas são apenas formas de movimentos. Por isso a música, a mais móvel de todas as artes, é a arte verdadeiramente moderna; e é também por isso que *a* poesia lírica que satisfez ao máximo o anseio de seu tempo foi aquela construída em torno de sua musicalidade. Também por isso, a conquista especificamente moderna da pintura foi a paisagem, um *état d'âme* cujo caráter cromático e segmentado depende menos da estrutura lógica do que o corpo e a composição de figuras. E, no que concerne ao corpo, a Modernidade prefere o rosto, enquanto a Antiguidade, o corpo inteiro, pois o primeiro mostra o ser humano no fluxo de sua vida interior, e o segundo mais na sua substância permanente. Mas Rodin transferiu esse caráter do rosto ao corpo como um todo; os rostos de suas figuras são amiúde pouco marcados e pouco individuais, e toda mobilidade anímica, todas as irradiações energéticas da alma e de sua paixão, que alhures encontram no rosto o lugar de sua expressão, são evidenciadas no dobrar-se e retesar-se do corpo, no trepidar e arrepiar que percorre a sua superfície, nos abalos que, vindos do centro da alma, traduzem-se em todo esse contrair-se ou arremessar-se, no ser-esmagado ou no querer-voar desses corpos. O ser de uma criatura sempre tem para o outro algo de reservado, de incompreensível quanto ao seu fundamento mais profundo; já seu movimento tem algo que vem ao nosso encontro ou a que podemos chegar. Onde, portanto, a tendência *psicológica* forma a imagem do corpo como um todo, ela se apega ao seu movimento.

Nessa tendência à mobilidade está a relação mais profunda da arte moderna em geral com o realismo: a mobilidade acentuada da vida real se evidencia não apenas na mobilidade equivalente da arte, mas também em que ambos os estilos — o da vida e o de sua arte — emanam da mesma raiz profunda. A arte não só reflete um universo mais movimentado, como ainda o próprio espelho que utiliza para tal tornou-se mais móvel. A razão pela qual o próprio Rodin descreveu-se como "naturalista" talvez esteja nesse sentimento de que sua arte vivencia o sentido da verdadeira vida presente não apenas por conta do objeto a que se refere, mas imediatamente em concordância com o estilo dele. Aí está o significado cultural de Rodin, diante do qual o naturalismo, caso este pretenda apenas reproduzir o *conteúdo* das coisas tais como elas são, é algo totalmente superficial e mecânico. O naturalismo extremo abomina o *estilo*, e não vê que um estilo que vivencia, ele mesmo, de modo imediato, o sentido da nossa vida, é muito mais profundamente verdadeiro e fiel à realidade do que qualquer imitação; ele não *tem* apenas verdade, ele é verdade.

E caso se conceba como meta permanente da arte a redenção das tribulações e voragens da vida, o repouso e apaziguamento situados além de seus movimentos e contradições, então pode-se ponderar que a libertação artística do que há de inquietante e insuportável na vida é alcançada não só pela fuga para o seu contrário, mas também justamente pela estilização mais completa e pela depuração mais acentuada de seu próprio conteúdo. A Antiguidade nos alça acima da febre e das oscilações problemáticas da nossa existência por ser sua negação absoluta, por ser o que permanece absolutamente intocado por elas. Rodin nos redime, porque traça justamente a imagem mais perfeita dessa vida que aflora na paixão da mobilidade; como um francês disse a seu respeito: *c'est Michelange avec trois siècles de misère de plus*.[35] Ao nos dar ocasião para vivenciar mais uma vez, agora na esfera da arte, a nossa vida mais profunda, Rodin nos redime justamente da vida como a vivenciamos na esfera da realidade.

[35] Citada em francês no original, sem menção à fonte (a qual não consegui rastrear), a passagem pode ser assim traduzida: "[Rodin] é Michelangelo com três séculos a mais de miséria". (N. do T.)

VI.

Para a filosofia da religião

A personalidade de Deus

As discussões sobre a existência de Deus amiúde desembocam nesta explicação, oferecida por quem afirma positivamente sua existência: tal pessoa, embora de fato não consiga especificar *o que* seria Deus, mesmo assim acredita ou sabe *que* Deus é.[36] Essa não é a concepção dos místicos, para quem Deus seria "um nada"; pois esta pretende apenas interditar a enunciação de qualquer definição individual de Deus, definição essa que seria necessariamente unilateral, restritiva e excludente, e por isso negaria a abrangência e penetração universais, o caráter absoluto do princípio divino; o "nada" divino dos místicos significa apenas que Deus nada é de individual, sendo, por isso mesmo, o todo. Já aquela primeira afirmação de forma alguma traz consigo esse sentido panteísta, mas sim o ilogismo extravagante de afirmar a existência de alguma coisa sobre a qual não se consegue em absoluto dizer o que ela realmente é. O crítico poderia simplesmente retrucar: com que direito essa coisa é chamada de Deus? Deus seria uma palavra vazia se se afirmasse sua existência sem que fosse possível de algum modo indicar *o que*, enfim, haveria de real sob esse nome. A razão psicológica para esse comportamento poderia ser esta: para as pessoas modernas, o conceito de Deus está impregnado de conteúdos históricos e possibilidades interpretativas tão numerosos e heterogêneos que só restou um sentimento que não se aferra mais a nenhum conteúdo, algo muito mais universal do que o seria o conceito abstrato que talvez pudesse ser o que há em comum a todas aquelas

---

[36] "O que" e "que" traduzem, respectivamente, *was* e *dass*. Deve-se ter em mente essa distinção ao longo deste ensaio, bem como a explicação que Simmel dará a seguir, pois ela será retomada mais a frente. (N. do T.)

diferentes definições do conceito de Deus. Isso pode ser designado como o extremo da fé: algo é por assim dizer simplesmente *acreditado*, a forma da crença como tal atua na alma sem que o conteúdo seja de algum modo especificável. Expresso pelo lado do objeto: a questão ou o fato do *ser* ganhou a prerrogativa na lógica da consciência religiosa, a existência por assim dizer tragou o seu conteúdo; eis a acentuação que se tornou evidente pela primeira vez com Parmênides, para quem apenas o ser unitário e de alcance universal é, ao passo que todas as *definições*, todo isto e aquilo, seriam inessenciais e nulos. Assim, aqui todo o interesse prende-se ao *ser* de Deus, e — por mais extravagante que isso necessariamente soe nessa expressão abstrata — *o que* ele é some no abismo dessa noção de ser. Este aspecto objetivo e aquele subjetivo são interdependentes: o objeto da crença é o ser. O "o que" e o "como" são estipulados pelo entendimento, pela intuição e pela tradição;[37] mas a criação que é por estes em certo sentido rematada continua flutuando no ar, numa conceitualidade ideal e ainda dúbia. Somente a crença a lança na solidez do ser, que não é em absoluto apreensível pelo entendimento e pela fantasia, com suas definições meramente qualitativas e quantitativas. A crença é por assim dizer o órgão sensorial por meio do qual o ser como tal nos é transmitido.

Esse nexo estreito em que o ser é acessível apenas à crença e a crença, se observada com cuidado, dirige-se apenas ao ser — ele designa, por assim dizer, um dos polos da consciência orientada à religião. No outro polo, concentram-se as energias anímicas que edificam o universo religioso conforme o seu *conteúdo*, ou seja: as definições da essência divina, os eventos salvíficos e os imperativos comportamentais. Por mais incondicionalmente que, na efetividade da vida religiosa, esses dois polos — os conteúdos religiosos e a crença na sua efetividade — sejam, é claro, de imediato um só, ainda assim se distinguem em termos analíticos, e aliás não *apenas* nesses termos. Pois é junto a tais polos que o homem religioso como tal e o filósofo da religião encaram um ao outro. Para o pri-

---

[37] As aspas foram acrescentadas pelo tradutor nesta e nas demais passagens deste texto em que Simmel emprega como substantivo algum dos seguintes termos: "o que" (*was*), "que" (*dass*) e "como" (*wie*). (N. do T.)

meiro, o essencial é a crença, ao lado da qual o conteúdo da crença é por assim dizer algo secundário, mesmo que ele chegue a se sacrificar para defender sua verdade; o que se mostra, de um lado, na indiferença de muitas naturezas profundamente religiosas em relação a todo dogma e, de outro, na dependência dos dogmas em relação ao acaso infinitamente variável da situação histórica — ao passo que o *ser religioso* dessas personalidades, por mais variados que possam ser os conteúdos com que se comprometeram, é sem dúvida essencialmente o mesmo. Sua crença real como tal, entendida como a forma da religião, é a mesma, ainda que seus conteúdos possam ser os mais heterogêneos. E agora no outro extremo: assim que esses conteúdos convertem-se, para o filósofo da religião, no objeto da construção, da explicação psicológica e da crítica lógica, torna-se então nesse sentido irrelevante se tais conteúdos são acreditados ou reais — assim como, *mutatis mutandis*, o matemático procede com as figuras geométricas sem considerar se suas imagens correspondentes podem ou não ser encontradas no espaço real e que papel elas e as leis detectadas por meio delas desempenham nos processos da consciência prática.

Assim sendo, investigarei aqui o conceito da "personalidade" do princípio divino dentro do âmbito filosófico, que não está sujeito a nenhuma deliberação religiosa, posto que, nesse âmbito, julga-se os conteúdos religiosos (seu sentido, seus nexos, sua dignidade lógica) de modo por assim dizer apenas imanente, sem entrar na questão de sua efetividade. Dentre os conceitos desse domínio, talvez nenhum outro tenha sido combatido pelos mais heterogêneos pontos de vista com uma veemência tão fervorosa do que esse; para o "Iluminismo", ele é a prova de que a religião nada mais é senão uma divinização do homem, ao passo que o panteísmo e o misticismo, inversamente, rejeitam-no como antropomorfismo da divindade. Há, porém, uma perspectiva mais elevada, que foge a essas duas críticas. O ser-pessoal do ser humano talvez seja mesmo a causa contingente para a emergência psicológica do "Deus pessoal"; mas seu fundamento lógico e metafísico é independente disso.

O que significa personalidade? Eis o que me parece: é a exaltação e consumação que a forma do organismo corpóreo adquire

A personalidade de Deus

ao avançar no âmbito da existência anímica. O organismo é, no âmbito da existência física, um segmento cujas partes estão numa interação mais estreita do que a de qualquer agregado desses elementos a que chamamos de inorgânicos. A "vida" circula dentro de um perímetro fechado, em que cada parte é definida por todas as outras e que caracterizamos como uma "unidade" devido a esse nexo dinâmico. Não se atribui "unidade" nesse sentido objetivo a nenhuma fração do inorgânico. Uma rocha ou um pedaço de metal é "um" apenas no sentido numérico, porque é *um exemplar* de um conceito associado a ele; caso seja repartido por meios mecânicos, cada uma de suas partes é por si só novamente rocha ou metal, sendo unidade no mesmo sentido em que antes o era a parte maior — ao passo que nenhuma das partes de um ser vivo mutilado é unidade no sentido em que antes o era o todo. Mas a integridade em que os elementos do organismo corpóreo definem a forma e a função um do outro não é completa, já que o ser vivo se mantém em relações contínuas de troca com o seu ambiente; com suas absorções e emissões, o ser vivo revela-se envolvido numa totalidade maior, de modo que não se pode considerá-lo como uma unidade no sentido estrito, i.e., como um todo que basta a si mesmo e é perfeitamente compreensível só com base nas relações recíprocas de suas partes. Mas assim que a alma consciente aflora no organismo, seus conteúdos passam a exibir um grau de coesão e condicionamento recíproco que ultrapassa em muito aquela unicidade do corpo. Isso é sustentado por uma diferença fundamental do espiritual em relação ao corpóreo. No que é corpóreo, a causa some em meio ao efeito; depois que este passa a atuar, a causa se torna tão obsoleta e irrelevante que não é mais possível tirar dela qualquer conclusão segura sobre o efeito. Esse tipo de causalidade também existe no que é espiritual; mas além dela, ou melhor, no interior dela, existe ainda uma segunda causalidade, que chamamos de memória. Esta significa que o evento antecedente não é somente uma causa naquele sentido, i.e., não somente transforma a sua quantia energética, a sua tendência e a sua propriedade num efeito talvez configurado de maneira inteiramente distinta quanto à sua morfologia — mas também que o evento antecedente, por assim dizer preservado em seu conteúdo, em sua identidade morfológica, retorna como efeito subsequente. Enquanto todo efeito físico, como indiquei, poderia em princípio ser provocado por qualquer número de causas as mais diversas, a representação lembrada, ao ser lembrada, só pode ter uma causa: a representação que chegara à consciência num momento antecedente, com o mesmo conteúdo — o que, claro, depende de que tudo o que transcorreu entre uma representação e outra, bem como tudo o que, no presente, ainda constitui e atua na psique permita, enfim, que o momento antecedente seja chamado à memória. Mas isso resulta numa constelação em tudo peculiar. Enquanto o decurso do tempo como tal deixa o passado passar e concede-lhe apenas um *efeito* sobre o subsequente, efeito que este não devolve e que, portanto, não pode assumir a forma da interação, a memória, por sua vez, alça o passado ao presente e com isso a uma relativa indiferença em face do decurso temporal. Agora, porém, os elementos da consciência passam a influenciar de modo incondicional os demais elementos da consciência, i.e., só podemos conceber o fluxo contínuo da nossa vivência interior em termos simbólicos: seus conteúdos, que, implicados na nossa abstração, cristalizaram-se como uma "representação" isolada e circunscrita, agora modificam-se entre si e é dessa maneira que em linhas gerais o presente do ser humano é o resultado de seu passado. Ora, posto que a memória, além disso, converte o passado em presente, também o passado que vive dessa maneira dentro de nós é influenciado pelos elementos da representação transcorridos tanto nesse entrementes como no instante atual. Ou seja: a causalidade unidirecional do tempo, que só impele para frente, torna-se interação ao adentrar a vida anímica. Já que, na vida anímica, nós ainda temos o passado como conteúdo da memória que permanece na sua identidade, verifica-se o aparente paradoxo de que o presente influencia o passado ao mesmo tempo em que o passado, o presente. No estado atual da nossa consciência, o conteúdo novo gerado naquele momento não passa, em regra, de um mínimo; no que tem de principal, esse estado é alimentado por representações lembradas e a sua imagem integral emerge da interação ou então como a interação das representações lembradas, que em certo sentido representam toda a nossa vida até aqui, com as atualmente produzidas. Assim,

A personalidade de Deus

temos na província da consciência uma interação e, por conseguinte, uma unidade orgânico-pessoal muito mais íntegra do que a nossa natureza corpórea. Tampouco podemos deixar de conceber que os processos não conscientes sobre os quais os conscientes de algum modo repousam formam interações duradouras. A imagem da psicologia mecanicista está certamente equivocada ao converter as "representações" em *essências* que emergem e submergem, associam-se e separam-se, e assim por diante. Para que uma imagem assim pudesse surgir, seria preciso abstrair do fluxo contínuo e unitário da vida interior os conteúdos passíveis de expressão lógica e revesti-los de uma espécie de corpo, de modo que então, existindo de modo em certo sentido autônomo, pudessem, por sua vez, dar a sensação de compor essa vida. A "representação" como um elemento circunscrito em seus limites e ativo ou passivo por conta própria é um mitologema puro, induzido pela analogia com o atomismo físico. Contudo, por enquanto não vejo nenhum caminho para evitar essa duplicidade da observação do anímico: se este é por um lado um *processo* unilinear, que se desenrola na unidade adimensional da vida — é, além disso, também um complexo de *conteúdos* situados uns fora dos outros, que, como é forçoso imaginarmos, estão relacionadas de inúmeras maneiras. Ora, assim como não podemos esquecer o caráter de símbolo e projeção dessa última imagem, assim também nada nos autoriza a imaginar uma "representação" conservada, desde o seu surgimento inicial até a sua posterior reprodução, *tale quale* no inconsciente, como se este fosse uma câmara refrigeradora, ou como se ela fosse um ator que espera a sua deixa escondido atrás do cenário — e, não obstante, é igualmente inescapável alguma espécie misteriosa de "permanência". Já que essa permanência atua em inúmeras representações e nenhuma delas sozinha apresenta, ao reemergir, uma identidade absoluta e fixa de seu conteúdo, então é preciso aceitar interferências e modificações recíprocas durante o período de latência. Portanto, esses elementos psíquicos que de algum modo existem em nós além da consciência estão continuamente em interação e destarte fundem-se uns nos outros formando a unidade que chamamos de personalidade. Pois esta não é um centro em simples permanência, mas sim um impregnar-se, um alinhamento funcional, um transpor, relacionar-se e fundir-se intrínseco ao circuito de todos os conteúdos da representação em geral. Opostamente aos elementos considerados em isolamento, que como tais parecem como que deslocados e desabrigados, a nossa "personalidade" brota, pois, como o acontecer que designamos com o símbolo formal da interação entre todos os elementos.

Portanto, seríamos personalidades formalmente *perfeitas*, caso tal interação fosse perfeitamente fechada e cada acontecer anímico tivesse sua causa exclusivamente nesse circuito. Porém, esse não é o caso. Tal como se passa com o nosso corpo, também com a nossa psique estamos enlaçados no mundo exterior: verificam-se efeitos em seu interior que não podem ser explicados apenas com base na própria psique, e também parece que alguns de seus processos internos escoam para fora e não continuam avançando no decurso psíquico com toda a sua eficácia potencial. Assim como o conceito puro do organismo não contempla totalmente o nosso corpo, tampouco o da personalidade contempla totalmente a nossa alma. Portanto, mesmo que, também em termos psicológicos, esse conceito possa muito bem ter surgido na experiência que temos de nós mesmos, pelo seu sentido ele é ainda assim "uma ideia", uma categoria que não é plenamente consumada por nenhuma criatura empírica individual. Só o fato de que a nossa existência tem como sua forma um decurso temporal, de que ela precisa, por isso, "lembrar" para induzir seus conteúdos a uma interação que é sempre fragmentária — só isso já impede aquela unidade de conteúdos junto à qual seríamos uma personalidade no sentido absoluto. Ora, assim como a ideia do organismo realiza-se plenamente apenas numa representação singular: na do todo universal, pois este não possui, consoante o seu conceito, nada fora de si que pudesse interromper a interação plena, fechada em si, de todos os seus elementos — assim também o conceito de Deus é a verdadeira realização da personalidade. Pois ele, tal como pensado pela religiosidade mais sofisticada em termos metafísicos, desconhece toda "memória" na forma humano-temporal, esta que contém em si o seu contrário, o esquecimento. Para Deus, não existe um passado que passa o seu conteúdo apenas em fragmentos para interagir no estado atual; para quem não precisa primeiro "lembrar", para quem o tempo não existe, a totalidade e unidade de seu ser não descamba na forma estilhaçada e esburacada da dispersão pelo tempo. O que se chamou de "eternidade" de Deus, o seu estar-livre da contingência do tempo, é a forma em que é possível o seu absoluto ser-pessoal. Ele não é com isso antropomorfizado, mas sim designa justamente o ponto a que o ser humano não chega: a concatenação e autossuficiência absolutas de toda substância da existência. Uma criatura que é parte de um todo, como o ser humano, não pode jamais ser uma personalidade plena, pois é alimentada de fora e difunde-se para fora (o que é, na forma da simultaneidade, precisamente o mesmo que é, agora na forma da sucessividade, a dependência da nossa existência em relação à memória):[38] nenhum de seus elementos é realmente fechado em si, todos dependem do passado e do futuro e assim nenhum é com efeito totalmente idêntico a si mesmo. É de todo equivocado afirmar que Deus seria personalidade na escala a que o rebaixa o ser humano em sua limitação. Pois justamente isso que limita o homem, ou seja, o fato de que ele é apenas a parte de um todo, ao invés de um todo em si, e de que sua existência não é uma unidade apanhada, de modo a se dispersar no tempo e vincular-se ao momento apenas com o auxílio da memória — é isso justamente o que o impede de ser uma personalidade no sentido mais essencial. Se Deus consuma o conceito de personalidade, é precisamente na medida em que a ideia de Deus é um verdadeiro todo e existe de uma só vez além do tempo, sendo a junção absoluta de todos os seus momentos existenciais — na medida, portanto, em que ultrapassa todos os seres humanos. Assim como concretizamos a nossa própria unidade imperfeita formando o Eu, que a ampara de um

---

[38] "Simultaneidade" e "sucessividade" traduzem aqui as expressões *Nebeneinander* e *Nacheinander*, respectivamente. Esses termos possuem um sentido mais "literal" do que o passado pela tradução. Assim, *Nebeneinander* significa "um ao lado do outro", denotando as ideias de coexistência e sincronia (em que os referenciais ocupam posições diversas no espaço, mas idênticas no tempo); já *Nacheinander* significa, nessa mesma linha, "um depois do outro", denotando sucessão e diacronia (em que os referenciais são considerados em sua variação temporal). (N. do T.)

modo enigmático, assim também a verdadeira unidade do universo cristaliza-se numa forma do Eu que não deixa restos, na personalidade absoluta. Há quem diga: Deus como personalidade é a personalidade como Deus — esse pode muito bem ser o caso, com a ressalva de que essa não é a personalidade pequena do ser humano, mas sim a grande personalidade do universo, que concretiza aquele ideal negado das determinações da personalidade e com isso vai ao encontro do sentimento religioso. Como este último se dirige, por assim dizer, à forma do universo, situada além das individualidades às quais confere congruência, seu objeto é esse Deus no qual desemboca esse sentido do todo.

Que se enfatize mais uma vez: se esse Deus existe objetivamente, ou se existe só como crença subjetiva — isso não diz o menor respeito a essa definição puramente ideal de seu conceito, para a qual o seu ser ou não-ser está fora de questão. Mas com ela, em todo o caso, a alternativa entre a concepção panteísta ou personalista do princípio divino é colocada numa nova base. Caso se leve a sério o conceito de personalidade — para que ela não seja uma restrição do nosso ser, mas sim justamente algo de que o nosso ser participa apenas numa medida restrita, ou seja, algo que, como seres limitados, *não* somos — então este só pode se realizar numa essência absoluta, e esta, por sua vez, ou é uma só com a totalidade do universo, a *substantia sive Deus*,[39] ou então significa, por assim dizer, o momento de totalidade do universo, comparável à alma como ἐντελέχεια σώματος φυσικοῦ ὀργανικοῦ.[40] Por si só, a noção panteísta torna ainda mais visíveis os problemas e contradições do conceito de Deus, para os quais a forma da personalidade traz uma solução.

[39] Trata-se de uma referência a Espinosa. O bordão pode ser traduzido nestes termos: "substância ou Deus"; ou então: "substância, ou seja, Deus". Afirma-se, assim, a equivalência semântica entre ambos os termos. (N. do T.)

[40] A passagem refere-se a uma das definições de Aristóteles para a alma (cf. *De Anima*, II 1: 412b5-6). Tal como citada por Simmel, pode ser vertida deste modo: "atualidade do corpo natural dotado de órgãos" (a diferença com a passagem de Aristóteles é que, nesta, lemos "atualidade primeira do corpo natural dotado de órgãos"). (N. do T.)

Na grande maioria dos casos ao longo de toda a história das religiões, o significado do princípio divino está associado a que Deus *contra*ponha-se aos crentes e ao mundo destes. O Deus a que alguém se entrega é sobretudo o Deus *poderoso*; e esse motivo, que vai da mais crua das superstições à mais sublime das especulações cristãs, pressupõe que a existência tenha certa autonomia para que o poder nela se aplique, formando-a, superando-a e governando-a; um Deus que esteja fundido numa unidade com a existência não pode ter nenhum poder, pois não possuiria objeto para tal. O motivo do amor não depende menos dessa oposição entre Deus e a essência individual. Caso o fervor místico absorva-se no seu Deus até o ponto da unidade, pretendendo demolir todas as barreiras do ser-outro, pode até ser que ele se sinta, a cada passo rumo a essa unificação, cada vez mais ampla e profundamente envolvido na bênção do amor divino — mas no instante da consecução plena, ele veria a si mesmo em meio ao vazio; pois nessa unidade absoluta só teria a si mesmo para agarrar. Caso a dualidade sumisse *por completo*, também desapareceria a possibilidade do dar e receber, do amar e ser amado, a que permanece presa até mesmo a bem-aventurança religiosa, sendo a alma constituída como é. Mesmo onde tal bem-aventurança foi encontrada e é possuída, um anseio *que busca* ainda soa ou ressoa em alguma camada da alma; mesmo o repouso em Deus é obtido apenas junto a um distanciamento afinal de contas sentido. Mas essa oposição que o amor e sobretudo o poder exigem não tende a se dar bem com o caráter absoluto da essência divina. Pois qualquer autonomia das coisas, qualquer não-ser Deus que elas contenham já é um limite para o seu poder, que, contudo, não deve conhecer limites. Que nenhum pardal caia no chão sem que essa seja a vontade de Deus[41] — isso significa que Deus não é como um espectador passivo do decurso universal, que simplesmente nada tem a objetá-lo, mas sim, por evidente, que é a força atuante e causadora de todo acontecimento. Mas se todas as coisas estão em incessante movimento, se toda

[41] Trata-se de uma referência ao Novo Testamento; cf. Mateus, 10, 29. (N. do T.)

materialidade aparente está implicada em oscilações incansáveis — se é assim, restaria afinal uma única parte em que Deus *não* estaria? Se o universo é movimento, e ele, o motor de todo movimento, então o universo nada é fora dele. A obra feita pela vontade de um criador *humano* com efeito não se dissolve nessa vontade, permanece como algo distinto dela; mas apenas porque o ser humano *depara-se* com um ser, com um material sobre o qual atua. Mas se Deus é realmente *todo*-poderoso, se *tudo* é por sua vontade, então nada está fora dela, ele é o ser e o devir de todas as coisas. Portanto, também seria inteiramente arbitrária a situação em que sua vontade devesse sustentar em graus diversos os diversos pontos da realidade, em que certas manifestações revelariam aqui e ali o "dedo de Deus", enquanto outras a ele se furtariam com uma liberdade desafiadora e um "abandono de Deus". Não significaria isso projetar para a realidade os traços distintivos do nosso conhecimento, a mistura entre cegueira e acuidade do nosso olhar? Se *um* ponto é a manifestação da vontade divina, então todos os outros precisam igualmente sê-lo. O rígido nexo regular do cosmos, por um lado, e a unidade de Deus, por outro, proíbem que o universo relacione-se com ele de modo distinto em suas distintas províncias. Se a queda do pardal é a força da vontade divina, a consequência inevitável disso é que o universo está plenamente abarcado na sua unidade, é que entre um e outro não pode haver em parte alguma um estar-em-oposição, um ser-outro.

Esse processo dialético que vai desdobrando as consequências do conceito de Deus até chegar ao panteísmo, mas que nesse ponto se torna insustentável, por haver valores religiosos indispensáveis que dependem da oposição e do estar-separado entre Deus e o mundo, entre Deus e o homem — esse processo, junto com todos os choques que o acompanham, permeia o que há de mais íntimo em todas as religiões que levam a sério o caráter absoluto do princípio divino. Talvez não haja de modo algum a necessidade de uma "reconciliação" desse jogo antagônico entre fusão e separação; talvez esse ser-lançado-de-um-para-o-outro seja a única expressão adequada para a nossa relação com o infinito, que não deveríamos esperar definir com uma fórmula unilinear. Não obstante, a representação de Deus na qual essa constelação em certa medida encon-

A personalidade de Deus

tra o seu símbolo visível é a sua *personalidade*. Pois o essencial desta é afinal que um sem-número de conteúdos, cada um dos quais dotado de certa autonomia, sejam aí concebidos como conteúdos ou produtos de uma unidade sintética. O Eu abarca todos os seus pensamentos, sentimentos e decisões como algo possível e efetivo somente consigo e em seu interior, como uma pulsação de seu ser — e ainda assim *contra*põe-se a cada um desses conteúdos, como algo que não é por ele absorvido. Mas também o conteúdo não é absorvido pelo Eu; pois este *julga* cada um deles, aceita-o ou rejeita-o, apodera-se dele ou não: como nasce do Eu e é uma parte de sua vida, tal conteúdo se constitui naquela relação peculiar de pertencimento que não impede uma distância e liberdade. Se já na vida fisiológica o membro está vinculado ao todo do organismo de modo diferente, mais estreito e mais livre, do que o está a parte de um sistema mecânico rígido a seu todo — então dentro da psique tais contrariedades tensionam-se com uma energia diferente ainda num outro sentido. Quanto mais nos sentimos como *personalidade* e tanto mais independentes sabemos que o nosso Eu é em relação a todo conteúdo individual, tanto menos o Eu se deixa levar por qualquer um deles em particular; e, nesse patamar de desenvolvimento, cada conteúdo individual também passa a se contrapor ao Eu com autonomia crescente (no tocante aos seus direitos lógicos e éticos, dinâmicos e históricos), ou seja, deixa de se envolver no destino integral do Eu, que é determinado de outro modo. E, não obstante: quanto mais somos personalidades, tanto mais colorimos a totalidade dos nossos conteúdos com a cor do nosso Eu, tanto mais caracteristicamente se pode reconhecê-los como algo que nos pertence, tanto mais soberano é esse Eu, não apenas no sentido da independência diante de cada conteúdo em particular, como também no sentido da dominação sobre ele. Toda "personalidade" tem dentro de si esse jogo duplo e antagônico entre o elemento individual e o todo unitário; com isso, ela distingue-se por completo de manifestações parecidas quanto à aparência externa, como o Estado; pois, por mais onipotente que seja, o Estado pode apenas abarcar determinadas *partes* da existência integral de seus cidadãos. Todas as categorias lógicas usuais malogram diante da forma existencial da alma moldada como personalidade: o modo como, nesse caso, o elemento individual da alma habita radicalmente dentro do Eu (esse Eu que, no que tem de mais íntimo, vive desse elemento), e o modo como ambos mesmo assim contrapõem-se um ao outro, experimentando com isso toda a multiplicidade que há entre proximidade e distância, contraste e fusão — isso não pode realmente ser descrito, mas apenas vivenciado; e para isso há uma só analogia no universo de representações da nossa história: precisamente a analogia com aquela relação, tão problemática para a lógica, entre Deus e o mundo. Na vivência da personalidade, temos uma espécie de garantia de que a simultaneidade entre o estar-contraposto e o ser-um, permanentemente vivenciada pela consciência religiosa, não é um contrassenso. De acordo com aquela relação dupla, é preciso que Deus seja pensado como personalidade, caso se queira afinal *pensar* nele: como a unidade e vitalidade da existência que, por um lado, confronta os seus produtos individuais de modo a exercer poder sobre eles, mas sem tiranizar o tempo todo a autonomia interna desses produtos, e que, por outro, vive em cada individualidade, mas a mantém por assim dizer a uma distância que apresenta infinitos graus entre o polo do estranhamento ou renegação e o da fusão mais íntima. Posto que personalidade significa centro *e* periferia, ou melhor: totalidade unitária *e* partes, unidas por aquela relação peculiar entre ambas — então a personalidade de Deus não é uma objeção contra o panteísmo, mas sim simplesmente o próprio panteísmo que, por assim dizer, *ganhou vida*.

Assim como a primeira definição da personalidade — ou seja: a interação fechada dos elementos — não implicava, ao ser transposta para o princípio divino, um antropomorfismo, assim também com essa segunda definição. Pois, ainda que só possamos vivenciar dentro de nós mesmos a relação entre o todo e o individual, que existe com um envolvimento e separação simultâneos, ela é ainda assim, por seu sentido, uma forma universal em sua essência, que de modo algum se prende a uma existência determinada e que pode ser realizada nos mais diversos graus de perfeição, é uma categoria com a qual revestimos o fato imediato da nossa existência, para que possamos enxergá-lo e expressá-lo. Só estamos diante de um antropomorfismo da divindade quando um conceito oriundo da experiência e da existência humanas como tais, enleado por princípio a elas, é transposto para a transcendência. Se, por outro lado, um conceito situa-se, por seu sentido, acima da existência humana, se é algo ideal e como que absoluto, por meio do qual se interpreta essa existência que dele participa em maior ou menor grau — então temos nesse tipo de conceito a única possibilidade justificada de pensar a divindade como a *sua* consumação, como a realização do significado absoluto desse conceito. Pode-se muito bem rejeitar por princípio a crença em Deus como uma entidade; mas designá-lo pela sua ideia (quer se acredite ou não nele) como uma personalidade não é em absoluto antropomorfizar a divindade. Mas sim, pelo contrário, trata-se aí de subordinar o Eu humano a um conceito plenamente universal e que se refere a um tipo de existência para o qual esse Eu é apenas um exemplo individual e restrito — podendo Deus, por sua vez, prestar-se à sua realização absoluta, que se consuma relativamente ao todo universal.

Por fim, pode-se ainda contemplar essa imagem essencial da personalidade numa forma distinta, por assim dizer mais apanhada. O que me parece ser a característica decisiva do espírito pessoal é sua separação interna de si mesmo em sujeito e objeto, mas de modo que ambos sejam uma coisa só; é sua capacidade de se afirmar como Eu e de afirmar o outro como Tu; é sua consciência de si, com a qual converte a sua própria *função* num *conteúdo* próprio. Com a consciência de si, a vida despedaçou a si mesma e se recompôs; com isso, é claro, apenas se destrincha, para fins de expressão, um ato por excelência unitário numa sequência temporal. Eis o fato fundamental, ou, caso se queira, o milagre fundamental do espírito, que o converte em algo pessoal: que ele, permanecendo em sua unidade, mesmo assim está contraposto a si mesmo; a identidade entre quem conhece e o que se conhece, tal como está presente no saber acerca do ser e do saber próprios, é um fenômeno original situado totalmente além da contraposição mecânico-numérica entre unidade e dualidade. O percurso da vida, em que cada instante subsequente da criatura vive de seu antecedente, de modo que se trata de uma vida diferente em cada instante, e mesmo assim de *uma só* vida; o percurso em que o produzido dá sequência ao produtor, que é um outro e mesmo assim de algum modo o mesmo — esse percurso ampliado no tempo se dobrou sobre si mesmo com o advento da consciência de si, ou então nela encontrou sua forma atemporal básica. O que distingue do modo mais profundo o organismo do mecanismo — ou seja: o fato de que naquele uma multiplicidade condensou-se numa unidade, de que uma unidade desenvolve-se numa vida múltipla em termos espaciais e temporais — isso está como que reunido em um só ponto na essência do espírito pessoal, que é a consciência de si. Pois a "interação", que era afinal a essência da vitalidade e do espírito, adquiriu, com a consciência de si — em que o sujeito é seu próprio objeto —, a sua configuração por assim dizer absoluta.

Com isso, parece também estar expressa com o máximo de pureza a forma em que a unidade da essência divina é simbolizada. Pelo lado da história das religiões, afirmou-se que não existiria um monoteísmo totalmente puro. Parece que o princípio divino traria consigo uma tendência inevitável à cisão — mesmo que isso signifique que ele teria ao seu lado apenas serafins ou "espíritos". E sua unidade mais plena, tal como é sentida no panteísmo e em parte no misticismo, é ao mesmo tempo sua dissipação mais plena na multiplicidade das manifestações reais. Com isso me parece que temos uma aproximação com o conceito de personalidade que realmente precisa ser resguardada com todo o cuidado do antropomorfismo. A consciência de si, com a qual o pensamento, permanecendo em sua unidade, cinde a si mesmo para assim transformar-se no próprio objeto é o fato elementar do pensamento em geral, é o seu tipo mais concentrado, sua forma mais pura e segura, é em certo sentido o primeiro esboço para todo pensamento de um conteúdo individual. O grande enigma do pensamento — ou seja: como ele, como processo que permanece contido em si, poderia ainda assim possuir um objeto, e como, com a pura subjetividade de seu decurso, poderia ainda assim envolver algo que a ele se contrapõe? — é esclarecido pelo fato de que o pensamento como autoconsciência já tem consigo mesmo esse estar dentro e fora de si, esse caráter de algo ao mesmo tempo íntegro, fechado para o que se opõe a ele, e inclusivo, aberto ao oposto: a identidade entre sujeito e objeto é a forma de sua própria vida. Com isso deli-

A personalidade de Deus

neia-se, é verdade que apenas dentro da categoria do pensamento humano, a forma ideal daquela cisão experimentada pelo princípio divino, e isso sem precisar prejudicar a sua unidade metafísica — e aliás prejudicando-a cada vez menos com o crescente desenvolvimento religioso. Assim, o motivo da "autoconsciência de Deus" perpassa toda a especulação da filosofia da religião, sendo ele, porém, muitas vezes somente uma expressão diferente ou interpretação da "personalidade de Deus". Não se pode pensar o princípio divino como unidade pura e simples, pois esta é estéril para as nossas possibilidades de representação; se é para pensá-lo dentro dessas possibilidades, o princípio divino acha-se em face do mesmo problema categorial em que se acha a personalidade consciente de si: cindir-se por dentro, para assim obter uma oposição que seja movimento, efetividade e vida, e ainda assim permanecer concluído na própria unidade — o que pode ser elaborado pela fantasia especulativa quer no sentido de uma espécie de panteão imanente, como por exemplo a trindade cristã, quer no sentido de um panteísmo, para o qual a riqueza do processo universal nada mais é, senão a expansão da unidade divina até o seu próprio objeto, como o sugere a mística de Espinosa: o nosso amor por Deus seria uma parte do amor com o qual Deus ama a si mesmo. Mas esse conceito de personalidade requer uma abstração bem elevada para não incorrer num antropomorfismo da divindade. Justamente o sentido que acabamos de sublinhar parece absolutamente vinculado ao *espírito*; mas o princípio divino não pode ser limitado a esse conceito. Pois designar Deus como espírito não passa de um materialismo virado de cabeça para baixo: como este, acaba prendendo o absoluto a uma substância. Ao invés disso, se é para referir-se a Deus como personalidade, é preciso concebê-la como uma forma tão universal a ponto de subsumir a autoconsciência do espírito, a única que nos é empiricamente acessível, como um de seus casos particulares. A única maneira com a qual *nós* podemos ter alguma experiência de um sujeito que seja seu próprio objeto é mesmo essa autoconsciência do espírito. Mas espera-se que aquela forma seja cabível a uma essência absoluta, na qual a existência contemplaria a sua totalidade, é primeiro preciso desligá-la desse substrato particular. Não temos como formar uma representação mais próxima do que essa para visualizarmos tal exigência conceitual. Mas caso se aceite o seguinte como uma representação indispensável à essência divina: que esta, por ir além da unidade inanimada, tenha necessariamente um oposto, um outro com o qual estabeleceria uma interação viva, mas isso sem deixar que esse outro ou oposto interrompa sua unidade, ou seja, de modo que, ao invés disso, a essência divina mantenha o tempo todo sua identidade em meio a toda essa relação "autoconsagrada" ou de significação universal, de modo que, portanto, sujeito e objeto sejam necessariamente idênticos — assim sendo, a forma em questão é mesmo a da personalidade, ainda que de modo algum a da personalidade humana. Nesse sentido particular, a limitação humana ao mero modo da *consciência* não traz consigo qualquer antropomorfismo ao ser transposta à dualidade unitária contida em Deus, mas sim, pelo contrário, "personalidade" nada mais é, senão a determinação perfeitamente formal e, caso se queira, abstrata, cuja realização no âmbito dessa abstração é apenas cabível a uma essência absoluta — ao passo que um grau mais incompleto disso, ou seja, o grau parcial e espiritual, seria um problema da *nossa* vida. Contanto que isto seja bem compreendido, pode-se, portanto, dizer o seguinte: Deus não é o ser humano em escala ampliada, mas o ser humano é Deus em escala reduzida.

Com isso, designa-se mais uma vez o princípio que governou esta investigação. Conquistamos a ordem e a valoração para as realidades da nossa vida a partir de um complexo de *ideias* cuja consciência emerge, em termos psicogenéticos, da condição acidental e fragmentária da vida empírica, mas que, por seu sentido, possui uma autonomia ideal e uma perfeição cerrada das quais os conteúdos da nossa existência humana extraem — como que por meio de um ato de subtração — sua referencialidade, sua medida, sua forma particular. Se e até que ponto isso ocorre é uma questão de facticidade, que não interfere no exame daquelas categorias, nos seus nexos de sentido e no seu significado lógico e normativo. Ora, se deve-se pensar uma essência divina de acordo com o seu conteúdo, com o seu "o que", não resta outra alternativa senão interrogar tais ideias, mas em seu caráter absoluto ou puro. O que está em jogo não pode ser uma diferença de *grau*, como se Deus

A personalidade de Deus

tivesse mais poder, mais justiça, mais perfeição do que o ser humano; tal ampliação quantitativa obviamente tem como ponto de partida o ser humano e é um antropomorfismo. Antes, para os crentes, Deus é a ideia do poder, da justiça, da perfeição em forma de ser, seu conteúdo é de imediato o que se situa acima da existência relativa da criatura humana como sua categoria ideal, como sua significação pura, da qual a nossa vida relativa, imperfeita e mesclada afinal recebe o seu significado e a sua forma.

A não ser que eu esteja muito enganado, esse comportamento existe em toda natureza religiosa mais madura como um elemento que só pode mesmo ser expresso com um paradoxo lógico: o essencial não é que Deus esteja acima dos seres humanos, mas sim que o ser humano esteja abaixo de Deus; a primeira formulação é por assim dizer uma obviedade, a segunda, por sua vez, é de onde emana tanto a sensibilidade religiosa para a vida como a sua tarefa humana. Na relação entre Deus e o ser humano, apenas o segundo membro é algo relativo, sendo o primeiro um absoluto — e este nada mais é, senão a realidade daquele ideal com o qual o ser humano atribui uma forma, um grau e um sentido à relatividade de sua natureza. Se é para acreditarmos ou não nessa realidade, isso é algo a ser considerado pela religião, mas não pela filosofia da religião; esta só pode discorrer sobre algo que é com bastante frequência secundário para a pessoa religiosa — o que é mais uma vez um paradoxo lógico —, ou seja: sobre o "o que" do princípio divino, mas não sobre o "que". Minha tarefa foi apontar, em meio ao conceito de personalidade (justamente porque ele parece ter sido formado de modo tão decisivo de baixo para cima, ou seja, da perspectiva humana), a única camada em que o nosso pensamento pode encontrar as definições de uma essencialidade divina. É preciso conceber o conceito de personalidade focando apenas em seu cerne e pureza para mostrar de que maneira ele participa não daquela ordem que extrai o seu sentido dos que estão embaixo, mas sim daquela que confere a estes seu sentido e sua forma, e que está acima dos conteúdos particulares da formação humana mais ou menos como, para os crentes, o ser divino está para o ser humano. Mas aquele é tão independente deste, alimenta-se de fontes tão diversas da alma e da ordem objetiva, que a fi-

losofia da religião pode muito bem afirmar: Deus é personalidade
— sem em absoluto afirmar, ou mesmo ter o direito a afirmar: Deus
é. Caso permaneça nessa camada, ela estará além da especulação
ilegítima: pois esta pretende idear um *ser* e não se contenta com a
pátria a que tem direito, com a ordem ideal dos *conteúdos* do ser.
Contanto que a filosofia da religião mantenha-se à distância da
competição desonesta com a religião, ela possui o direito da pintura, que, graças à forma artística, expõe a lógica interna, o sentido das individualidades e os nexos do universo visível de modo
distinto aos de sua efetividade acidental; já a especulação lembra
a pintura panorâmica, que, usando meios suficientes para a construção daquele universo ideal, mas não para a da realidade — tanto no sentido empírico como no sentido da crença —, ainda assim
tenta tomar o lugar das potências fecundantes desta última.

A personalidade de Deus

O problema da situação religiosa

Quem, no presente, não adere no seu íntimo a uma das religiões existentes, nem considera, com um "iluminismo" superficial, o fato das religiões como um mero devaneio da humanidade, de que ela aos poucos despertaria — uma pessoa como essa encara tal fato de uma situação indescritivelmente inquietante. Em meio ao rol das religiões históricas, ela com efeito enxerga enormes diferenças em termos de profundidade metafísica e valores de caráter, de competência ética e significado espiritual. Mas essas diferenças afetam apenas os *conteúdos* da crença religiosa, e não sua posição básica diante da realidade. Como saberes a respeito do que não se pode saber, como experiências imediatas ou de algum modo mediadas do que há além do empírico, não há nenhuma diferença entre Vitzliputzli e Ormuzd, entre Baal e Wotan, entre o Deus cristão e Brâman. Se a questão da realidade impede o credo numa dessas figuras, impede igualmente em todas as demais. A pessoa de que estou falando está convicta de que estamos cravados no mundo da experiência como o estamos na nossa pele, e que pretender saltar para além dele com o nosso corpo seria uma empreitada tão pouco promissora como se alçar ao mundo do além com qualquer dos meios dados à nossa alma. Pois a crença religiosa de teor transcendente e constituída desta ou daquela maneira não suporta nenhuma atenuação, o conteúdo da crença precisa ter um ser tão firme quanto for possível imaginá-lo e, portanto, bem mais firme do que o nosso universo sensorial da experiência. Deste talvez se admita que é "minha representação". Basta que ele seja uma imagem coerente em si pela escala do nosso conhecimento, basta que o representar dessa imagem desencadeie em nós as reações práticas que sustentam a nossa vida dentro do mundo. Mas caso o crente queira retrucar ao empirista que lhe confronta com a indemonstrabilidade dos conteúdos da crença, dizendo: também o seu mundo é em última análise indemonstrável, também o seu ser é afinal uma questão de crença — então com isso ele se enganaria sobre si mesmo. Pois não basta que os eventos salvíficos sejam "minha representação"; ao contrário do universo empírico, eles não prestam seus serviços mesmo se porventura sua realidade absoluta calhe de ser completamente distinta ou nula. Se não detivesse a realidade plena, livre das atenuações impostas pelas restrições da teoria do conhecimento, Jesus não teria como nos redimir. Não é a representação do vinho que é transubstanciada na representação do sangue de Cristo, mas sim um vinho real em sentido absoluto no sangue real de Cristo, em sentido absoluto. A efetividade dos eventos salvíficos não tolera acordos. Certos círculos contemporâneos de posição espiritual mais elevada, que encontram-se no extremo do ponto de vista descrito no início destas páginas, têm uma visão equivocada sobre a facticidade implacável dos conteúdos da crença a que está condicionada sua realização em todas as religiões até aqui existentes. Eles jogam um jogo místico e romântico com a representação de "Deus", com o significado transcendente de Jesus, com a imortalidade, o que justificam evocando sentimentos atávicos, reminiscências de uma tradição colossal da qual, porém, foi cortado justamente o que era decisivo, ou seja, a realidade absoluta da transcendência. Por isso, tais círculos empregam de modo especialmente equivocado o conceito de símbolo, quando admitem que tudo que supostamente retêm do cristianismo seria por eles entendido em sentido "apenas simbólico" — sem identificar em parte alguma *o que* afinal seria simbolizado com isso.

Mas mesmo deixando de lado esses círculos que não encaram os conteúdos religiosos existentes nem com a coragem da crença, nem com a da descrença, persiste a situação incômoda das pessoas modernas: existem certos conteúdos de crença que carecem de qualquer ponte conectando a afirmação de sua existência à consciência intelectual — ao mesmo tempo em que se vê tais conteúdos sendo afirmados como realidades absolutamente inquestionáveis por espíritos de categoria a mais elevada e da maior capacidade intelectual. Uma pessoa como essa só pode ter o sentimento aterrador de

O problema da situação religiosa

que lhe falta um sentido com o qual os outros detectam algo de real num local onde ele podia jurar que nada há, nem pode haver.

Ameaçado em perder a crença ou na própria razão (e isso não apenas no sentido dos critérios científicos de prova) ou nos grandes homens do passado, resta-lhe a facticidade de um ponto firme: o da necessidade religiosa que sem dúvida existe ou, para dizê-lo de modo mais cauteloso, o da necessidade que fora até então satisfeita pela religiosidade. Pois o iluminismo não passaria de ofuscação, se pretendesse ter destruído com dois séculos de crítica aos conteúdos religiosos um anseio que dominou a humanidade desde a alvorada de sua história, envolvendo desde os mais baixos povos naturais até as alturas mais extremas da cultura. Mas só com isso revela-se toda a problemática da situação na qual, em todo o caso, encontra-se hoje a grande maioria da humanidade portadora de cultura: ela é pressionada pela força renovada dessas necessidades cuja satisfação dependia de meios que até aqui estavam à disposição e eram mesmo os únicos disponíveis, mas que agora são identificados como mera fantasia e sem os quais, portanto, ela é deixada no vazio. Até aqui, a religião sempre sobreviveu às religiões, como uma árvore em relação à queda sempre recorrente de seus frutos. A gravidade extraordinária da situação atual consiste em que se tachou como ilusão não este ou aquele dogma, mas sim a princípio o conteúdo transcendente da crença como tal; o sobrevivente não é mais a forma da transcendência à procura de uma nova via de satisfação, mas sim algo mais profundo e desesperançado: a *necessidade* que era afinal saciada pela transcendência sobreviveu a essa via de satisfação e agora parece premida pela superação fundamental dos conteúdos da crença, como se tivesse sido barrada do caminho rumo à sua própria vida. Também se tornou inviável a saída buscada já no século XVIII, em que, deixando para trás toda individualidade dogmática ou "manifesta", designava-se o supramundano como o mistério que cumpre jamais conhecer com certeza, à volta do qual as nossas hipóteses ou crenças apenas tateariam a uma distância maior ou menor. Com isso, tudo fica basicamente como antes: apenas embrulha-se e lacra-se os verdadeiros conteúdos das representações divinas num pacote, com o qual, em última análise, procede-se do mesmo modo como antes se procedia com as peças individuais. Assim sendo, pode-se empurrar o caráter inaceitável do conteúdo individual para fora do campo de visão, mas não o do conteúdo em geral.

Se nesse caso fecharam-se todas as demais saídas, salvo a da transformação radical da conduta interior, então a virada inaugurada por Kant deve agora alcançar o máximo de claridade: a religião seria uma conduta interior da alma, em oposição à representação imprecisa que a vê como um intermediário ou uma mescla entre esse ser ou fazer ou sentir interiores e uma existência que ultrapassa isso tudo. Pode até ser que haja uma relação entre a alma e a transcendência, mas a religião é em todo o caso a parte dessa relação que se passa do lado da alma. Assim como, segundo a expressão de Kant, as coisas não "circulam no interior da nossa faculdade representativa", assim também Deus não circula dentro do nosso coração. E, da parte da metafísica ou do misticismo, pode até ser que venha a se afirmar o contrário disso, ou seja, o ser-um ou a fusão da alma com Deus — mas caso se espere da religião que tenha algum sentido à parte da especulação, algum sentido prático na acepção mais eminente do termo, então ela nada mais é, senão um ser ou acontecer intrínseco à nossa alma, é a parte que coube a *nós*, e isso não mudaria se Deus realmente residisse em nossa alma. Assim como alguém de natureza erótica talvez possa, no fim das contas, amar um indivíduo, sem com isso deixar de possuir primária e inevitavelmente seu caráter como natureza erótica, sendo esta a princípio ainda discernível daquela manifestação individual — assim também a natureza religiosa está a princípio sintonizada por si mesma com certo padrão, ela desde o começo sente e molda a vida de maneira diferente do que o faz uma natureza irreligiosa, e assim seria mesmo que ela vivesse numa ilha deserta, à qual não chegasse nenhuma palavra ou conceito sobre qualquer divindade. Em nome da simplicidade, tenho aqui em vista, a princípio, apenas essa "natureza religiosa" no sentido decisivo e absoluto do termo. Observada puramente como tal, esta não *tem* a religião somente como uma posse ou uma capacidade, mas sim o seu *ser* é religioso, ela por assim dizer funciona de modo religioso, como o nosso corpo funciona de modo orgânico. Para ela, entendida como determinação de ser, os dogmas não são apenas

O problema da situação religiosa

mero *conteúdo* que é aqui moldado de um jeito, ali de outro; e nem mesmo todas as qualidades singulares e especificáveis de sua alma (tais como: o sentimento de dependência e o contentamento com a esperança, a humildade e a nostalgia, a indiferença em relação ao plano terreno e o regramento da vida) são o que há de radicalmente religioso na pessoa religiosa; tais qualidades são ainda algo derivado de seu ser, algo que ele *tem*, assim como a pessoa artística *tem* fantasia e habilidade técnica, sensibilidade aguçada e poder de estilização, enquanto a substância de seu ser, que é o que o torna artista e cuja unidade não é mais passível de análise, é por assim dizer subjacente a isso tudo. Examinando as concepções convencionais, a religiosidade humana sempre me parece consistir em combinações e modificações de energias "universais", tais como o sentir, o pensar, o desejo da ética ou o dos apetites. Na verdade, porém, a religiosidade é o *ser* fundamental da alma religiosa e é o que primeiramente define o colorido e a função daquelas qualidades universais ou mesmo particulares da alma. É por assim dizer só posteriormente — mesmo que não no sentido temporal do termo — que esse ser religioso elementar diferencia-se em necessidade e satisfação, assim como o ser artístico, que surge com a correlação do impulso à criação com a composição objetiva da obra.

Portanto, com essa decomposição em *necessidade* e *satisfação*, a religiosidade, entendida como índole natural das pessoas religiosas, contrapõe-se à objetividade de um *objeto* religioso. Assim que o ser religioso inerente de um modo atemporal à personalidade entra no estágio psicológico da necessidade, do anseio e do desejo, passa a exigir uma realidade para satisfazê-lo. É aí que têm lugar todas as agências anímicas desde sempre ressaltadas como responsáveis pela criação dos deuses: o medo e a miséria, o amor e a dependência, o anseio pela prosperidade na terra ou pela salvação eterna. Mas é evidente que todo o questionamento sobre as origens só emerge se a composição do ser intrinsecamente religioso já estiver imbuída naquela forma da diferenciação entre necessidade e concessão, de modo a orientar-se a uma realidade ou a um Deus em que acredita e que está à sua frente; para embarcar em ou renunciar a todos aqueles afetos, a religião precisa primeiro fixar-se em *objetos*. Portanto, é só agora que pode surgir a questão da verdade ou falsidade da religião, que era obviamente absurda enquanto se entendia por religião aquela índole básica do ser humano; pois um ser não pode ser verdadeiro ou falso, mas sim apenas a crença numa realidade situada além de quem crê. O fato de que identificamos esse elemento semelhante ao saber presente na profissão da crença em Deus como algo ora excessivo, ora insuficiente — esse fato só evidencia que toda oposição entre um sujeito que acredita e um objeto acreditado não passa de uma análise secundária, de uma expressão que deixou de ser perfeitamente satisfatória para algo mais profundo, para um ser correto em si mesmo, ainda que estranho ao saber. As designações tateantes do misticismo, segundo as quais Deus seria "o puro nada" (em oposição a tudo que é individual e especificável), ou então o "super-ente", também não visam outra coisa, senão escapar daquela questão acerca da realidade de Deus; esta não se encontra mais na camada da qual se originam quer as raízes da religião, quer a religião como raiz última da própria criatura. Mas como o ser humano é uma criatura de necessidades, e como o primeiro passo de seu ser leva-o ao querer ter e, consequentemente, o primeiro passo de sua subjetividade leva-o à objetividade, então o processo religioso de vida, que é essa profunda determinação do ser da pessoa singular, transforma-se prontamente na relação entre um crente e um objeto da crença existente por si só, entre um desejante e um concedente. De resto, contanto que o decisivo seja a *necessidade*, a satisfação desta é a princípio possível de várias maneiras, como em geral ocorre com toda necessidade. Não estaria, pois, de forma alguma descartado que essa satisfação possa ser alcançada por meios distintos dos oferecidos pela religião; mesmo a sensação de fome pode ser satisfeita por outros meios que não a alimentação, mesmo o desejo de calor pode ser satisfeito por outros meios que não a modificação da temperatura externa, e assim por diante. E com efeito já se pretendeu satisfazer as necessidades que aparecem como religiosas, sem negar em nenhum momento sua identidade como tal, por meios morais ou estéticos ou intelectuais — o que de modo algum coincide com sua distração ou supressão. Com essa diferenciação entre necessidade e satisfação, a forma da realidade engloba a própria religiosidade: agora a oração, a magia e o rito transformam-

-se em meios com atuação efetiva. Assim que a pessoa nesse sentido subjetivo contrapõe-se à efetividade objetiva de Deus, começa a se desenrolar toda a "questão da realidade", começa a luta em torno da veracidade ou ilusão, e o ser religioso desmorona no plano que acaba de transpor.

De acordo com a evidência histórica, o resultado dessa transposição, que é inevitável para a humanidade presente, é mesmo a emergência do "Iluminismo". Este conclui o seguinte: ou existe "na realidade" algo metafísico, transcendente ou divino fora do ser humano; ou, caso o espírito científico não admita tal realidade, a crença nela é uma fantasia subjetiva, que precisa ser explicada em termos puramente psicológicos. Comete-se um erro caso essa alternativa seja pensada como refutação da metafísica, daquilo que não se pode deduzir da psicologia; e, se é que deve haver um futuro para a religião, essa alternativa precisa ser superada. Deixo de lado o mal-entendido básico que consiste em assentar a aceitação ou refutação da religião no conceito de verdade em sua acepção científica; mesmo que houvesse uma "verdade" acerca das coisas últimas que fosse permeável à comprovação por tal critério, não é por isso que a religião se tornaria superficial, assim como tampouco a fotografia colorida, mesmo se aperfeiçoada até a reprodução absolutamente precisa da aparência humana, seria capaz de substituir o retrato artístico. Mas aqui nos interessa que aquela alternativa dá espaço a uma terceira opção: talvez essa crença, esse fato dado da alma, seja por si mesmo algo metafísico! — isso no sentido de que aí vive e se expressa um ser, aquele ser religioso, cujo sentido e significado é em tudo independente do conteúdo abarcado ou engendrado pela crença. Ao confrontar-se com uma forma metafísica e divina, que transcende toda individualidade empírica, a pessoa nem sempre e nem apenas projeta suas emoções psicológicas, como o medo e a esperança, o entusiasmo e a necessidade de redenção; nesse ato, ela também projeta aquilo que há de metafísico nela mesma, aquilo que se acha nela mesma, mas além de toda individualidade empírica. Pois, assim como o jogo dos elementos calculáveis do universo é amparado pelo fato, agora irredutível, de que afinal há um universo e um ponto de partida de seu processo, dotado de certas características — assim também toda a mobilidade psicológica, que a princípio produz de modo calculável as criações religiosas particulares, é amparada pelo ser e pelo ser-assim da psique, que vem antes de toda possibilidade de cálculo; o fato de que esse encadeamento psicológico surge, e de que surge como tal, pressupõe um fundamento que não surgiu ele mesmo dentro desse encadeamento. O curso do argumento de Feuerbach desvia-se um pouco antes de chegar a esse ponto. Para ele, Deus nada mais é, senão o ser humano que, na premência de suas necessidades, amplia-se para além de si mesmo até o infinito e busca o socorro de um Deus que surge desse modo. "Religião é antropologia." E, com essa virada, ele acredita desfazer-se da transcendência, pois enxerga no ser humano apenas o fluxo empírico das individualidades anímicas. Mas ele deveria ter concluído o seguinte: o valor metafísico, o que há de supraindividual está, portanto, no próprio ser-religioso do ser humano. É claro que se deve rejeitar a deificação do ser humano, bem como a antropomorfização de Deus, pois em ambos os casos ocorre uma conjunção posterior e forçada de instâncias que, dentro do *seu respectivo* plano, precisam inevitavelmente estar *contra*postas. Mas pode-se a princípio ir além do dualismo entre ambas com base no sentimento de que o seu ser religioso estaria dentro ou seria por assim dizer subjacente à crença da alma (com a qual, ao mesmo tempo, surge o seu objeto), como o absoluto situado além dessa relação, que seria imune à oposição entre sujeito e objeto. Assim como a representação do espaço que temos em nossa consciência não autoriza, digamos, a *conclusão* lógica de que também existiria um universo espacial real fora da consciência; assim como, caso Kant tenha razão, essa mesma representação já contempla tudo a que damos o nome de realidade espacial — assim também a religiosidade subjetiva não *garante*, digamos, a presença de um ser ou valor metafísico fora dela, mas sim é ela mesma e de imediato algo do gênero; ela, como algo efetivo, já denota tudo que é supramundano, profundo, absoluto e sagrado, tudo que parecia ter se perdido nos *objetos* religiosos. Pode-se comparar essa virada com a da ética, que busca o significado moral não no conteúdo isolado do ato, mas sim na "boa vontade"; o "bem" é o caráter fundamental e já irredutível de um processo da vontade e, ainda que ele defina a seleção

O problema da situação religiosa

de seus fins, *estes* não são originariamente "bons", não atribuem tal caráter à vontade que os adota, mas sim, pelo contrário, é essa vontade, como energia formadora espontânea da nossa interioridade, que atribui o valor moral aos conteúdos (estes que, em sua matéria aparente, jamais permitem discernir esse valor, como é sabido). Também o conteúdo religioso jamais permite discernir se seria ou não religioso em si: a representação de Deus pode ter sido gerada e até acreditada com base na mera especulação; os dogmas, com base na mera sugestão; a salvação, no mero impulso à felicidade. Isso tudo se converte em algo em si religioso somente com base naquele ser interior específico que predicamos como religioso, seja como fruto de uma criação ou de uma reformulação. E assim como a "boa vontade" de uma pessoa conserva o seu valor moral com toda sua pureza e magnitude mesmo quando o destino barra toda e qualquer possibilidade de mobilizá-lo para concretizar algum ato visível — assim também o valor religioso da alma conserva-se mesmo quando os elementos intelectuais ou quaisquer outros anulam os conteúdos pelos quais esse valor até então encontrava vazão e que eram dessa forma convertidos em conteúdos religiosos. Com base nisso, pode-se arriscar o seguinte paradoxo a respeito do problema da verdade ou da realidade: quanto mais uma afirmação religiosa for irreal no sentido da afirmação de realidade, tanto mais pura e decidida será sua essência — ou, caso se queira, sua "verdade" — no sentido da afirmação religiosa, expressando assim a interioridade e a espontaneidade anímica; é certo que a distância em relação à verdade teórica não é a *ratio essendi* da verdade religiosa, mas talvez seja sua *ratio cognoscendi*.[42] Seria possível compreender desse mesmo modo também o *credo quia absurdum*.[43] Caso algo possa ser demonstrado como correto no âmbito teórico, pode-se *conhecê-lo*, e em relação a isso a crença é superficial e totalmente imprópria. Em geral, apenas quando o entendimento diz não, é que há espaço para a crença que diz sim, e só aí esta pode executar uma função própria. No tocan-

---

[42] Ou seja, a "razão de ser" e a "razão de conhecer". (N. do T.)

[43] "Creio porque é absurdo". (N. do T.)

te ao "absurdo" dos conteúdos da crença, decerto é preciso considerar que a índole religiosa como tal não forma os seus objetos de maneira imediata, mas sim por meio dos círculos de representações situados além do âmbito religioso, que transmitem todas as suas insuficiências e obscuridades às formas religiosas.

O objetivismo e o logicismo pretendem remeter as dificuldades e o dualismo da vida realmente religiosa a ela mesma, no que são na maior parte das vezes bem-sucedidos, ainda que nem sempre. Basta que uma vida unitária quanto a sua base metafísica e anímica se veja desobrigada de Deus, da circunstância de que ele se opõe a ela, para que queira outra vez retomá-lo, por caminhos e desvios os mais variados. Porém, a oposição não pode e não deve ser restaurada. É assim, portanto, que surge a alternativa do ser-um e do estar-separado, que não se resolve de modo satisfatório nem com uma situação intermediária, nem com a decisão cabal por uma delas. Mas a obrigação da escolha — por mais que, no caso da natureza dualista, possa alcançar suas camadas mais profundas — é muitas vezes apenas de teor lógico-intelectualista, e a vida religiosa por assim dizer não a reconhece na prática. Justamente por isso, ela se prova de modo cabal como *vida*, no sentido de desconsiderar as contradições que sua mobilidade apresenta por toda a parte ao projetar-se no plano da conceituação atemporal.

Entretanto, o ser religioso não é um repousar inerte, uma *qualitas occulta*, um de-uma-vez-por-todas pictórico, como o é a beleza de uma peça natural ou artística; é, ao invés disso, uma forma da vida plena e animada em si, é um dos modos como a vida produz suas vibrações, engendra por si mesma suas expressões individuais e realiza os seus destinos. No trabalho e no desfrute, na esperança e no medo, na alegria e na tristeza: nisso tudo a pessoa religiosa (ou a pessoa que atua religiosamente) tem consigo certo temperamento e ritmo, certa relação do conteúdo individual com o todo da vida, certa repartição do acento entre o que é importante e o que é irrelevante — cuja particularidade destaca-se completamente das mesmas vivências internas das pessoas práticas, artísticas e teóricas. Parece-me que o grande engano das teorias anteriores a respeito da psicologia das religiões consiste em que elas só admitem que a religiosidade começa lá onde tais conteúdos alcan-

O problema da situação religiosa 245

çam uma transcendência substancial, onde formam uma divindade externa à própria religiosidade: nesse caso, a vida e seus conteúdos tornar-se-iam religiosos só a partir do momento em que a
crença na divindade (que seria um resultado, um desdobramento,
uma hipóstase vinda daquela vivência íntima puramente empírica)
atuasse de volta sobre a vida. Ao invés disso, tenho certeza de que,
entre pessoas em geral consideradas como religiosas, os processos
anímicos só podem surgir com o colorido religioso — assim como
os movimentos de uma pessoa graciosa já são como tais graciosos,
já trazem essa qualidade de sua fonte, ao invés de recebê-la somente como um colorido posterior de um conteúdo de movimento em
si descolorido ou de cor diferente. Se reportei a religião à vida, isso não significa que teríamos aí uma vida indiferente, da qual a
religião procederia por assim dizer como acidente; mas sim que,
em meio às cores originais possíveis da vida, encontra-se também
a religiosa. Só uma abstração posterior é capaz de separar dentro
de uma vida religiosa o que é religião do que é vida — uma abstração que na verdade é extraordinariamente favorecida pela eclo-
são de formas particulares com as quais o ser religioso é por assim
dizer destilado da vida e edifica para si um domínio que pertence
a ele somente: o universo da transcendência, o dogmatismo da
igreja, os eventos salvíficos. Na medida em que a religiosidade é
exclusivamente monopolizada por essa cultura depurada, ela consegue descolar-se da vida, bem como trocar sua capacidade de ser
uma forma de vivenciar e organizar *todos* os conteúdos da vida
pela capacidade de ser um de seus conteúdos individuais ao lado
de outros. Por essa razão, o dogma é a única possibilidade de uma
existência de algum modo religiosa para todas as pessoas cujo ser
é frouxamente ou mesmo nada religioso. No caso delas, a religiosidade não define o processo de vida como sua forma imanente;
por isso, elas precisam tê-la diante de si como algo transcendente.
Com isso, a religião torna-se algo localizado na vida deles em termos objetivos e temporais, e quase se poderia dizer que também
em termos espaciais: sua limitação a ir aos domingos à igreja é a
caricatura dessa separação da religiosidade diante da vida. Tudo
isso só pode acontecer porque a religião é um conteúdo da vida, e
não a vida em si, e porque ela, mesmo entre as pessoas verdadei-

ramente religiosas, para quem a religião é realmente "a vida em si", afinal também transformou sua essência como processo, como caráter de ser próprio ao todo da vida, numa substância transcendente, numa realidade a que de algum modo se contrapõe. Com isso, tais pessoas fizeram da religião algo em que uma vida irreligiosa plena também pode tomar parte. Para essas mesmas pessoas, a forma de *todo* pensar e agir, de todo sentir e querer, de toda esperança e desespero continua sendo a religião, e isso não como um simples sobretom que sempre soa acompanhando isso tudo; ela é, ao invés disso, a formação sonora original de todas as harmonias e desarmonias da vida, que soam e ressoam, tensionam-se e relaxam, de modo que não deriva o seu significado metafísico de um objeto a que se dirige, mas sim carrega-o na sua própria existência.

Com isso, realiza-se uma virada de todo fundamental da visão de mundo. Em termos de orientação, a imagem de mundo da cultura europeia era, até a modernidade, completamente objetivista. Por mais variadas e contraditórias entre si que fossem as representações do cosmos, elas sempre pretendiam capturá-lo na sua existência objetiva; a alma de quem representava não aparecia como determinação criadora, como fundamento da modificação dessa imagem na consciência. Essa inversão se deu apenas nos últimos séculos, até alcançar o seu ápice no idealismo, para o qual o mundo passou a ser "minha representação", de modo que todo o pensável foi envolvido pela subjetividade do Eu. Mas isso resultou numa certa insatisfação e desenraizamento, levando a toda sorte possível de discórdias, acordos ou mesclas mais ou menos nebulosas com o princípio objetivista ainda existente. E aqui surge, não como algo incompleto e superficial, mas sim como unidade da visão de mundo, a tendência em objetivar o próprio sujeito — tendência essa em que já se move a vida espiritual de Goethe.[44] O "como" do universo pode ser completamente definido pela estrutura de um sujeito — sendo esse o caso, ou melhor, para que esse seja o caso, é preciso que isso esteja ancorado na base metafísica do cosmos, que o próprio representar seja um ser que traz consigo

---

[44] Desenvolvi este ponto em meu livro: *Goethe*, 1917 (2ª ed.). (N. do A.)

O problema da situação religiosa

sua objetividade, não tendo de derivá-la como um reflexo de algo externo a si. Eis o aspecto a ser aqui granjeado também para a vida religiosa. Mesmo que os seus conteúdos tenham que renunciar a ser contra-imagens para revestir realidades transcendentes, o decisivo é que essa vida aí está e é vivida de modo a mover tais conteúdos por si mesma; é que ela, longe de ser necessariamente composta por um complexo de dogmas, sabe que é uma totalidade real, cuja unidade está agora dada no seu ser-religioso.

Pode-se distinguir duas formas básicas de religiosidade, nenhuma das quais, é verdade, manifesta-se numa pureza absoluta; mas a preponderância de *uma* delas sempre confere à mistura de ambas um caráter categoricamente distinto. De um lado, está a *objetividade* do fato religioso ou eclesiástico: um universo da transcendência, concluído com autossuficiência e de valor absolutamente intrínseco, a que o indivíduo só pode aspirar, e no qual pode de algum modo ser envolvido ou agraciado. No outro polo dessa série, a religião é exclusivamente um estado ou um processo na interioridade do sujeito individual, mesmo que o apelo ou a justificação para tal sejam derivados da convicção a respeito daquelas realidades metafísicas. Trata-se aqui de conceber e avaliar como um fato objetivo essa religiosidade que emerge e persiste no sujeito, de reconhecê-la conforme a sua posição no universo metafísico. Para certo estilo de representação bem disseminado, mas quase nunca expresso com clareza, o que passa e o que fica no sujeito não seria em absoluto um fato em sentido objetivo, mas sim um verdadeiro nada, uma brisa que se dissipa: nega-se inclusive que a objetividade contida no próprio sujeito seja algo realmente objetivo, na medida em que não há para ela uma imagem correspondente na objetividade externa (esta que, por evidente, não seria necessariamente espacial). Mas com isso obviamente exclui-se a subjetividade do domínio da dignidade objetiva por um motivo totalmente superficial. Pois só seria possível conceber o *conteúdo* do pensamento subjetivo como um nada, como *flatus vocis*,[45] na

---

[45] Ou seja, um nome vazio, algo que se diz, mas que não corresponde a nenhum referente real. (N. do T.)

medida em que tal conteúdo proponha-se a corresponder a uma realidade exterior, sem, contudo, atingi-la. Porém, o fato de *que* esse conteúdo foi pensado, o processo que sustenta isso — não importando aqui como isso se relaciona com seu conteúdo — é uma facticidade objetiva que não diz respeito àquela miragem do conteúdo visto em si mesmo. Não vejo nenhuma razão para atribuir o valor da objetividade apenas a essa religiosidade que possui algum objeto externo; pois a religiosidade que existe sem sujeitar-se a essa condição faz parte da ordem cósmica ou metafísica no mesmo sentido em que o faz a existência do céu divino.

Vejamos novamente, agora dessa perspectiva, o problema fundamental interrogado nestas páginas: como, afinal, seria possível atribuir um sentido e uma satisfação às necessidades desencadeadas pelos valores religiosos, se agora nenhum dos conteúdos individuais é capaz de prestar o serviço que até aqui as satisfazia? Diante disso, desponta agora a possibilidade de que a religião, com base na sua substancialidade, na sua ligação a um conteúdo transcendente, recomponha-se ou edifique-se para se tornar uma função, uma forma interna da própria vida e de todos os *seus* conteúdos. Toda a questão é: será que pessoa religiosa leva a vida com essa consagração e tensão, com essa paz e profundidade, com essa alegria e luta? — será que é capaz de sentir essa vida como um *valor tão absoluto* em si mesmo, a ponto de tornar-se capaz de colocá-la no lugar do conteúdo transcendente da religião, operando uma espécie de rotação axial? Há uma diferença essencial entre isso e a formulação bem à mão de Schleiermacher, segundo a qual não se deveria fazer nada a partir da religião, mas tudo com religião. Se todos os conteúdos da vida devem ser preenchidos "com religião", a própria religião permanece como algo situado fora deles, algo que estaria apenas ligado (mesmo que inextrincavelmente) a todo sentir, agir e pensar, ao passo que isso tudo poderia a princípio, sem alterar-se no seu decurso imanente, continuar existindo sem ela. Assim como, porém, uma pessoa racionalista não apenas acompanha o seu sentir e querer "com" ponderações intelectuais, mas, ao invés disso, é a intelectualidade que, como uma função que se aplica a tudo, define desde o começo o modo de seus eventos anímicos, assim também o problema da situação religiosa

O problema da situação religiosa

estaria resolvido, caso as pessoas vivessem uma vida religiosa, i.e., uma vida que não se consuma "com religião", mas sim cuja consumação é em si religiosa — e isso a despeito do que se consumaria "a partir" da religião, ou seja, somente por referência a um objeto que estaria situado fora dela; pois, por mais que isso também seja o produto de processos religiosos internos, ainda assim está como tal sujeito à crítica, ao passo que (como já mencionei) um ser desde o começo religioso não pode ser criticado, da mesma forma como o ser em geral é imune ao questionamento crítico, ao contrário das representações da crença e do conhecimento a respeito desse ser. E eis todo o problema fatídico do homem religioso: se os objetos do anseio religioso (não apenas os históricos, mas sim os "objetos" em geral) não são mais capazes de responder a esse anseio nem pela reação, nem pela modernização — é ainda por cima possível que a composição religiosa de seu ser integral esteja fadada a não lhe proporcionar o sentimento de que o sentido de sua vida foi no fundo alcançado. — Uma rejeição como essa de todo dogma (e aqui "rejeição" não tem o sentido de uma hostilidade) não tem nada a ver com o "liberalismo" religioso, pois este ainda vincula certos conteúdos à essência religiosa, sem permitir que haja nada entre eles, a não ser a livre escolha pessoal. Tal liberalismo caracterizou-se de modo cabal quando Locke, mesmo após incorporar ao seu projeto constitucional para um Estado americano a igualdade incondicional de direitos de todas as confissões religiosas possíveis, negou aos ateístas os direitos civis.

O que se opõe a que o desenvolvimento religioso possa tomar uma direção como essa é a dificuldade de que ele só parece acessível à natureza especificamente religiosa. Mas para esta, justamente, aquela problemática não envolve uma ameaça grave. Ela pode passar pela dúvida, pelo anseio inquietante, pela tentação, pela descrença; mas lá no fundo sente-se segura do que importa, pois isso para ela significa apenas estar segura de si. Tal natureza encontra na sua consciência de si uma profundidade do ser que é tão transcendente que já não precisa em absoluto dar a isso o nome de Deus; eis, enfim, a razão de muitos dentre os místicos religiosos mais eminentes mostrarem uma curiosa indiferença diante do conteúdo da crença. Como, porém, a natureza religiosa pode apegar-

-se com um fervor extremo a um desses conteúdos, nesse caso a negação crítica de sua "verdade", caso se mostre inescapável, tem como resultado ou sua substituição por outro conteúdo, ou então dá lugar quer ao desespero, quer a um fanatismo iconoclasta de caráter incrédulo e combativo — sendo que nesses dois últimos casos, a religiosidade ganha vazão com a mesma energia de antes, só que com o sinal negativo. A natureza religiosa jamais é deixada no vazio, pois possui dentro de si a plenitude. Não é ela — sobre isso, não tenho a menor dúvida — que é atingida pela miséria religiosa do nosso tempo, mas sim a pessoa dotada de certos elementos religiosos, a pessoa que *precisa* da religião pois o seu ser não a possui, a pessoa em que a religião preenche uma fissura excruciante na existência, aquela a quem Goethe se referia, ao dizer: ela *"tem* religião". Que justamente as pessoas não religiosas dependam do modo mais premente da religião no sentido histórico da crença numa realidade transcendente — isso perde o ar de paradoxo, graças à analogia com o fato de que a alma plena e instintivamente moral prescinde de qualquer formulação da lei moral como um imperativo oposto a ela. É só para os corruptíveis, impuros, hesitantes ou degenerados que a consciência moral, que de algum modo lhes compete, é destacada e converte-se em dever, ao passo que, para a pessoa perfeitamente moral, essa mesma consciência já é seu próprio ser, inseparável dela mesma. Ou seja, para usarmos a costumeira fórmula religiosa: quem não tem Deus dentro de si, precisa tê-lo fora de si. As pessoas intensamente religiosas dos credos históricos tinham-no tanto dentro como fora de si. No caso de personalidades geniais e criadoras como essas, a religiosidade interior era tão poderosa e abrangente, que não se satisfazia nem mesmo ao configurar a vida como um todo, de modo que essa forma de sua vida extrapolava todos os conteúdos possíveis rumo a uma supervida; e, por ser incapaz de suportar sozinho sua plenitude e fervor, o ser religioso atirava-se rumo ao infinito, apenas para em seguida ser por este rejeitado: ele não imaginava que podia ficar em dívida com toda a amplitude e profundidade, toda a consagração e desespero que trazia consigo mesmo. Eis afinal os dois tipos presentes na gênese religiosa: a miséria, de que parte a criatura que se põe no caminho de Deus, a escassez da vida, que busca a plenitude, a liberdade, o infinito — e a extravagância, o excesso da vida, que requer um objeto em que se derrama e do qual recebe sua forma, que oscila na enorme amplitude de seu sentimento e criatividade, para em seguida reconhecer a si mesma no intervalo entre ambos; que precisa delimitar a sua infinitude amorfa localizando-a entre uma fonte de que provém e um oceano em que flutua, e sente a fonte e o mar como unidade. Talvez ocorra que, em todo fenômeno religioso pleno, as duas origens em alguma medida atuem em conjunto, de modo que, assim como Platão disse que Eros seria o filho da pobreza com a riqueza, assim também a religião teria a mesma ascendência.

Mas a religião da grande maioria das pessoas não deve de modo algum ser buscada nessas camadas mais profundas. Estas simplesmente descobrem a divindade, que a elas se opõe como uma realidade objetiva e que, na maior parte dos casos, aciona as energias religiosas que estavam latentes ou semidespertas, tornando-as reais e eficazes. Caso a crítica privasse aquela minoria de seu Deus, esses poucos ainda conservariam consigo não apenas a fonte de que ele se originara, como ainda o valor metafísico que ele representava; mas para a maior parte das pessoas, quando ele se perde, perde-se tudo, pois a massa precisa da "objetividade" num sentido totalmente diferente ao do indivíduo intensivo e criativo. O enorme ponto de interrogação da situação atual e do seu futuro está aqui colocado: será que a religiosidade dos *tipos médios* conseguirá consumar a virada que deixa para trás a substância do céu divino e dos "fatos" transcendentes; a virada rumo à configuração religiosa da própria vida; a virada com a qual todo o anseio e devoção, toda graça e condenação, toda justiça e toda misericórdia além deste mundo não se encontrariam mais, por assim dizer, na dimensão superior além da vida, mas sim na dimensão profunda imanente a ela? Eis uma das dificuldades próprias a um desenvolvimento de amplitude e profundidade cada vez mais abrangentes, que diz respeito não apenas à vida religiosa, mas também à vida interiorizada em geral: esse conceito das religiões dogmáticas assumiu o monopólio e, graças a esse carimbo e encargo históricos, elas já não servem mais como a autoconsciência ou expressão dessas experiências internas por assim dizer puras e universalmente humanas. De que, entretanto, valeriam todos os esforços em encapsular os valores religiosos permanentemente nas realidades da crença história e conservá-los dessa maneira? Há quem tente seguir o caminho do moralismo kantiano, insistindo em obter, a partir da postura irredutível da exigência ética, a certeza (de natureza bem outra) do universo da crença religiosa; há quem tente seguir o caminho do misticismo, que arrasta os objetos religiosos para uma penumbra que turva os seus contornos a ponto de inviabilizar a comprovação do seu não-ser, o que é no instante seguinte considerado como comprovação de seu ser; há quem se valha dos meios do catolicismo, que insere a sua organização colossal entre o indivíduo e os eventos salvíficos, de modo que estes partilham da firme realidade daquela, a única que os tornaria acessíveis, e de modo a eximir o indivíduo da responsabilidade em aceitar a realidade desses eventos. Mas o caminho do espírito parece mesmo ser que ele eventualmente deixará para trás todos esses meios e mediações, confrontando os conteúdos da crença com a dura e intransigente questão quanto ao seu ser ou não-ser. Não deve haver dúvida a respeito de como soará a resposta da perspectiva das religiões históricas, e mesmo da perspectiva de todas as demais religiões que igualmente se baseiem no princípio de um fato transcendente de Deus como algo que se contrapõe a este mundo. Como, porém, também não há dúvida de que as energias que edificaram aquelas criações não sumiram com o perecimento destas, então o destino da religião parece tender para a virada radical que poderia proporcionar a tais energias uma forma de atividade e em certo sentido de valorização que já não se reduziria a criar constructos transcendentes e se relacionar com eles — e que talvez restitua o valor metafísico ao ser religioso da alma, que se desfizera daquelas criações e mesmo assim seguiu vivendo em meio a elas como a *sua* própria vida.

O problema da situação religiosa

VII.

Para a filosofia da cultura

O conceito e a tragédia da cultura

O ser humano não se acomoda à realidade natural do mundo sem questioná-la, como o faz o animal, mas sim descola-se dela, contrapõe-se a ela, exigindo, brigando, violando e sendo violado — e com esse primeiro grande dualismo, assoma o processo infinito entre sujeito e objeto. Esse processo chega à sua segunda instância dentro do próprio espírito. O espírito produz inúmeras criações, que seguem existindo com uma autonomia peculiar, independente tanto da alma que as criou como de qualquer outra que possa adotá-las ou rejeitá-las. É assim que o sujeito encara tanto a arte como o direito, tanto a religião como a técnica, tanto a ciência como a moral — e não apenas no sentido de que é ora atraído, ora repelido pelo conteúdo dessas criações, de que às vezes funde-se nelas como se fossem uma parte do Eu, e outras vezes permanece alheio e intocado por elas; ele é, antes disso tudo, a forma da estabilidade, daquilo que está consolidado, da existência permanente, com a qual o espírito, tornando-se assim objetivo, contrapõe-se à vitalidade corrente, à responsabilidade interior, às tensões instáveis da alma subjetiva; trata-se aí do espírito atado ao espírito no mais íntimo dos laços, mas que por isso mesmo vivencia as inúmeras tragédias que acompanham esta contradição formal profunda: a contradição entre a vida subjetiva, que é incansável mas temporalmente finita, e os seus conteúdos, que, uma vez criados, imobilizam-se, mas adquirem validade atemporal.

A ideia da cultura reside no meio desse dualismo. Ela se baseia em um fato interior que só podemos expressar na sua totalidade de uma maneira metafórica e algo confusa: como o caminho da alma para si mesma; pois nenhuma alma é somente o que é neste ou naquele momento, mas sim algo mais, ou seja, de algum modo existe nela, como algo prefigurado ou irreal, uma versão superior e mais plena dela mesma. Não se tem aqui em mente um ideal nomeável, fixado nalgum lugar do universo espiritual; mas sim a liberação de suas próprias energias latentes, o desenvolvimento de seu germe mais próprio, governado por uma pulsão formal vinda de dentro. Assim como a vida (e ainda mais sua intensificação no âmbito da consciência) traz consigo o seu passado numa forma mais imediata do que é capaz qualquer porção de algo inorgânico, e assim como esse passado segue vivendo na consciência conforme o seu conteúdo original e não apenas como causa mecânica de alterações subsequentes — ela também engloba o seu futuro de um tal modo que não encontra nenhuma analogia na coisa inanimada. Em cada momento da existência de um organismo capaz de crescer e se reproduzir, a forma posterior está presente com uma tal necessidade e prefiguração interna que é simplesmente incomparável àquela da mola tensionada, que já contém sua distensão. Enquanto tudo que é inanimado possui apenas, por excelência, o momento presente, o que vive estende-se de maneira incomparável pelo passado e pelo futuro. As mobilidades anímicas de todos os tipos, como a vontade, o dever, a vocação profissional e a expectativa — todas elas são prolongamentos espirituais da determinação fundamental da vida: conter o seu futuro no seu presente, numa forma particular, existente apenas junto ao processo vital. E isso diz respeito não apenas aos desenvolvimentos e aperfeiçoamentos individuais; trata-se, antes, de que a personalidade como um todo unitário traz consigo uma imagem como que tracejada com linhas invisíveis, cuja realização seria não sua possibilidade, mas sim sua efetividade plena. Portanto, por mais que a gestação e a validação das energias anímicas também possa realizar-se nas tarefas e interesses individuais, que são por assim dizer provincianos, ainda assim há na base disso, ou então acima disso, a exigência de que a totalidade anímica como tal cumpra uma promessa incluída nela mesma, e com isso todas as formações individuais aparecem apenas como uma multiplicidade de caminhos pelos quais a alma chega a si mesma. Eis, caso se queira, um dos pressupostos metafísicos da nossa natureza prática e sentimental (por mais que essa expressão simbólica possa distar do comportamento real): a unidade da alma não é simplesmente um laço formal, que envolve o desdobramento de suas forças individuais sempre da mesma maneira; antes, o desenvolvimento da alma como um todo é sustentado por essas forças individuais e também intrinsecamente precedido pela meta destinada a uma formação, em relação à qual todas aquelas capacidades e aperfeiçoamentos individuais aparecem como meios. E aqui se revela a primeira definição do conceito de cultura, que provisoriamente apenas segue o sentimento idiomático. Nós ainda não somos cultivados, quando desenvolvemos dentro de nós este ou aquele saber ou potencial individuais, mas apenas quando isso tudo serve ao desenvolvimento daquela centralidade anímica, que, embora dependa dessas coisas, não coincide com elas. Nossos esforços conscientes e passíveis de especificação com efeito aplicam-se aos interesses e potências particulares, e por isso o desenvolvimento de toda pessoa aparece, quando o consideramos pelo seu aspecto denominável, como um feixe de linhas de crescimento que se estendem em direções bem diversas e atingem comprimentos bem diversos. Mas o ser humano recorre a elas para cultivar a si mesmo não conforme seus aperfeiçoamentos singulares, mas sim pelo significado que têm para ou como o desenvolvimento da unidade pessoal, que já não admite definição. Ou, expresso de outro modo: cultura é o caminho que vai da unidade fechada, passa pela multiplicidade desdobrada e chega à unidade desdobrada. Em todo o caso, o que está em jogo precisa ser um desenvolvimento rumo a uma aparência inerente às energias embrionárias da personalidade, ou seja, rumo a uma aparência que está como que esboçada nela mesma como se fosse o seu plano ideal. Também aqui a linguagem corrente fornece um guia seguro. Dizemos que um fruto do pomar é cultivado quando ele é derivado do trabalho investido pelo jardineiro sobre um fruto silvestre rústico e intragável; ou ainda: nesse caso, a árvore selvagem foi cultivada para tornar-se uma árvore de um pomar. Em compensação, caso porventura se confeccione o mastro de um veleiro a partir da mesma árvore, e isso de modo a investir nela pelo menos o mesmo tanto de trabalho propositivo — então de modo algum diríamos que o tronco foi cultivado para tornar-se um mastro. Essa nuance linguística obviamente sugere que o fruto, por

O conceito e a tragédia da cultura

mais que não vingasse sem o esforço humano, deriva afinal das próprias forças que movem a árvore e apenas realiza a possibilidade prefigurada nos seus rudimentos — ao passo que a forma do mastro é acrescentada ao tronco com base em um sistema de fins que lhe é completamente estranho e que não está de modo algum prefigurado nas suas próprias tendências essenciais. É exatamente nesse sentido que todos os conhecimentos, virtuosidades e refinamentos de uma pessoa ainda não nos bastam para que a reconheçamos como alguém realmente cultivado, quando isso tudo atua, por assim dizer, apenas como acréscimos que chegam à sua personalidade vindos de um domínio de valor situado fora dela e em última análise fadado a se manter fora dela. Nesses casos, o ser humano realmente tem coisas cultivadas, mas não é cultivado; ele passa a ser cultivado apenas quando os conteúdos absorvidos de um meio suprapessoal parecem fazer desabrochar na alma, como que por uma harmonia predeterminada, apenas aquilo que há nela mesma como sua pulsão mais própria e como predefinição interior de sua plenitude subjetiva.

E aqui finalmente emerge a condicionalidade da cultura, que é a solução que ela apresenta para resolver a equação entre sujeito e objeto. Recusamos o conceito de cultura, caso a perfeição não seja sentida como o desdobramento próprio do centro anímico; mas ele tampouco se aplica caso ela apareça como esse desdobramento e nada mais, prescindindo de todo meio e de todas as estações objetivas fora dela. Na verdade, inúmeros movimentos levam a alma a si mesma, como o exige o referido ideal, ou seja: levam-na à realização do ser pleno e mais próprio predestinado a ela, mesmo que este a princípio exista apenas como possibilidade. Entretanto, assim que, ou na medida em que a alma o alcança por si mesma apenas — como nos arroubos religiosos, no sacrifício ético, na intelectualidade dominante, na harmonia da vida integral —, ela pode prescindir da propriedade específica da cultivação. Não só no sentido de que, com isso, pode ser que lhe falte completa ou relativamente essa superficialidade que a linguagem corrente desqualifica como mera civilização. Isso não faria a mínima diferença. Mas a cultivação no seu sentido mais puro e profundo inexiste quando a alma trilha com as suas próprias forças, pessoais e subjetivas, aquele caminho de si para si, da possibilidade do nosso Eu mais verdadeiro para a sua respectiva efetividade — por mais que talvez, de uma perspectiva mais elevada, tais perfeições sejam justamente as mais valiosas; nesse caso, apenas se provaria que a cultura não é o único valor definitivo da alma. Entretanto, o seu sentido específico só é realizado quando o ser humano inclui naquele desenvolvimento algo que está fora dele, quando o caminho da alma passa por valores e encadeamentos que não são anímicos e subjetivos em si. Aquelas criações objetivamente espirituais de que falei no começo — ou seja: a arte e a moral, a ciência e os objetos formados com uma finalidade, a religião e o direito, a técnica e as normas sociais — são estações pelas quais o sujeito precisa passar para conquistar o valor intrínseco específico que denomina a sua cultura. Ele precisa envolver *essas* estações em si, mas também precisa envolver *em si* essas estações, se é para fazer com que elas deixem de existir apenas como valores objetivos. Eis o paradoxo da cultura: a vida subjetiva, que sentimos na sua corrente contínua e que se vale de suas próprias forças para alcançar seu aperfeiçoamento interno, não pode em absoluto, quando a consideramos pela ideia da cultura, atingir esse aperfeiçoamento sozinha, mas apenas passando por aquelas criações cristalizadas em um isolamento autossuficiente, agora convertidas em algo cuja forma é completamente estranha em relação a ela. A cultura surge — e isso é o mais essencial para a sua compreensão — na medida em que convergem esses dois elementos, nenhum dos quais a contém por si só: a alma subjetiva e a produção objetiva do espírito.

Aqui radica o significado metafísico dessa criação histórica. De um modo geral, há certas atividades decisivas da natureza humana que formam pontes intermináveis, ou então que se quebram assim que terminadas, entre o sujeito e o objeto: o conhecer, acima de tudo o trabalho, e também, em alguns dos seus significados, a arte e a religião. O espírito é sempre confrontado com um ser a que o impele tanto a obrigação como a espontaneidade de sua natureza; mas ele permanece sempre enredado no movimento contido em si mesmo, num círculo que apenas resvala no ser, e a cada instante em que tensiona, desviando-se da tangente da sua trajetória, penetrar no ser, a imanência da sua lei volta a tragá-lo na sua rotação fechada em si mesma. Na formulação dos conceitos de sujeito e objeto como correlatos, na qual cada um deles encontra o seu sentido apenas no outro, já repousa o anseio e a antecipação de uma superação desse dualismo rígido e derradeiro. Ora, as atividades que mencionei transpõem esse dualismo para atmosferas específicas, em que o estranhamento radical de seus aspectos é reduzido e admite certas fusões. Porém, já que estas só podem ocorrer com as modificações criadas como que por meio das condições atmosféricas de determinadas províncias, não são capazes de eliminar o estranhamento das partes pela sua raiz mais profunda, de modo que não deixam de ser tentativas finitas para solucionar uma tarefa infinita. Mas a nossa relação com aqueles objetos junto aos quais ou com o envolvimento dos quais nós nos cultivamos é distinta, posto que eles mesmos, afinal, já são espírito objetivado naquelas formas éticas e intelectuais, sociais e estéticas, religiosas e técnicas; o dualismo com o qual o sujeito aferrado aos próprios limites é confrontado com o objeto existente em si passa por uma formação inigualável quando as duas partes são espírito. Assim, para vivenciar a relação com o objeto pela qual o seu cultivo se consuma, o espírito objetivo precisa com efeito abandonar a sua subjetividade, mas não a sua espiritualidade. Essa é a única maneira pela qual a forma dualista da existência, que se estabelece de imediato com a permanência do sujeito, organiza-se rumo a uma referencialidade intrinsicamente unitária. Ocorre aqui um objetificar-se do sujeito e um subjetificar-se de algo objetivo, e é nisso que consiste a especificidade do processo da cultura e em que se revela sua forma metafísica, na medida em que esta deixa para trás os seus conteúdos individuais. Sua compreensão mais profunda exige, portanto, uma análise mais detalhada daquela objetificação do espírito.

No início destas páginas, tratei do estranhamento ou hostilidade existente entre o processo vital e criativo da alma, de um lado, e os seus conteúdos e produtos, de outro. Contrastando com a vida da alma que em algum sentido cria, com essa vida vibrante, incansável e que se desdobra rumo ao infinito, está o seu produto estável e idealmente inalterável, que tem o insólito efeito retroativo de imobilizar aquela vitalidade, e mesmo de empederni-la; muitas vezes, é como se a mobilidade produtora da alma morresse por causa do próprio produto. Aí está uma forma elementar do nosso sofrer por causa do próprio passado, do próprio dogma, das próprias fantasias. Essa discrepância existente, por assim dizer, entre o estado físico da vida interior e os seus conteúdos, é até certo ponto racionalizada e sentida de modo menos agudo na medida em que o ser humano, por meio da sua criação teórica ou prática, encara e contempla aqueles produtos ou conteúdos anímicos tratando-os como um cosmos em certo sentido autônomo do espírito objetivado. A obra externa ou imaterial em que a alma se condensa é sentida como um valor de tipo especial; por mais que a vida, ao fluir obra adentro, ou proceda para um beco sem saída, ou avance com sua torrente (que então deixa onde está a criação que expeliu de si), a riqueza especificamente humana está, justamente, no fato de que os produtos da vida objetiva pertençam também a uma ordem imperecível e objetiva de valores, seja ela lógica ou moral, religiosa ou artística, técnica ou jurídica. Já que se revelam como suportes para esses valores, como membros desses encadeamentos, tais produtos não só são despojados, graças ao enlace e sistematização recíprocos, do isolamento com o qual se estranhavam com o ritmo do processo vital, como também, com isso, esse mesmo processo acaba adquirindo uma significação que não teria como obter em meio à correria incessante do seu mero decurso. Incide sobre as objetivações do espírito um acento valorativo que, apesar de originar-se na consciência subjetiva, é ainda assim mobilizado por essa consciência tendo em vista algo que está situado além dela. Neste contexto, não é de forma alguma necessário que o valor seja sempre positivo, no sentido do bem; antes, o mero fato formal de que o sujeito apresentou algo objetivo, de que sua vida extravasou e ganhou corpo — esse mero fato é sentido como algo significativo, pois é então, e só então, que a autonomia do objeto assim formado pelo espírito é capaz de resolver a tensão elementar entre o processo e o conteúdo da consciência. Pois, assim como as representações espaciais da natureza atenuam o incômodo que se instala no interior do processo fluido da consciência tão logo esse processo se coagula como algo de forma perfeitamente consolidada, de modo a legitimar essa estabilidade na sua

O conceito e a tragédia da cultura

relação com um universo objetivamente exterior — assim também a objetividade do universo espiritual presta o serviço correspondente. Nós sentimos toda a vitalidade do nosso pensamento pulsando na inalterabilidade das normas lógicas, toda a espontaneidade do nosso agir no vínculo moral — e todo o decurso da nossa consciência está carregado de conhecimentos, tradições e impressões de um entorno de algum modo formado pelo espírito; a solidez e a insolubilidade como que química disso tudo revela um dualismo que é problemático diante do ritmo inquieto do processo da alma subjetiva, no qual, porém, produz afinal a si mesmo como representação, como conteúdo da alma subjetiva. Entretanto, ao pertencer a um universo ideal acima da consciência individual, essa contrariedade adquire uma razão e um direito de ser. É certo que, para o sentido cultural do objeto, que em última análise é o que aqui interessa, o decisivo é que estejam nele concentradas a vontade e a inteligência, a individualidade e o temperamento, as forças e a disposição das almas individuais (e também da coletividade das mesmas). Mas o importante é que, assim que isso ocorre, ocorre também que aquelas significações anímicas chegam a um ponto final a que se destinavam. Na felicidade do criador diante da sua obra, não importa se grande ou pequena, é provável que haja, além da descarga das tensões internas, da comprovação da força subjetiva, da gratificação pela exigência cumprida, também uma satisfação por assim dizer objetiva diante do fato de que agora essa obra aí está, de que o cosmos das coisas de certa forma cheias de valor está agora enriquecido com mais essa peça. Aliás, talvez não haja um prazer pessoal mais sublime diante da própria obra, do que quando a sentimos com sua impessoalidade e seu desprendimento em relação a tudo o que temos de subjetivo. E, assim como as objetificações do espírito são valiosas para além dos processos de vida subjetivos que nelas incidem como suas causas, assim também o são para além de todos os demais processos que passam a desencadear como suas consequências. Por mais que desejemos considerar as organizações da sociedade e a formação técnica dos bens naturais, a obra de arte e o conhecimento científico da verdade, os costumes e a moralidade atendo-nos acima de tudo à sua repercussão para a vida e para o desenvolvido anímico

— apesar disso, isso muitas vezes (e talvez sempre) implica um reconhecimento de que tais criações afinal aí estão, de que o universo também envolve essa composição espiritual; eis uma das diretivas inerentes aos nossos processos valorativos, que se detém assim que se atinge a existência própria de uma objetividade do espírito, sem questionar pelas suas consequências anímicas, situadas além do estado definitivo da própria coisa em questão. Ao lado de toda fruição subjetiva com a qual, por assim dizer, assimilamos uma obra de arte (por exemplo), também reconhecemos como um valor de tipo especial o fato de que ela afinal aí está, de que o espírito criou esse recipiente para si. Assim como há pelo menos uma linha em meio à vontade artística que desemboca na existência própria da obra de arte, implicando uma valoração por excelência objetiva à trama da autofruição da força criadora que extravasa sua vida, assim também há uma linha que corre na mesma direção em meio à atitude do receptor. E aliás com uma diferença nítida diante dos valores que revestem o dado objetivo puro, a objetividade *natural*. Pois justamente o mar e as flores, os Alpes e o céu estrelado — isso tudo só possui algo a que pode chamar de valor em seus reflexos nas almas subjetivas. Pois, se deixarmos de lado os antropomorfismos místicos e fantásticos da natureza, ela se mostra mesmo como um todo continuamente coeso, cuja regularidade indiferente não concede a parte nenhuma qualquer acento fundamentado na sua subsistência como coisa, e aliás não concede sequer uma existência objetivamente delimitada em relação a outras. Só as nossas categorias humanas desmembram-na em porções individuais, às quais associamos certas reações estéticas, sublimes ou de significado simbólico: a ideia de que a beleza natural é "feliz em si mesma" só é legítima como ficção poética; para a consciência que almeja a objetividade, não há outra felicidade associada a tal beleza, senão a que esta desencadeia dentro de nós. Assim, se de um lado a produção das potências por excelência objetivas só pode ser valiosa para o sujeito, de outro, a produção das potências subjetivas é objetivamente valiosa para nós. As criações materiais e imateriais em que estão investidos a vontade e o potencial, o saber e o sentir humanos — elas são esse estar-aí objetivo que também sentimos como relevância e enriquecimento da exis-

O conceito e a tragédia da cultura 265

tência, assim que abstraímos totalmente do seu ser contemplado, utilizado ou desfrutado. Pode ser que o valor e o significado, o sentido e a importância engendrem-se exclusivamente na alma humana: embora isso se verifique o tempo todo em relação à *natureza* dada, não é obstáculo para o valor objetivo daquelas criações em que já *estão* investidos as formas e valores da alma que cria e que forma. Um nascer do sol que não é visto por nenhum olho humano não torna em absoluto o mundo mais valioso ou sublime, porque sua facticidade objetiva não dá nenhum espaço para tais categorias; mas, assim que um pintor acrescenta a uma imagem desse nascer do sol o seu ânimo, o seu sentido formal e cromático, as suas capacidades expressivas, passamos a considerar essa obra (e aqui deixo em aberto a questão acerca da categoria metafísica em que isso se baseia) como um enriquecimento, como um incremento do valor da existência em geral; num certo sentido, o universo nos parece mais digno de sua existência, parece estar mais próximo do seu sentido quando a fonte de todo valor, a alma humana, já derramou-se num desses fatos que igualmente pertencem ao universo objetivo — o que, nesse significado peculiar, não depende de que alguma alma retorne depois para resgatar esse valor instaurado por mágica e então dissolvê-lo no fluxo de sua sensibilidade subjetiva. O nascer do sol na natureza e a pintura estão aí ambos como realidades, mas o primeiro só encontra o seu valor em meio à vida que segue no sujeito psicológico, ao passo que, diante da segunda — em que essa vida já se derramou, formando-a como um objeto —, a nossa sensibilidade valorativa se detém como se estivesse diante de um *definitivum* que dispensa toda subjetivação.

Se for para explanar esses elementos como polaridades partidárias, teríamos num dos lados dessa polaridade a avaliação exclusiva da vida subjetivamente móvel, a partir da qual se produz todo sentido, valor e significado, e na qual, de resto, tudo isso repousa. Mas o outro lado também permitiria compreender a acentuação radical do valor tornado objetivo. Este, é claro, não se limitaria à produção original de obras de arte e religiões, técnicas e conhecimentos; porém, o que quer que uma pessoa faça, precisa contribuir para o cosmos ideal, histórico e materializado do espírito, para que seja considerado valioso. Isso é algo que deriva não da imediaticidade subjetiva do nosso ser e agir, mas sim do seu conteúdo regulado e ordenado de maneira objetiva, de modo que, em última análise, apenas tais regulações e ordenações conteriam a substância do valor, a ser transmitida para o acontecer pessoal passageiro. Até mesmo a autonomia da vontade moral segundo Kant não envolveria na sua facticidade psicológica nenhum valor próprio a essa vontade, estando o valor, ao invés disso, vinculado à realização de uma forma existente numa idealidade objetiva. Mesmo a atitude e a personalidade adquirem o seu significado, para o bem ou para o mal, com o seu pertencimento a um império do suprapessoal. Já que as avaliações tanto do espírito subjetivo como do objetivo contrapõem-se uma à outra, a cultura chega à sua unidade passando por ambas: pois ela denota aquela espécie de plenitude individual que só pode consumar-se pela assimilação ou utilização de uma criação suprapessoal, situada em certo sentido fora do sujeito. Para o sujeito, o valor específico da cultivação é inacessível, a não ser que o alcance pelo caminho que passa pelas realidades do espírito objetivo; estas, por sua vez, só são valores *culturais* na medida em que canalizam em si aquele caminho da alma de si para si, que parte disso que se pode chamar de estado natural para chegar ao seu estado cultural.

Portanto, pode-se exprimir a estrutura do conceito de cultura da seguinte maneira: não há nenhum valor cultural que seja apenas valor cultural; antes, para adquirir tal significado, ele precisa ser além disso um valor dentro de um encadeamento objetivo. Mas mesmo onde já está presente um valor nesse sentido, e mesmo onde certo interesse ou capacidade essenciais para nós progride graças a ele, esse valor só implica a cultura caso tal desenvolvimento parcial ao mesmo tempo faça o nosso Eu integral avançar um grau no sentido da sua unidade perfeita. Só assim é possível compreender duas manifestações negativas da história do espírito, que guardam certa correspondência. Uma delas está no fato de que pessoas profundamente interessadas na cultura muitas vezes mostram uma indiferença inusitada e mesmo certa rejeição diante dos conteúdos substantivos individuais da cultura — na medida em que não conseguem detectar o resultado transcendente delas para a promoção

O conceito e a tragédia da cultura

das personalidades como um todo; e talvez não haja nenhuma produção humana que *precise* necessariamente render um resultado do gênero, mas tampouco há uma que não *possa* rendê-lo. A outra, naquelas manifestações que parecem ser *somente* valores culturais: é o caso de certas formalidades e sofisticações da vida, próprias, acima de tudo, a épocas envelhecidas e exauridas. Pois quando a vida em si torna-se vazia e sem sentido, todo desenvolvimento potencial da vontade e do devir direcionado ao seu ápice passa a ser meramente esquemático, e já não se consegue aproveitar os nutrientes e o suporte do conteúdo substantivo das coisas e das ideias — assim como o corpo doente já não é capaz de assimilar a matéria dos alimentos, da qual o corpo saudável obtém seu crescimento e suas energias. Nesses casos, o desenvolvimento individual extrai das normas sociais apenas as boas maneiras da sociedade; das artes, apenas o prazer improdutivo; dos progressos técnicos, apenas o elemento negativo da facilidade e da amenidade do cotidiano — e então surge uma espécie de cultura formalista e subjetiva que prescinde daquele *enlace* interior com o elemento objetivo que é necessário para que o conceito de uma cultura concreta se consume. Portanto, há, no primeiro caso, um acento tão ardentemente centralizador da cultura, que para ele o conteúdo substantivo dos seus fatores objetivos é excessivo e distrai, já que *como tal* não se encaixa na sua função cultural, nem pode encaixar-se; e, no segundo caso, a cultura está tão debilitada e esvaziada, que se torna absolutamente incapaz de incorporar os fatores objetivos a partir do seu conteúdo substantivo. Essas duas manifestações, que à primeira vista aparecem como instâncias que contradizem a dependência da cultura pessoal com respeito aos dados impessoais, na verdade confirmam essa dependência, quando consideradas mais atentamente.

Que os fatores derradeiros e decisivos da vida reúnam-se dessa maneira na cultura, isso se revela justamente no fato de que o desenvolvimento de cada um deles pode se dar com tal autonomia, que pode não só prescindir da motivação pelo ideal da cultura, como inclusive rejeitá-la. Pois o olhar que se volta para esta ou para aquela direção sente-se desviado da unidade de sua intenção quando deve ser definido por uma síntese entre ambas. Precisamente os

Para a filosofia da cultura

espíritos que criam conteúdos permanentes, ou seja, o elemento objetivo da cultura — eles provavelmente se recusariam a atribuir o motivo e o valor de sua realização imediatamente à ideia da cultura. Com efeito, ocorre aqui a seguinte situação interior. No fundador da religião e no artista, no estadista e no inventor, no erudito e no legislador, operam duas correntes: uma é a descarga das suas energias essenciais, a vida ascendente da sua natureza rumo às alturas, de onde ela irradia de si os conteúdos da vida cultural — e a outra é a paixão pelo assunto, cuja consumação, regida por suas próprias leis, implica que o sujeito torne-se indiferente a si mesmo e se anule; no gênio, essas duas correntes são uma só: para ele, o desenvolvimento do espírito subjetivo em benefício próprio, em prol de suas forças propulsoras, constitui uma unidade indivisível com a entrega totalmente abnegada à tarefa objetiva. Como mostrei, a cultura é sempre síntese. Mas a síntese não é a única, nem a mais imediata forma de unidade, já que sempre pressupõe a partição dos elementos como algo que a precede ou como seu correlato. Só uma época tão inclinada à análise como a moderna poderia achar na síntese o que há de mais profundo, o um e o todo da relação formal do espírito com o mundo, quando de fato há uma unidade original, anterior à diferença; posto que é somente dessa unidade que derivam os elementos analíticos (assim como no caso do embrião orgânico, que se ramifica na multiplicidade dos membros isolados), tal unidade situa-se além da análise e da síntese — seja porque ambas desenvolvem-se a partir dela por interação, de modo que a cada passo uma é o pressuposto da outra, seja porque a síntese dos elementos analiticamente separados resulta mais tarde numa unidade que, contudo, é completamente distinta daquela situada antes de toda separação. O gênio criador possui aquela unidade primordial do subjetivo e do objetivo, que primeiro precisa desmembrar-se, para só depois, com o processo de cultivação do indivíduo, como que ressurgir numa forma sintética, completamente distinta. Daí, portanto, que o interesse pela cultura não esteja no mesmo plano em que estão essas duas tendências, ou seja, o puro autodesenvolvimento do espírito subjetivo e a pura adequação ao assunto; ao invés disso, esse interesse às vezes cola-se nelas como algo secundário e reflexivo, como um uni-

O conceito e a tragédia da cultura

versal abstrato situado além do impulso intrinsecamente imediato do valor da alma. A cultura ainda não está em jogo quando a alma segue o seu caminho passando apenas, por assim dizer, pelas terras que lhe pertentem, quando se realiza com o puro autodesenvolvimento da própria essência — não importa como se possa definir tal essência em termos objetivos.

Se considerarmos o outro fator da cultura (a saber: aquelas produções maduras do espírito, que apontam para uma existência particular ideal, agora independente de toda mobilidade psíquica) enfatizando o isolamento austossuficiente que lhe é característico, então o seu sentido e o seu valor mais próprio simplesmente não coincidem com o seu valor cultural, e, aliás, não bastam por si só para tornar evidente a sua interpretação cultural. A obra de arte deve ser realizada conforme as normas da arte, que só querem saber de si, e que concederiam ou recusariam o seu valor à obra mesmo que, por assim dizer, nada mais houvesse no universo além dessa obra em particular; o resultado da pesquisa como tal deve ser verdadeiro e nada mais; a religião consuma o seu sentido com a salvação que propicia à alma; o produto econômico tende a ser plenamente econômico e, nessa medida, não reconhece para si nenhuma outra escala de valor além da econômica. Todos esses encadeamentos transcorrem na integridade da legislação puramente interior — e as questões ligadas à possibilidade de serem ou não integrados aos desenvolvimentos da alma subjetiva (e, em caso positivo, ao valor disso) não dizem o menor respeito ao seu significado puramente objetivo, que é medido por normas válidas apenas para tais encadeamentos. Devido a essa circunstância, compreende-se que muitas vezes notemos uma indiferença aparentemente curiosa e mesmo uma aversão diante da cultura tanto em pessoas voltadas apenas ao sujeito, como naquelas voltadas apenas ao objeto. Quem apenas quer saber da redenção da alma ou do ideal da força pessoal ou do desenvolvimento interior-individual (não se deixando afetar por nenhum elemento externo) carece, no que diz respeito às suas valorações, justamente de um dos fatores integrantes da cultura — ao passo que, para quem quer saber apenas da pura perfeição objetiva das obras humanas, o que falta é o outro fator, posto que tais obras realizam apenas a *sua* ideia, o que não inclui as ideias meramente associadas a ela. Se o extremo do primeiro tipo é o santo do pilar,[46] o do segundo é o do especialista dominado pelo fanatismo da sua área de atuação. À primeira vista, é um tanto surpreendente que o portador desses "valores culturais" inquestionáveis (como a religiosidade, a formação da personalidade e as técnicas de todo tipo) sejam levados a desdenhar ou combater o conceito de cultura. Mas isso logo se explica com a intuição de que cultura significa sempre a *síntese* entre um desenvolvimento subjetivo e um valor espiritual objetivo, de modo que a defesa exclusiva de qualquer desses elementos só pode resultar na rejeição do enlace entre ambos.

Tal dependência do valor cultural relativamente à cooperação de um segundo fator, que está situado além do encadeamento valorativo próprio ao objeto, permite compreender que este último alcance um grau na escala dos valores culturais que é amiúde muito diferente do alcançado na escala dos meros significados objetivos. Várias obras que, da perspectiva artística, técnica ou intelectual, permanecem abaixo do patamar mais alto já alcançado, possuem ainda assim a capacidade de se encaixar no curso de desenvolvimento de muitas pessoas com a máxima eficiência, promovendo as suas energias latentes e atuando como pontes para a próxima estação mais acima. Assim como, dentre as impressões naturais, aquelas mais potentes em termos dinâmicos, ou mais plenas em termos estéticos, não são em absoluto as únicas que nos trazem uma satisfação profunda e o sentimento de que os elementos opacos e irredimíveis em nós subitamente tornam-se claros e harmoniosos; assim como, ao invés disso, muitas vezes os devemos a uma paisagem totalmente singela ou ao arranjo das sombras numa tarde de verão — assim também o significado de uma obra do espírito, por mais elevado ou baixo que possa ser em seu próprio encadeamento, ainda não permite contemplar o que tal obra tem a nos oferecer para o caminho da cultura. Pois aqui tudo depende

---

[46] Ou *estilita*, que é o nome dado ao asceta cristão que passa a vida no alto de um pilar, como forma de sacrifício para alcançar a salvação da alma. (N. do T.)

O conceito e a tragédia da cultura

de que esse significado especial da obra renda, por assim dizer, o ganho adicional de prestar-se ao desenvolvimento central ou universal das personalidades. E há várias razões mais profundas que possibilitam que esse rendimento seja inversamente proporcional ao valor próprio ou intrínseco da obra. Há obras humanas de uma perfeição insuperável, mas para as quais, justamente por conta desse arredondamento sem falhas, não dispomos de nenhum acesso ou que por isso mesmo não dispõem de um acesso para nós. Tais obras como que ficam nos seus lugares, de que não podem ser tiradas para que as plantemos em nossa trilha; são perfeições solitárias, que talvez possamos perseguir, mas que não podemos levar conosco para com elas escalarmos rumo à nossa própria perfeição. Para o sentimento de vida moderno, a Antiguidade muitas vezes possui essa integridade dotada de uma perfeição autossuficiente que não se deixa assimilar pelo caráter pulsional e incansável da nossa velocidade de desenvolvimento; e hoje isso pode determinar certas pessoas a buscar por um outro fator fundamental para a nossa cultura. O mesmo se passa com certos ideais éticos. Essas criações do espírito objetivo talvez tenham uma propensão maior do que as demais para dar suporte e orientação ao desenvolvimento da mera possibilidade até a efetividade mais elevada da nossa totalidade. Mas hoje muitos imperativos éticos trazem consigo um ideal de perfeição tão rígido que, por assim dizer, deixou de dissipar as energias que poderíamos assimilar ao nosso desenvolvimento. Apesar de toda a sua superioridade no encadeamento das ideias éticas, um ideal desses acaba, como elemento da cultura, facilmente sendo ultrapassado por outros, que, da sua posição inferior nesse encadeamento, estão mais aptos a assimilar o ritmo do nosso desenvolvimento e a nele se encaixar de modo a reforçá-lo. Vários conteúdos do espírito objetivo nos tornam mais espertos ou melhores, mais felizes ou mais habilidosos, mas não somos *nós* que com isso nos desenvolvemos, e sim um aspecto ou qualidade propriamente objetivos que fora afixado a nós; trata-se aqui, é claro, de diferenças escorregadias e infinitamente delicadas, inconcebíveis na aparência, e que estão ligadas à relação enigmática entre a nossa totalidade unitária e as nossas energias e perfeições individuais. Até poderíamos nomear a realidade plena, fechada, que identificamos com o nosso sujeito, recorrendo apenas à soma dessas individualidades, mas não poderíamos compô-la a partir dessas peças; e a única categoria disponível para tal — a da parte e do todo — não esgota em absoluto essa relação peculiar. Ora, quando considerado em si, tudo isso que há de singular possui um caráter objetivo, algo que, no seu isolamento, pode a princípio estar presente nos mais variados sujeitos, e que só adquire o caráter da nossa subjetividade no seu aspecto interiorizado, ou seja, no aspecto em que aquela unidade da nossa natureza é capaz de aflorar. Mas então, junto àquele seu primeiro aspecto, tais singularidades formam, num certo sentido, pontes que levam aos valores das objetividades, situam-se na nossa periferia, e com isso nos aliamos ao universo objetivo, tanto o externo como o espiritual. Aquela discrepância que mencionei surge assim que essa função orientada para fora e alimentada por elementos externos é desatrelada do significado voltado para dentro e que desemboca no nosso centro; nesse caso, tornamo-nos instruídos, mais pragmáticos, mais ricos em termos de prazer e habilidades, e talvez até mais "educados" — mas o nosso cultivo não dá o passo correspondente, pois, embora com isso passemos de um ter-e-poder inferior a um ter-e-poder superior, ainda assim não passamos de uma versão inferior de nós mesmos para uma versão superior.

Só sublinhei essa possibilidade de discrepância entre o significado objetivo e o cultural de um mesmo objeto para ilustrar mais enfaticamente a dualidade basilar dos elementos cujo enlace é necessário para que haja cultura. Esse enlace é absolutamente único, já que o desenvolvimento relevante para a cultura do ser pessoal é um estado existente apenas no sujeito, mas que não pode em absoluto ser alcançado sem a assimilação e utilização de conteúdos objetivos. Por isso, o cultivo é de um lado uma tarefa situada no infinito — posto que o emprego de elementos objetivos para a consumação do ser pessoal jamais pode ser considerado acabado —, e, de outro, a nuance linguística ordinária aproxima-se bastante desse estado de coisas, já que a cultura associada a uma objetividade específica (a cultura religiosa, a cultura artística etc.) via de regra não é usada para designar o estado dos indivíduos, mas sim apenas o espírito comum a todos; no sentido de que, numa deter-

O conceito e a tragédia da cultura

minada época, determinado tipo de conteúdo espiritual está disseminado ou numa quantia especialmente grande ou de modo a ter um impacto especial (sendo o cultivo dos indivíduos realizado por meio desses conteúdos). A rigor, os indivíduos podem ser mais ou menos cultivados, mas não cultivados nesta ou naquela especialidade; uma cultura do indivíduo específica quanto ao objeto só pode significar ou que o aperfeiçoamento cultural e como tal suprapessoal do indivíduo foi realizado principalmente por meio de um desses conteúdos unilaterais, ou então que, ao lado do seu verdadeiro cultivo, formou-se ainda um poder ou saber considerável ligado a um conteúdo substantivo. Por exemplo: a cultura artística de um indivíduo — se é para ser algo além das perfeições artísticas, já que estas também podem se estabelecer apesar de tudo que há de "não cultivado" numa pessoa — só pode significar que, nesse caso, foram justamente *essas* perfeições objetivas que promoveram o aperfeiçoamento do ser integral da personalidade.

E assim surge uma fenda dentro dessa estrutura da cultura, que na verdade é inerente ao seu fundamento e que possibilita que, da síntese sujeito-objeto, do significado metafísico do seu conceito, brote um paradoxo, e mesmo uma tragédia. O dualismo entre sujeito e objeto, pressuposto pela sua síntese, não é simplesmente um dualismo por assim dizer substancial, que diz respeito ao ser de ambos. Antes, o ponto é que a lógica interna pela qual cada um deles se desdobra não coincide em absoluto com a do outro. Assim que certos motivos primeiros do direito, da arte ou da moral são gerados — e isso talvez em função da nossa espontaneidade mais própria e intrínseca —, perdemos completamente o controle sobre as criações individuais a que se chegará com seus desdobramentos; ao produzi-las ou adotá-las, seguimos pelo fio condutor de uma necessidade ideal, inteiramente objetiva e que não é nem um pouco afetada pelas exigências da nossa individualidade, por mais centrais que sejam, sendo assim equivalente às forças físicas e às suas leis. Sim, em geral é correta a ideia de que a linguagem formula e pensa por nós, i.e., de que ela assimila os impulsos fragmentários ou latentes da nossa própria essência e os conduz a um grau de perfeição a que eles (até mesmo da nossa própria perspectiva) de outro modo não chegariam. Porém, esse paralelismo entre os desenvolvimentos objetivo e subjetivo não é necessário por princípio. Às vezes sentimos até mesmo a linguagem como uma força estranha da natureza, que esconde e embaralha não só as nossas expressões, como também as nossas orientações mais íntimas. E a religião, que decerto originou-se da busca da alma por si mesma, sendo a asa projetada pelas próprias forças da alma para levá-la até o seu respectivo ápice — mesmo ela, uma vez que surge, possui certas leis de formação que promovem a sua necessidade, mas não as nossas. O que muitas vezes se critica na religião como o seu espírito anticultural não são só as eventuais hostilidades diante dos valores intelectuais, estéticos, morais, mas, acima de tudo, este traço mais profundo: ela segue o seu próprio caminho, um caminho definido por sua lógica imanente, que, embora com efeito envolva a vida, e apesar de todos os bens transcendentais que a alma possa encontrar ao longo dele, ainda assim muitas vezes não leva ao aperfeiçoamento de sua totalidade, tal como indicado pelas suas próprias possibilidades — aperfeiçoamento esse que, ao assimilar o que as criações objetivas têm de significante, identificamos como cultura.

Posto que a lógica das criações e dos nexos impessoais está carregada de dinâmica, surgem atritos vigorosos entre ela e as pulsões e normas internas da personalidade — atritos que sofrem um acúmulo inigualável na forma da cultura como tal. Desde que o ser humano se disse Eu, tornando-se objeto para e diante de si mesmo, desde que, graças a essa forma da nossa alma, os conteúdos desta concatenaram-se num centro — desde então, foi preciso que brotasse a partir dessa forma o ideal de que esse estar-ligado com o ponto central também seria uma unidade: a unidade de um todo fechado em si mesmo e por isso autossuficiente. Porém, os conteúdos junto aos quais o Eu deve consumar essa organização rumo a um universo próprio e unitário não pertencem a ele apenas; eles lhe são *dados*, provêm de alguma exterioridade espacial, temporal, ideal, são também conteúdos pertencentes a outros universos (como os sociais e metafísicos, conceituais e éticos), e nestes possuem formas e nexos subjacentes que não estão nem um pouco inclinados a coincidir com os do Eu. Em paralelo a esses conteúdos que o Eu molda de maneira peculiar, os universos externos abarcam o

O conceito e a tragédia da cultura   275

Eu para envolvê-lo em si; ao formarem os conteúdos de acordo com as *suas* exigências, eles impedem que se concentrem em torno do Eu. A manifestação mais ampla e profunda disso pode até estar no conflito religioso entre a autossuficiência ou liberdade do ser humano e sua inserção na ordem divina; mas mesmo ela, assim como o conflito social entre o ser humano como individualidade consolidada e como simples membro do organismo social, é com efeito apenas *um* caso daquele dualismo puramente formal em que inevitavelmente se enreda para nós o pertencimento dos nossos conteúdos da vida a outros círculos que não os do nosso Eu. Não é apenas que o ser humano se encontre inúmeras vezes no ponto de intersecção entre dois círculos de forças e valores objetivos, cada um dos quais com a pretensão de arrebatá-lo; antes, o principal é que ele se sente como um centro que organiza em torno de si, com harmonia e em função da lógica da personalidade, todos os seus conteúdos vitais — ao mesmo tempo em que se sente unido a cada um desses conteúdos periféricos, que afinal também participam de outros círculos e, nesse sentido, precisam responder a outra lei dinâmica; destarte, a nossa essência forma, por assim dizer, um ponto de intersecção de si mesma com um círculo de pretensões que lhe é estranho. Ora, o fato da cultura comprime ao extremo os partidos dessa colisão, já que condiciona de modo categórico o desenvolvimento de um (i.e., só dessa maneira permite que seja cultivado) ao envolvimento com o outro, pressupondo, portando, um paralelismo ou uma adaptação recíproca de ambos. O dualismo metafísico entre sujeito e objeto, que fora a princípio superado por essa estrutura da cultura, renasce na forma da discordância entre os conteúdos empíricos individuais do desenvolvimento subjetivo e os do desenvolvimento objetivo.

Mas talvez a fenda se abra menos no caso em que os conteúdos de orientação contrária estão um de cada lado, e mais no caso em que a objetividade furta-se do seu significado para o sujeito devido a suas determinações formais, ou seja: à autonomia e ao caráter massivo. Ora, a fórmula da cultura era esta: as energias subjetivas da alma adquirem um formato objetivo, a partir daí independente do processo vital criador, e esse formato é, por sua vez, novamente envolvido pelos processos da vida subjetiva de modo a levar o seu portador à consumação perfeita de seu ser central. Mas essa corrente que parte dos sujeitos, passa pelos objetos e retorna aos sujeitos, na qual uma relação metafísica entre sujeito e objeto assume efetividade histórica, pode perder a sua continuidade; o objeto pode extrapolar a sua significação mediadora de uma maneira ainda mais elementar do que a indicada até aqui, rompendo assim as pontes pelas quais passa o seu caminho de cultivo. É em primeiro lugar por conta da divisão do trabalho que o objeto adquire esse isolamento e estranhamento diante do sujeito. Os objetos que são produzidos pela cooperação de muitas pessoas formam uma escala de acordo com o grau em que sua unidade ou é decorrente da intenção uniforme e pensada de um indivíduo, ou se produz sem essa origem consciente, brotando por si só das contribuições parciais dos cooperadores. No último desses polos está, p. ex., um Estado, que não é construído de acordo com um plano preexistente, mas sim de acordo com as necessidades e inclinações acidentais dos indivíduos, formando, não obstante, uma composição dotada de sentido como um todo, claramente delimitada e organicamente coesa. O outro polo talvez seja exemplificado pelo produto de uma fábrica, para o qual cooperaram vinte trabalhadores, sem que nenhum conhecesse as demais operações subordinadas ou a articulação entre elas, nem se interessasse por isso — sendo o todo, na verdade, administrado pela vontade e pelo intelecto centrais de uma pessoa; ou a performance de uma orquestra, em que o oboísta e o percussionista não fazem ideia das partes do violino ou do violoncelo e, mesmo assim, ao serem guiados pela batuta do maestro, formam com eles uma perfeita unidade de efeito. A meio caminho entre tais manifestações, está por exemplo o jornal, que deve ao menos sua unidade superficial quanto ao aspecto e significado a uma personalidade dirigente, mas que surge em grande medida de contribuições bem diversas e acidentais umas em relação às outras, que vêm de personalidades igualmente diversas e estranhas entre si. Expresso em termos absolutos, o tipo de tais fenômenos é este: pela atuação de diferentes pessoas, surge um objeto da cultura que, como um todo, como uma unidade que aí está e atua de maneira específica, *não possui nenhum produtor*, que não remonta a uma unidade de um sujeito anímico que lhe

O conceito e a tragédia da cultura

corresponderia. Nesse caso, os elementos combinaram-se como se tivessem seguido uma lógica, uma intenção formadora inerente a eles mesmos como efetividades objetivas, que não teria sido investida por quem os criou. A objetividade do conteúdo espiritual, que o torna independente de todo ser ou não ser assimilado, incide aqui já no lado de sua produção: independente do que os indivíduos desejaram ou deixaram de desejar, a criação pronta, realizada em termos puramente materiais e cujo significado efetivo não foi providenciado por espírito algum, ainda assim possui tal significado e pode passá-lo adiante no processo da cultura — o que tem uma diferença apenas de grau com a situação de uma criança pequena que, ao brincar com as letras do alfabeto, acaba sem querer formando uma palavra com sentido; esse sentido está ali presente na sua objetividade e concretude, por mais que tenha sido produzido sem a menor intenção. Mas isso, se bem compreendido, é apenas um caso bem radical de um destino perfeitamente universal do espírito humano, que ultrapassa inclusive aqueles casos da divisão do trabalho. A maior parte dos produtos da nossa criação espiritual contém dentro do seu significado certa fração que não criamos. Não tenho aqui em mente a falta de originalidade, os valores herdados ou a dependência de modelos; pois em todos esses casos, seria possível que todo o conteúdo da obra tivesse sido gerado a partir da nossa consciência, ainda que esta, nesse caso, só reproduzisse a obra em questão tal qual a recebera. Antes, na esmagadora maioria das nossas realizações que se apresentam como objetivas, está contido algo do significado que pode ser depreendido por outros sujeitos, mas que nós mesmos não propusemos. Embora a expressão "o que ele tece, tecelão nenhum conhece" não seja válida em parte alguma no seu sentido absoluto, é sempre válido no sentido relativo. A realização acabada contém acentos, relações e valores que aí estão apenas em função de sua existência objetiva, sem importar se quem as criou tinha ou não consciência de que esse seria o resultado de sua criação. É um fato tão enigmático como inquestionável que um sentido espiritual objetivo e passível de ser reproduzido por qualquer consciência possa associar-se a uma criação mesmo sem ter sido conscientemente proposto — dependendo, ao invés disso, da efetividade pura e mais própria dessa forma. Relativamente à natureza, o caso análogo não é nem um pouco problemático: nenhuma vontade artística conferiu às montanhas ao sul[47] a pureza do estilo de seus contornos, ou ao mar tempestuoso o seu simbolismo arrebatador. Mas em todas as obras do espírito, há uma parte que cabe ou que pode caber primeiro ao mero caráter natural (contanto que provida de tais possibilidades de significação), e segundo também ao conteúdo espiritual de seus elementos e ao nexo que deles emerge por contra própria. Está investida nelas, como uma formação objetiva que não admite descrição mais detalhada e que deixou completamente para trás sua origem, a possibilidade de adquirir um conteúdo espiritual subjetivo. Eis um exemplo extremo: um poeta concebeu um enigma para o qual há determinada solução; caso se encontre outra palavra que o solucione, sendo exatamente tão adequada, tão plena de sentido e tão surpreendente quanto aquela, essa nova palavra estará exatamente tão "correta" e tão radicada como objetividade ideal no enigma criado (por mais absolutamente distante que esteja do processo de criação desse enigma) quanto a primeira, criada especialmente para ele. Assim que a nossa obra aí está, já possui não só uma existência objetiva e uma vida própria, descolada de nós, como ainda contém nesse ser que lhe é próprio — como que pela graça do espírito objetivo — certas forças e fraquezas, certos componentes e significações pelos quais não somos nem um pouco responsáveis e diante dos quais muitas vezes nos surpreendemos.

Essas possibilidades e graus de autonomia do espírito objetivo devem apenas deixar claro que ele, mesmo quando produzido pela consciência de um espírito subjetivo, possui, depois de efetuada a objetivação, uma validade que já não se prende ao espírito subjetivo e uma oportunidade independente de ressubjetificação; essa oportunidade não precisa sequer realizar-se — afinal, no exemplo acima, a segunda solução para o enigma é válida na sua espiritualidade objetiva mesmo antes de ser descoberta e mesmo que tal descoberta jamais ocorra. Essa qualidade peculiar dos conteúdos da cultura — até aqui referida aos conteúdos individuais e

---

[47] Simmel refere-se aos Alpes. (N. do T.)

O conceito e a tragédia da cultura

por assim dizer isolados — é o fundamento metafísico para a fatídica autonomia com que cresce cada vez mais o império dos produtos da cultura, como se uma necessidade lógica interior gerasse um membro após o outro, muitas vezes quase que sem a menor relação com a vontade e a personalidade dos produtores e como que sem se deixar afetar pela questão da quantidade de sujeitos e do grau de profundidade e plenitude com os quais cada produto é assimilado e levado ao seu significado cultural. O "caráter fetichista" que Marx atribuiu aos objetos econômicos na era da produção de mercadorias é apenas uma modificação específica desse destino universal dos nossos conteúdos da cultura. Tais conteúdos estão à mercê — e cada vez mais à medida que a "cultura" cresce — do seguinte paradoxo: embora sejam criados por sujeitos e a eles se destinem, mesmo assim seguem, na forma intermediária da objetividade (que eles assumem além e aquém daquelas instâncias), uma lógica de desenvolvimento imanente, e com isso tornam-se estranhos tanto diante da sua origem como da sua finalidade. Não se trata de necessidades físicas que então viriam à tona, mas sim realmente de necessidades apenas culturais, embora estas, claro, não possam surgir à revelia dos condicionantes físicos. Mas o que faz com que os produtos, que são como tais produtos do espírito, pareçam gerar-se um a partir do outro é a lógica cultural dos objetos, e não a lógica tratada pelas ciências naturais. É aí que reside a fatídica compulsão imanente a toda "técnica", que surge assim que o seu desenvolvimento a coloca fora do alcance do uso imediato. Assim, p. ex., a produção industrial de certos artigos pode estimular a produção de artigos secundários para os quais não havia de fato a menor necessidade, mas a que se é levado pela obrigação de explorar à exaustão os equipamentos já instalados; a cadeia técnica exige de si mesma completar-se com membros desnecessários para a cadeia anímica, que seria a propriamente definitiva — e assim surgem ofertas de mercadorias que, por sua vez, acabam despertando necessidades artificiais e, da perspectiva do sujeito, sem sentido. O mesmo se passa em certos ramos da ciência. A técnica filológica, por exemplo, foi, por um lado, desenvolvida até alcançar um refinamento inigualável, uma perfeição metodológica; mas, por outro lado, dentre os objetos à disposição dessa técnica, nem todos são de real interesse para a cultura espiritual, e estes, justamente, não se multiplicam com a mesma rapidez, de modo que o esforço filológico converte-se muitas vezes numa micrologia, num pedantismo e num polimento do inessencial — uma espécie de giro no vazio do método, um prolongamento da norma objetiva, cujo caminho autônomo já não coincide com o da cultura como aperfeiçoamento da vida. É dessa maneira que, em muitas áreas científicas, cresce algo que se pode chamar de conhecimento supérfluo: uma soma de conhecimentos impecáveis quanto ao método, inatacáveis da perspectiva do conceito abstrato do saber, mas ainda assim alheios à verdadeira meta de toda pesquisa; com o que tenho em mente, é claro, não uma finalidade externa, mas sim a ideal e cultural. A enorme oferta de energias inclinadas e não raro qualificadas para a produção espiritual (que é, além disso, sustentada pela boa fortuna econômica) levou a uma valorização automática de *qualquer* trabalho científico, cujo valor é muitas vezes uma mera convenção, quase um complô da casta intelectual, resultando numa série de cruzamentos consanguíneos incrivelmente férteis do espírito científico, cujas crias, entretanto, são inférteis tanto no sentido interior como em termos do efeito subsequente. É nisso que se baseia a adoração fetichista que já há bastante tempo se impõe quando se trata do "método" — como se uma realização fosse plena de valor apenas pela correção de seu método; eis o meio bastante engenhoso para legitimar e valorizar um sem-número de trabalhos afinal sem conexão com o sentido e o nexo do desenvolvimento cognitivo (mesmo caso este último seja concebido de forma bem generosa). Diante disso, alguém poderia naturalmente objetar o seguinte: em alguns casos, esse desenvolvimento já chegou a ser promovido, com grande surpresa, mesmo por investigações aparentemente as mais inessenciais. Esse é um daqueles imprevistos que encontramos em qualquer domínio, mas que não podem nos impedir de conceder ou não a um feito o seu direito e o seu valor de acordo com o que é mais razoável para nós no presente, mesmo que tal razoabilidade não seja onisciente. Ninguém consideraria razoável perfurar um local aleatório no mundo atrás de carvão ou de petróleo, por mais inegável que seja a possibilidade de realmente encontrar algo dessa maneira. Há mesmo certo

O conceito e a tragédia da cultura

limiar de probabilidade para a utilidade dos trabalhos científicos, que pode muito bem provar-se equivocado em um caso entre mil, sem que isso nem de longe justifique o investimento de esforços que seriam feitos em vão nos outros 999 casos. Do ponto de vista da história da cultura, também isso não passa de uma manifestação particular daquela superproliferação dos conteúdos culturais num solo em que são fecundados e consumidos por forças e finalidades diferentes daquelas que importam para a cultura, e no qual produzem, de modo frequente e inevitável, flores estéreis. Temos o mesmo motivo formal derradeiro quando, no desenvolvimento da arte, o potencial técnico torna-se grande o bastante para se emancipar do serviço que a arte presta à finalidade integral da cultura. Agora que obedece apenas à própria lógica objetiva, a técnica produz refinamento após refinamento — mas não passam de aperfeiçoamentos *dela*, e não mais do sentido cultural da arte. Toda essa especialização excessiva hoje lamentada em todos os domínios do trabalho e que, não obstante, compele com a força de sua lei ao desenvolvimento continuado desses domínios como que com uma inexorabilidade demoníaca, é apenas uma composição particular daquele destino universal dos elementos da cultura, ou seja: que os objetos tenham uma lógica própria de desenvolvimento — que não é conceitual, nem natural, pertencendo apenas ao seu desenvolvimento como obra cultural do ser humano —, e que, na sua consequência, divergem do curso pelo qual poderiam encaixar-se no desenvolvimento pessoal das almas humanas. Por isso, tal discrepância não é em absoluto idêntica a esta outra, frequentemente sublinhada: a da promoção do meio ao valor dos fins últimos, como a que se mostra passo a passo nas culturas avançadas. Pois isso é algo puramente psicológico, é uma acentuação oriunda de contingências ou necessidades anímicas, que não possui qualquer relação estável com o nexo objetivo das coisas. Já no caso que aqui interessa, trata-se precisamente disto, ou seja, da lógica imanente das formações culturais das coisas; o ser humano torna-se então o mero suporte da compulsão com a qual essa lógica governa os desenvolvimentos, fazendo-os avançar como que seguindo a *tangente* da órbita pela qual de outro modo retornariam ao desenvolvimento cultural das pessoas vivas. Essa é a verdadeira tragédia da cultura. Pois o que afinal designamos como fatalidade trágica — diferentemente de uma fatalidade triste ou da destruição que vem de fora — é isto: que as forças arrasadoras dirigidas contra uma natureza originem-se, justamente, das camadas profundas dessa mesma natureza; que, com a sua destruição, realize-se um destino imanente a ela mesma e que é por assim dizer o desdobramento lógico da mesma estrutura com a qual edificara sua própria positividade. O conceito de toda cultura resume-se a que o espírito gerou uma objetividade autônoma pela qual o desenvolvimento do sujeito passaria no seu caminho de si para si; mas é por isso mesmo que aquele elemento integrante e condicionante da cultura está predeterminado a um desenvolvimento próprio que continua consumindo as forças dos sujeitos, que continua a arrastá-los no seu curso, sem com isso conduzi-los ao ápice próprio a cada um deles: agora, o desenvolvimento dos sujeitos já não pode trilhar o caminho seguido pelo desenvolvimento dos objetos; ao seguir, mesmo assim, por este caminho, aquele procede a um beco sem saída ou a um esvaziamento da vida mais íntima e mais própria.

Mas o desenvolvimento cultural do sujeito projeta-o para fora de si mesmo de uma maneira ainda mais positiva por meio da ausência de forma e de limites que já mencionei, e que atinge o espírito objetivo graças à irrestringibilidade numérica de seus produtores. Todos podem contribuir para o estoque dos conteúdos objetivos da cultura à revelia dos demais contribuintes; esse estoque certamente possui determinado colorido em cada período singular da cultura, ou seja, um limite qualitativo intrínseco, mas não um limite quantitativo que lhe corresponda, de modo que não há nenhuma razão que o impeça de multiplicar-se ao infinito, de engatar livro atrás de livro, obra de arte atrás de obra de arte, invenção após invenção: a forma da objetividade como tal possui uma capacidade irrestrita de realização. Mas com esse potencial por assim dizer inorgânico de acumulação, ela se torna profundamente incomensurável com a forma da vida pessoal. Pois a capacidade de assimilação desta é limitada não só pela força e duração da vida, como também por certa unidade e pela relativa integridade de sua forma, e por isso ela esbarra numa escolha, dotada de determinada margem de ação, entre os conteúdos que a ela se

O conceito e a tragédia da cultura

apresentam como meios para o seu desenvolvimento individual. Aparentemente, essa incomensurabilidade não precisaria ter efeitos práticos para o indivíduo, contanto que ele deixasse de lado aquilo que seu desenvolvimento próprio não pudesse assimilar. Porém, isso não é alcançando tão facilmente assim. O estoque do espírito objetivado, que cresce à perder de vista, impõe exigências ao sujeito, desperta veleidades dentro dele, faz com que sinta sua própria insuficiência e desamparo, enreda-o na trama das relações globais de cuja totalidade ele não pode escapar, sendo também incapaz de subjugar os seus conteúdos individuais. Surge assim a situação problemática típica do indivíduo moderno: o sentimento de estar cercado por um sem-número de elementos culturais que não são para ele insignificantes, mas que tampouco são no fundo significativos; de elementos que, como massa, têm algo de esmagador, já que o indivíduo não é capaz de assimilar cada um deles, nem simplesmente rechaçá-los, uma vez que isso tudo a princípio pertence como que em potência à esfera de seu desenvolvimento cultural. Poder-se-ia caracterizar tal situação como a inversão exata da expressão que designava os primeiros franciscanos na sua afortunada pobreza, na sua liberdade absoluta diante de todas as coisas que ainda de algum modo desviavam para si o caminho da alma e pretendiam torná-lo indireto: *nihil habentes, omnia possidentes* — ao invés disso, vigora o seguinte para as pessoas das culturas mais ricas e abundantes: *omnia habentes, nihil possidentes*.[48]

Tais experiências podem se expressar de inúmeras formas;[49] o que aqui interessa é o seu profundo enraizamento no centro do

[48] Ver acima a nota 21, p. 133, no ensaio sobre a coqueteria. Diga-se que Simmel aqui atribui aos franciscanos uma frase um pouco diferente da que havia atribuído no ensaio anterior. Apesar da discrepância, o ponto é bastante claro: enquanto os primeiros franciscanos definem-se por nada possuírem, e mesmo assim possuírem tudo que realmente importa, a situação do indivíduo moderno seria o inverso disso: estes são os possuidores que nada possuem. (N. do T.)

[49] Já o demonstrei para um número ainda maior de domínios historicamente concretos na minha *Filosofia do dinheiro*. (N. do A.)

conceito de cultura. Toda a profusão que tal conceito traz à tona resume-se a isto: as criações objetivas, sem perder sua objetividade, são envolvidas no processo de aperfeiçoamento dos sujeitos como caminho ou meio para tal. Permanece em aberto se, do ponto de vista do sujeito, chega-se assim ao tipo mais elevado de sua perfeição; mas para o propósito metafísico, que como tal busca unificar os princípios do sujeito e do objeto, aí está uma das garantias mais extremas de que não estamos fadados a reconhecer o nosso próprio Eu como ilusão. A pergunta metafísica encontra assim uma resposta histórica. Com as criações da cultura, o espírito alcançou uma objetividade que para ele tornou-se independente do completo acaso da reprodução subjetiva e que ao mesmo tempo pode servir ao fim central do aperfeiçoamento subjetivo. Enquanto as respostas metafísicas àquela pergunta costumam suprimi-la, já que mostram que a oposição sujeito-objeto é em certo sentido nula, a cultura aferra-se justamente à oposição total dos partidos, à lógica suprassubjetiva das coisas que o espírito formou, ao longo da qual o sujeito ascende de si mesmo a si mesmo. A capacidade elementar do espírito — ou seja: poder desligar-se de si mesmo, encarar-se como um terceiro que forma, conhece e avalia, para só então chegar à consciência de si mesmo — em certo sentido alcançou com o fato da cultura o seu raio mais amplo, lançou o objeto o mais energicamente possível na direção contrária ao sujeito, para em seguida reconduzi-lo para dentro deste. Mas é precisamente com essa lógica própria ao objeto, pela qual o sujeito recupera-se como sujeito em si e perfeitamente conforme a si mesmo, que aquele imbricamento dos partidos arrebenta em dois. O que ressaltei já no começo deste texto — ou seja: que o criador costuma pensar não no valor cultural, mas sim apenas no significado objetivo da obra, circunscrito à própria ideia — acaba caindo, com as alterações sutis de uma lógica de desenvolvimento puramente objetiva, na seguinte caricatura: num primado de especialistas que perdeu todo o contato com a vida, no prazer solitário de uma técnica que já não encontra o caminho de volta aos sujeitos. O que proporciona essa objetividade é justamente a divisão do trabalho, que concentra no produto individual as energias de todo um complexo de personalidades, sem levar em conta se algum su-

O conceito e a tragédia da cultura

jeito é capaz de reaproveitar a quantia de vida e energia aí investidas para promover-se ou se com isso só se satisfaz uma necessidade periférica e superficial. É nisso que no fundo se baseia o ideal de Ruskin, que visava substituir todo o trabalho industrial pelo trabalho artesanal dos indivíduos.[50] A divisão do trabalho desconecta o produto como tal de cada contribuinte individual, de modo que o objeto paira numa objetividade autônoma que, com efeito, torna-o apropriado a encaixar-se numa ordem de coisas ou a servir a um fim individual objetivamente definido; mas, com isso, escapa-lhe aquela animação interior que apenas o ser humano integral pode conferir à obra integral e que é responsável pelo seu encaixe na centralidade anímica de outros sujeitos. Se a obra de arte é um valor cultural tão inestimável, é porque é impermeável a toda divisão do trabalho, i.e., porque no seu caso (ao menos no sentido que é agora o essencial e abstraindo de interpretações metaestéticas) o que se criou preserva o criador do modo mais íntimo possível. O que em Ruskin poderia parecer um ódio à cultura é na realidade uma paixão pela cultura: um sentimento que tende à dissolução da divisão do trabalho, sendo esta a responsável por tornar o conteúdo da cultura desprovido de sujeito e por lhe conferir aquela objetividade desalmada que o arranca do verdadeiro processo da cultura. E então o que evidencia o desenvolvimento trágico que atrela a cultura à objetividade dos conteúdos, mas que afinal abandona, exatamente por conta de sua objetividade, os conteúdos a uma lógica própria, que o afasta da assimilação cultural pelos sujeitos — o que, enfim, evidencia isso tudo é a propagação arbitrária dos conteúdos do espírito objetivo. Já que a cultura não possui nenhuma unidade formal concreta para os seus conteúdos, de modo que, ao invés disso, cada criador justapõe o seu produto ao do outro como se estivesse num espaço ilimitado, surge então aquele caráter massivo das coisas, que dá a cada uma delas o direito a reivindicar certo valor cultural e que também faz

---

[50] Simmel refere-se ao pensador inglês John Ruskin (1819-1900). (N. do T.)

ecoar em nós um desejo de empregá-la. A ausência de forma do espírito objetivado como um todo proporciona uma velocidade de desenvolvimento que está fadada a deixar para trás, a uma distância que se amplia cada vez mais rapidamente, o espírito subjetivo. Mas o espírito subjetivo sabe que a integridade de sua forma não pode ser inteiramente resguardada dos contatos, tentações e adulterações provocadas por todas aquelas "coisas"; a supremacia do objeto sobre o sujeito — geralmente realizada pelo decurso universal e que é, com a cultura, anulada e levada a um equilíbrio feliz — torna-se novamente discernível dentro da própria cultura graças à falta de limites do espírito objetivo. O apetrechamento e a sobrecarga da nossa vida com mil superficialidades, das quais, por mais que o lamentemos, não conseguimos nos livrar; a progressiva "inervação" da humanidade cultural, que apesar de toda essa estimulação não motiva a criação própria; o mero conhecer e desfrutar de mil coisas que o nosso desenvolvimento é incapaz de abarcar e que permanecem como peso morto dentro dele — todos esses males culturais específicos, tantas vezes formulados, não são outra coisa, senão os fenômenos daquela emancipação do espírito objetivado. Sua existência significa, justamente, que os conteúdos da cultura em última análise seguem uma lógica independente de sua finalidade *cultural*, que os afasta cada vez mais desta, sem que o caminho do sujeito possa despojar-se dessa lógica que se tornou inadequada tanto qualitativa como quantitativamente. Antes, já que esse caminho, como caminho da cultura, depende da autonomização e objetificação dos conteúdos anímicos, surge a situação trágica de que a cultura realmente abriga em si, desde os primórdios de sua existência, aquela forma de seus conteúdos que está destinada, por uma espécie de inexorabilidade imanente, a desviar, sobrecarregar, desorientar e tornar ambivalente a sua essência interior — que era ser o caminho da alma de si como algo inacabado para si como algo acabado.

A grande empreitada do espírito — ou seja: superar o objeto como tal, elaborando-se como objeto para retornar a si mesmo com o enriquecimento que passa por essa criação — é inúmeras vezes alcançado; mas o espírito precisa pagar por esse autoaperfeiçoamento com a possibilidade trágica de ver que a legalidade

O conceito e a tragédia da cultura

própria do universo que ele sacou de si mesmo, de que depende seu aperfeiçoamento, gerou para si uma lógica e uma dinâmica que afastam os conteúdos da cultura com uma aceleração crescente, impondo uma distância cada vez maior entre eles e a finalidade da cultura.

Cultura feminina

Pode-se considerar a cultura como o aperfeiçoamento dos indivíduos obtido por obra do espírito objetivado no trabalho histórico da espécie. A essência do sujeito aparece como cultivada na medida em que sua unidade e totalidade se aperfeiçoa pela apropriação de valores objetivos como a moral e o conhecimento, a arte e a religião, as composições sociais e as formas expressivas da interioridade. Assim, a cultura é uma síntese única entre o espírito subjetivo e o objetivo, cujo sentido último só pode estar no aperfeiçoamento dos indivíduos. Porém, considerando que esse processo de aperfeiçoamento precisa em primeiro lugar haver-se com os conteúdos do espírito objetivo como conteúdos autônomos, desligados tanto do criador como do receptor, para que estes sejam em seguida integrados ao indivíduo como seus meios ou estações, então é possível designar tais conteúdos — ou seja: a soma de tudo que é enunciado e formado, do que é existente como ideia e do que é realmente atuante, cujo complexo constitui o patrimônio cultural de um tempo — como a sua "cultura objetiva". Estabelecido o seu conceito, eis o que discriminamos como o problema da "cultura subjetiva": em que medida, considerando tanto a extensão como a intensidade, os indivíduos tomam parte nesses conteúdos? Tanto da perspectiva da efetividade como da dos valores, ambos os conceitos são bastante independentes um do outro. Numa cultura altamente desenvolvida, pode ser que a grande massa das personalidades que dela poderiam participar acabe sendo dela excluída; ao passo que, inversamente, essa mesma massa pode participar a tal ponto de uma cultura relativamente primitiva que a cultura subjetiva aí chega a uma altura relativamente extraordinária. E o juízo de valor varia de modo correspondente: para as mentalidades puramente individualistas e acima de tudo para aquelas puramente sociais, todo o significado da cultura depende de quantas pessoas participam dela e em que extensão o fazem, de quanta educação, felicidade, beleza e moralidade a vida realizada no indivíduo extrai dela. Mas outras — para as quais o importante não é apenas o uso das coisas, mas sim as próprias coisas, não apenas a corrente inquieta do fazer e desfrutar e sofrer, mas sim o sentido atemporal das formas forjadas pelo espírito — perguntam-se justamente pelo desenvolvimento da cultura objetiva e nada mais, alegando que o valor objetivo de uma obra de arte, de um conhecimento, de uma ideia religiosa e até mesmo de uma proposição jurídica ou de uma norma moral não é nem um pouco afetado pela questão de com que frequência ou raridade os caminhos acidentais da efetividade da vida acabam assimilando isso tudo.

Na encruzilhada em que essas duas linhas se separam, dividem-se também as duas questões axiológicas postas pelo moderno movimento feminino. O seu surgimento parecia encaminhar a resposta inteiramente na direção da cultura subjetiva. Já que as mulheres queriam acessar as formas de vida e de realização dos homens, tratava-se para elas da participação pessoal nos bens existentes da cultura, que até então lhes eram simplesmente negados, e que deveriam lhes proporcionar quer uma nova felicidade, quer novos deveres ou uma nova formação pessoal; lutava-se então apenas por seres humanos individuais, ainda que por milhões deles (seja do presente, seja do futuro), mas não por algo que em si ultrapassaria tudo que há de individual e pessoal. Questiona-se aí um aumento da circulação dos valores, não a criação de valores objetivamente novos. Pode ser que a base de todas as variantes eudemonistas, éticas e sociais do movimento das mulheres siga esse tendência. Mas, ainda assim, não está fora do seu horizonte aquela outra tendência, muito mais abstrata e originada por uma necessidade muito menos premente: será que desse movimento emergirão criações novas quanto à qualidade, ou seja, um incremento da substância objetiva da cultura? Não apenas multiplicações do que já existe, não apenas uma propagação do que já se criou, mas sim uma criação? O movimento feminino pode, como creem os seus adeptos, ampliar formidavelmente a cultura subjetiva, ou pode, como agouram os seus oponentes, ameaçar rebaixá-la: não importa, pois a conquista de conteúdos para a cultura objetiva proporcionada pelo movimento das mulheres não dependeria de nenhuma dessas alternativas, e é pela chance de conquista que aqui se pergunta; ou, para ser mais preciso, pela *base* dessa chance de conquista, pelas relações elementares da essência feminina com a cultura objetiva.

Em primeiro lugar, convém observar o fato de que a cultura da humanidade não é, digamos, nem um pouco assexuada, nem sequer se considerarmos os seus conteúdos substantivos puros, ou seja, não está de forma nenhuma situada por sua objetividade além do masculino e do feminino. Antes, a nossa cultura objetiva é do começo ao fim masculina, com a exceção de uns poucos domínios. Foram homens que criaram a arte e a indústria, a ciência e o comércio, o Estado e a religião. A crença numa cultura puramente "humana", que não discrimina homens e mulheres, deriva das mesmas razões que explicam a sua inexistência: da identificação por assim dizer ingênua entre o "ser humano" e o "homem", que inclusive permite a muitos idiomas empregarem a mesma palavra para ambos os conceitos.[51] Deixo por enquanto em aberto a questão de se tal caráter masculino dos elementos objetivos da nossa cultura é resultante da essência intrínseca aos sexos ou apenas da imposição de força por parte dos homens, que nesse caso não estaria realmente ligada à questão da cultura. Seja como for, tal caráter é a causa pela qual realizações insatisfatórias dos mais variados domínios são desclassificadas como "femininas" e realizações notáveis das mulheres, celebradas como "totalmente masculinas". É por isso que não só a medida, como também a modalidade do nosso trabalho cultural é voltada às energias especificamente masculinas, aos sentimentos masculinos, à intelectualidade masculina — o que se torna importante para toda a amplitude da cultura, especialmente naquelas camadas que se pode designar como semiprodutivas; nas camadas em que já não se vai ao fundamento es-

---

[51] Como no caso do português; ver acima a nota 13, p. 79, no ensaio "O relativo e o absoluto no problema dos sexos". (N. do T.)

piritual da criação para daí sacar uma novidade, como nos primeiros dias, mas em que tampouco ocorre a mera reprodução mecânica de modelos predefinidos nos mínimos detalhes, estando, ao invés disso, numa situação intermediária. A observação histórico-cultural ainda não investigou o suficiente essa camada especial, que é de importância incalculável para a estrutura mais sutil da sociedade. Nos grandes setores da técnica e do comércio, da ciência e da guerra, da literatura e da arte, há a demanda por inúmeras realizações de originalidade secundária (por assim dizer), realizações que afinal de contas ainda contêm, dentro de formas e pressupostos dados, alguma iniciativa, peculiaridade e criatividade. E é exatamente neles que ganha evidência a demanda por forças especificamente masculinas, já que aquelas formas e pressupostos originam-se do espírito masculino e transmitem esse seu caráter também àquelas realizações em certo sentido epígonas.

Destaco apenas um exemplo dessa essência masculina de conteúdos culturais que parecem totalmente neutros. Enfatizou-se muitas vezes o "estranhamento" das mulheres diante do direito, ou seja, sua oposição às normas e juízos jurídicos. Isso, porém, não precisa em absoluto denotar um estranhamento com o direito em geral, mas sim apenas com o direito *masculino*, o único de que dispomos e que por isso aparece para nós como o direito por excelência — assim como temos a impressão de que a moral de que dispomos, apesar de determinada historicamente e individualizada no tempo e no espaço, cobre o conceito da moral em geral. O "senso de justiça" das mulheres, que em vários aspectos diverge do masculino, também criaria um direito diferente. Pois toda a problemática lógica do senso de justiça não deve acobertar o fato de que tanto a legislação como a jurisprudência repousam em última análise numa base que não pode ser caracterizada de outro modo. É claro que, se houvesse um fim último objetivamente estabelecido para todo o direito, seria a princípio possível construir a partir dele, de modo puramente racional, qualquer definição jurídica específica; porém, um fim desses só poderia, por sua vez, ser estabelecido por meio de um ato que transcende a lógica, que nada mais seria, senão outra forma do "senso de justiça", senão a sua cristalização como uma criação lógica específica e estabelecida. Já que,

292   Para a filosofia da cultura

porém, não se chegou a isso, o senso de justiça continua como que no seu estado líquido, impregnando toda determinação e decisão individuais com sua efetividade e com vieses particulares, assim como em quase todas as células do corpo plenamente articulado do animal ainda se encontra certa quantia do protoplasma indiferenciado. Portanto, todo senso de justiça generalizado e determinado nos seus próprios termos produziria certo direito — contudo, um direito originado dessa mesma maneira, só que a partir do senso de justiça especificamente feminino, já não poderia ser reconhecido como um "direito" objetivamente válido, simplesmente porque a objetividade é identificada *a priori* com o masculino. Ora, a razão pela qual os conteúdos substantivos da nossa cultura trazem, ao invés de seu caráter aparentemente neutro, um caráter efetivamente masculino está num emaranhado multifatorial de motivos históricos e psicológicos. A cultura, em última análise um estado dos sujeitos, não apenas segue o seu caminho passando pelas objetivações do espírito, como também, com o avanço de cada um de seus grandes ciclos, esse âmbito da objetividade espalha-se cada vez mais, e os indivíduos, com seus interesses, seu desenvolvimento e sua produtividade, demoram-se cada vez mais nessa zona de transição; eventualmente, a cultura objetiva desponta como a cultura em geral e o seu desembocar nos sujeitos, que antes aparecia como sua meta e seu sentido, agora aparece apenas como questão privada dos sujeitos, no fundo irrelevante. A aceleração do desenvolvimento envolve mais as coisas do que as pessoas, e a "separação entre o trabalhador e os seus meios de trabalho" aparece apenas como um caso econômico bem específico da tendência universal em tirar das pessoas o acento ativo e valorativo da cultura para colocá-lo no aperfeiçoamento e no desenvolvimento autônomo da objetividade. Ora, essa coisificação da nossa cultura, que dispensa demonstrações, mantém a mais íntima das interações com o outro traço mais notável dessa mesma cultura: a sua especialização. Quanto mais o ser humano produz, no lugar de uma totalidade, somente uma fração dependente e por si só insignificante daquela totalidade, tanto menos é capaz de transpor o todo unitário de sua personalidade a uma obra de arte ou de enxergar nesta, aquela: há um nexo contínuo entre a integridade da realização

Cultura feminina

e a do realizador, como se revela de modo mais significativo no caso da obra de arte, cuja unidade própria e autossuficiente demanda um criador unitário, rebelando-se de maneira incondicional em face de qualquer composição baseada em diferentes realizações isoladas. Onde as últimas estão presentes, o sujeito como tal desliga-se delas e o resultado do trabalho é incorporado a um nexo impessoal, que impõe exigências objetivas a que o sujeito tem de se submeter e que se contrapõe a cada um de seus contribuintes, concebidos como totalidades que esse nexo não abarca, nem reflete. Se, na nossa cultura, o elemento objetivo não tivesse adquirido uma prerrogativa tão decisiva sobre o elemento pessoal, então a moderna divisão do trabalho não teria em absoluto se implementado, e, inversamente, se não houvesse tal divisão do trabalho, não se chegaria àquele caráter objetivista dos nossos conteúdos da cultura. Mas é evidente que a divisão do trabalho, como o mostra toda a história do trabalho, é incomparavelmente mais adequada à essência masculina do que à feminina. Ainda hoje, quando precisamente a divisão do trabalho desonerou a economia doméstica de um grande número de tarefas específicas que antes eram realizadas na sua unidade, a atividade da dona de casa continua sendo um trabalho muito mais polivalente, muito menos fixado numa especialidade, do que qualquer profissão masculina. É como se o homem estivesse em melhores condições para dar vazão à sua energia numa direção unilateralmente fixada, sem com isso pôr em risco a sua personalidade, o que, aliás, explica-se justamente porque ele percebe essa atividade diferenciada sob um aspecto puramente objetivo, como algo sem ligação com a sua vida subjetiva e nitidamente distinto de sua existência por assim dizer privada, mesmo quando — de maneira ainda mais peculiar e mais difícil de exprimir adequadamente com conceitos — ele se entrega o mais intensamente possível a essa tarefa objetiva e especializada. Essa capacidade masculina de evitar que o seu ser pessoal seja dilacerado por uma realização que se baseia na divisão do trabalho e não comporta nenhuma unidade anímica, e devida, justamente, ao fato de que o seu ser pessoal situa a realização no ponto distante da objetividade — é exatamente essa capacidade que parece faltar à natureza feminina; não no sentido de uma lacuna, mas sim de tal modo que isso que aqui se exprime como uma falha remontaria a um caráter inteiramente positivo dessa mesma natureza. Pois, se é que afinal se pode enunciar a sua particularidade com um símbolo, este só pode ser o seguinte: a sua periferia está mais estreitamente ligada ao seu centro, e as partes, mais soldadas com o todo do que no caso da natureza masculina. Para a natureza feminina, a validação individual não coincide com o desenvolvimento especializado, com a separação entre o Eu e o seu centro sentimental e temperamental, que desviam a realização para algo objetivo e com isso possibilitam a convivência de sua especialização desalmada com sua existência plena, portadora de uma personalidade animada (embora, é claro, em várias manifestações masculinas isso não se verifique, de modo que, nesses casos, a existência plena atrofia em prol da especialização).

É aí que desponta a grande clivagem de significado do conceito de desenvolvimento no âmbito da questão das culturas masculina e feminina. A essência masculina — com sua atividade inquieta, com sua necessidade de validação junto a algo que lhe é externo — atribui ao princípio do desenvolvimento um poder desde o começo decisivo. Mas esse princípio não se realiza apenas, digamos, como desdobramento em sentido extensivo — e, correspondentemente, é menos significativo para uma natureza menos diferenciada e mais satisfeita com a sua integridade do que o é para a masculina. Com efeito, segundo a opinião geral, certa "indiferenciação" parece estar associada às mulheres, o que levou Schopenhauer a dizer que elas seriam "crianças grandes a vida inteira". Se, para os antifeministas de todas as espécies, isso seria algo irreversível, que excluiria o sexo feminino da humanidade mais plena e elevada, o movimento das mulheres sustenta que estaria aí presente um simples não-desenvolvimento, um conjunto de forças e possibilidades latentes que também poderiam, e aliás deveriam, tornar-se atualidades plenas assim que ganhassem certo espaço de atuação e certo incentivo. Parece-me que, desse jeito, nenhum dos partidos penetra no fundo do problema; apesar de sua contrariedade, ambas as conclusões são falsas, porque desde o começo conceituam o valor do desenvolvimento de modo bastante incompleto. Esses dois partidos o concebem no sentido da naturalidade or-

Cultura feminina

gânica. Mas eles só extraem suas respectivas consequências desse conceito porque projetam para dentro dele algo que ele, justamente, não possui nessa acepção puramente natural: a ideia do posto mais elevado, de que os graus posteriores e mais diferenciados estão mais avançados na escala dos valores do que os graus precedentes, a imposição de um estágio fixado de modo mais ou menos preciso como o pináculo do desenvolvimento, cuja aproximação ou afastamento é o que define o valor dos demais estágios. É verdade que, na acepção popular, o fruto aparece como o pináculo do valor, como uma espécie de conclusão relativamente à florescência, como se fosse a meta desta última, por mais que toda a reflexão acerca do curso objetivo da natureza obviamente mostre que o fruto é um dos estágios transitórios do desenvolvimento; é só mesmo por conta de uma ênfase muito humana que se acaba imputando ao fruto a prerrogativa sobre a florescência, a saber: podemos comer o fruto, mas não a flor. Portanto, caso realmente se presuma que, no desenvolvimento da humanidade, o ramo feminino teria parado num estágio anterior ao masculino, o resultado seria a proposição inteiramente arbitrária de que esse primeiro ramo alcançaria sua perfeição apenas com o avanço para o estágio masculino. Ao invés disso, cada estágio de desenvolvimento (concebido como um estágio determinado) tem em si sua respectiva norma, com a qual se mede o grau de seu aperfeiçoamento, e se essa norma, por sua vez, não governa outros estágios, é simplesmente porque é posterior e de algum modo modificada. Ora, é claro que se é livre para avaliar um estágio como mais elevado do que outro — embora seja sempre traiçoeira a comparação valorativa entre tipos essenciais que não possuem nenhum denominador comum minimamente seguro e que pretendem ser avaliados cada um de acordo com o ideal que é característico dele e dele apenas. Seja como for, caso se recorra a essa liberdade valorativa, então que isso seja feito com a consciência de sua completa subjetividade e da impossibilidade de justificá-lo com base numa pretensa lógica do conceito de desenvolvimento, cuja objetividade afinal desconhece toda diferença de valor entre os seus estágios.

Essa teleologia equivocada é favorecida por algumas expressões, cuja crítica permite sondar as camadas mais profundas dessa problemática. Não só se caracterizou muito precocemente, com base num conceito metafísico de desenvolvimento, a mulher como a "possibilidade" em relação à qual o homem seria a "efetividade"; como, além disso, atendo-nos agora à linha psicológica da própria mulher, o seu ser parece conter tantas possibilidades irrealizadas, tantas promessas não cumpridas, tantas energias latentes que só mesmo com o seu desenvolvimento rumo à atividade é que esse ser alcançaria a sua definição e revelaria plenamente os seus valores e realizações. Se o argumento anterior era mais coisa de antifeministas, esse outro aponta para a emancipação sem, entretanto, evitar uma conclusão equivocada semelhante àquela primeira. Pois nenhuma lógica ou empiria impede que talvez a otimização da essência feminina esteja ligada, justamente, ao estado latente de certas energias. Mesmo nesse estado latente, tais energias não são em absoluto nulas, e é um dogmatismo ingênuo pensar que todas as forças, todas as potencialidades só prestariam a sua mais valiosa contribuição à existência subjetiva e objetiva caso se encontrassem nesse estágio que designamos como o desenvolvimento pleno. Com efeito, as "possibilidades" de uma criatura não são profecias de uma atualidade à espera de sua eventual realização, flutuando como algo intangível acima dela, mas sim algo já inteiramente positivo, um presente característico que de forma alguma existe apenas na expectativa de uma formação futura, diferente. E então seria perfeitamente possível que o estado de uma criatura até então designado (de uma perspectiva apressada) como potencialidade já seja na verdade algo por si só efetivo, já seja o seu ápice, a expressão mais plena de seu ser que podemos conceber. Isso só parece implausível devido ao péssimo costume de considerar as capacidades de uma pessoa (sejam elas intelectuais ou simplesmente dinâmicas, criativas ou sentimentais, ou quaisquer outras) como entidades autônomas isoladas, que seguem existindo do começo ao fim por si mesmas, como cadeias de desenvolvimento que devem ser avaliadas nos próprios termos. Dessa perspectiva, pode até ser que cada uma dessas singularidades só produza uma imagem satisfatória ao atingir o máximo de seu desenvolvimento. Mas caso elas sejam concebidas como membros ou expressões de uma vida individual integral, que estaria por assim

Cultura feminina

dizer canalizada em todas as nossas capacidades individuais, reluz de imediato como algo possível e mesmo provável a ideia de que o desenvolvimento mais valioso para a personalidade plena e unitária está acima de todas aquelas cadeias nas suas mais variadas extensões, de que a vazão das potencialidades já não é um valor em si, mas sim que, ao servir a totalidade do indivíduo que está acima disso, será exigida em graus bem heterogêneos, para assim arcar com o aperfeiçoamento dessa totalidade de maneira orgânica.

E como é, então, que cada existência humana, a masculina inclusive, relaciona-se com esse problema das possibilidades e de suas atualidades? Em cada um de nós, residem possibilidades ilimitadas de atuação, e muitas vezes só aprendemos do que somos realmente capazes por estímulos ou premências vindos de fora. Trata-se aí, é claro, de elementos em tudo reais, psicologicamente positivos, que só concebemos como possibilidades na medida em que os examinamos buscando antecipar seus eventuais desdobramentos; por isso, se vista de perto, qualquer atualidade da nossa vida pode ser tratada como possibilidade, já que cada uma delas é ou pode ser desdobrada resultando em novas configurações efetivas. Contudo, no sentido estrito do termo, só desmembramos tais sequências interiores em possibilidade e efetividade, caso o seu último membro remonte num grau específico àqueles estados preparatórios que ou podem ser reconstruídos com base no desenvolvimento de suas consequências e em nada mais, ou vivem dentro de nós como sentimentos vagos e promessas mais ou menos incertas. Assim compreendido, o perímetro da nossa existência é, na maior parte de sua extensão, ocupado por possibilidades; o que somos como efetividade, como consciência plenamente desenvolvida, é somente o núcleo desse círculo, e uma vida confinada a esse núcleo, a essa efetividade, seria tão diferente e tão mais pobre do que a nossa, que sequer podemos concebê-la. Pois também somos essas potencialidades, que não são algo meramente latente ou inerte, mas sim algo que segue atuando — e isso nem sempre na direção insinuada pela nossa reflexão, ou seja, partindo da possibilidade até chegar a uma efetividade perfeitamente definida; pode até ser, afinal, que a direção seguida não leve a uma efetividade subsequente correlata à possibilidade inicial. Assim, pode ser que, da perspectiva masculina, determinado traço seja potencialidade, seja um não-desenvolvimento de valores finais, que só dariam sentido à sua possibilidade ao serem efetivados — quando esse mesmo traço já seria, na psique feminina, uma efetividade plena de sentido, algo que pode ser perfeito no contexto dessa vida integral, ou então oferecer suporte para o aperfeiçoamento desta.

Onde está presente essa estrutura diferenciada, ela também aparece como relativamente unitária, como estritamente fechada em si; com isso, pode-se talvez considerar essas duas aparências como expressões — obviamente simbólicas — de uma só conformação anímica. Sempre que os encadeamentos individuais só adquirem o seu significado para o modo de ser e para a consciência, para a vontade e para valoração ao chegarem ao ponto que identificamos como o seu desenvolvimento pleno, forma-se a imagem de uma existência centrífuga, bem saliente em alguns pontos, que realça intensamente a linha do desenvolvimento individual; nesse caso, o princípio do desenvolvimento e o da diferenciação convergem. Inversamente, ali onde o valor e a efetividade interna desse encadeamento se enlaçam quando se encontram no estágio da potencialidade e do não-desenvolvimento — duas expressões totalmente impróprias, posto que caracterizam algo significativo no presente referindo-o a um futuro, ou então algo positivamente efetivo por meio de uma mera negação —, a periferia dessa natureza há de permanecer mais próxima do seu centro, do ponto de onde emana a vida pessoal em geral. Quanto mais potencialidades (sempre no sentido da efetividade essencialmente determinante) ocupam essa periferia, tanto mais a sentimos como algo uniforme, ou seja, tanto menos a sentimos como algo cindido em singularidades dispersas a grandes distâncias umas das outras.

Menciono apenas dois traços específicos e bem isolados um do outro para ilustrar tal uniformidade da essência feminina, que, se talvez só possamos expressar com conceitos afinal tão negativos como os de indiferenciação, falta de objetividade etc., é porque a linguagem e a formação conceitual está, no que tem de crucial, ajustada à essência masculina. Peritos experientes em assuntos carcerários já ressaltaram mais de uma vez que, no tocante à contra-

Cultura feminina

tação de vigias mulheres em prisões femininas, o aconselhável seria admitir apenas mulheres com formação excelente. O detento do sexo masculino via de regra submete-se voluntariamente ao guarda, mesmo que este esteja bem abaixo daquele em termos de formação, enquanto as mulheres detentas quase sempre dão trabalho para as vigias de formação inferior à delas. Isso significa, portanto, que o homem separa a sua personalidade integral da relação particular em que se encontra no momento, vivenciando esta puramente como se apresenta a ele, sem imiscuir nela nenhum momento exterior. A mulher, por outro lado, não é capaz de deixar essa relação momentânea transcorrer como se fosse impessoal; ao invés disso, ela vivencia esse momento sem desligá-lo do seu ser unitário como um todo, e por isso estabelece as comparações e extrai as consequências que a relação da sua personalidade integral com a personalidade integral da sua vigia comporta. E, além disso, em segundo lugar, é sobre essa mesma constituição que deve repousar a maior sensibilidade, ou seja, a vulnerabilidade das mulheres — e não sobre uma estrutura mais delicada ou mais fraca dos elementos anímicos individuais. Podemos dizer, em sentido figurado, que a diferenciação insuficiente, a uniformidade fechada da essência anímica não permite que nenhum golpe limite-se apenas ao local atingido, de modo que cada golpe procede do ponto atacado diretamente à personalidade como um todo, onde então facilmente atinge todos os pontos possíveis, mesmo aqueles mais vulneráveis ou já feridos. Há quem insista que as mulheres se ofenderiam com maior facilidade do que os homens diante das mesmas circunstâncias; mas isso significa, justamente, que elas amiúde sentem um ataque singular, dirigido a um ponto individual, como um ataque que atinge toda a sua pessoa — porque são essas naturezas mais uniformes, cujas partes não romperam com o todo a ponto de ganharem vida própria.

Pode-se condensar essa estrutura básica da essência feminina — que, com o seu estranhamento diante da cultura especializada e objetiva, adquire apenas a sua expressão histórica — num traço psicológico: a fidelidade. Pois fidelidade afinal significa que o todo e a unidade da alma estão indissociavelmente ligados a cada um de seus conteúdos. Há mesmo unanimidade quanto à observação de que as mulheres são de essência mais fiel, quando comparadas aos homens, a começar por seu apego aos velhos pertences, tanto os próprios como os pertences da pessoa amada, e às "recordações", tanto as palpáveis como as mais íntimas. A unidade indivisa de sua natureza preserva a união de tudo que acaba se conjugando dentro dela, faz com que os valores e sentimentos uma vez vinculados a determinada coisa e envolvidos pelo mesmo centro que também a envolve aglutinem-se de tal maneira a ela que os torna praticamente inseparáveis. Já o homem é mais impiedoso, porque, graças à sua diferenciação, considera as coisas mais pela sua objetividade desprendida. A habilidade de se decompor numa multiplicidade de tendências essênciais discretas, de tornar a periferia independente do centro, de seguir autonomizando os interesses e atividades, livrando-as de sua vinculação uniforme — isso o dispõe à infidelidade. Pois então o desenvolvimento pode envolver ora um, ora outro interesse, permitir à pessoa que assuma várias formas, outorgar a cada tempo presente a liberdade plena de resolver-se por si mesmo e de modo puramente objetivo; mas, com isto, concede-se a ele uma tal profusão de tendências de atuação, uma tal falta de definições prévias, que acaba contradizendo a fidelidade. De acordo com a lógica da psicologia, a diferenciação e a objetividade são o contrário da fidelidade. Pois a fidelidade, que funde sem reservas o todo da personalidade a um interesse, sentimento ou vivência individuais e assim permanece simplesmente porque certa vez ali estiveram, impede aquele recuo do Eu diante de suas realizações individuais. O divórcio entre a coisa e a pessoa tem algo de infiel, e o jeito mais fiel de ser das mulheres repudia isso, criando uma separação intrínseca entre as mulheres e uma cultura produtiva, que é, por sua vez, objetivada devido à sua especialização e especializada devido à sua objetividade. A fidelidade sexual mais frouxa dos homens — um fato desmentido apenas pela misoginia dogmática, pelo falatório banal ou pela mera frivolidade — está justamente ligada a que para eles a mulher é em muitos sentidos considerada como "objeto"; por mais que a expressão conceitual possa parecer crassa e paradoxal, é com efeito nisto que se concentra toda a diferença entre a relação do homem com a mulher e a da mulher com o homem; nos casos em que aque-

Cultura feminina

la categoria não se efetiva, a diferença entre as duas direções da relação diminui de maneira surpreendente.

Se, portanto, as mulheres deixam a desejar em se tratando da realização objetiva da cultura, isso não precisa necessariamente significar uma falha dinâmica diante de uma pretensão universalmente humana, mas sim apenas uma inadequação entre um jeito de ser em que todos os conteúdos da vida existem com base unicamente na força de um centro subjetivo indivisível, a que estão imediatamente fundidos — e a validação num universo de coisas tal como construído pela natureza diferencial do homem. É certo que os homens são mais objetivos do que as mulheres. Mas considerar, como se fosse muito evidente, que isso seria algo mais pleno e que a vida seria mais frágil e "menos desenvolvida" por não separar o particular da totalidade — isso só é possível por meio de um círculo vicioso, já que desde o começo decide-se quanto ao valor do que é masculino e feminino recorrendo não a uma ideia neutra de valor, mas sim à masculina. É verdade que, por conseguinte, a saída só poderia estar num dualismo bastante radical: apenas se concedêssemos à existência feminina como tal uma base absolutamente diversa da masculina e uma corrente vital de orientação igualmente diversa, se concedêssemos duas totalidades de vida, cada uma das quais edificada segundo uma fórmula perfeitamente autônoma — só então seria possível que ruísse a confusão ingênua entre os valores masculinos e os valores em geral. Tal confusão é sustentada por relações históricas de poder, que encontram sua expressão lógica no fatídico duplo sentido do conceito do "objetivo": o que é objetivo aparece como ideia puramente neutra, situada a uma altura equidistante das parcialidades masculina e feminina; e, não obstante, o "objetivo" é ainda a forma particular de realização que corresponde ao jeito de ser especificamente masculino. Num caso, temos uma ideia cuja abstração transcende a história e a psicologia; no outro, uma criação histórica, originada da masculinidade diferenciada — de modo que os critérios derivados desta, ao serem transmitidos pela mesma palavra, recobrem-se com toda a idealidade daquela, e de modo que as criaturas cuja natureza não admite a validação nos termos da objetividade especificamente masculina parecem desclassificadas do ponto de vista da objetividade supra-histórica e humana por excelência (esta que a nossa cultura em geral não alcança ou só alcança bem esporadicamente).

Como aqui se intensifica a contrariedade atuante entre a essência mais universal das mulheres e a forma mais universal da nossa cultura, então a realização feminina será tanto mais tolhida no interior dessa cultura, quanto mais esse caráter sumamente universal e formal se imponha diante dela imediatamente como *exigência*: e o caso mais decisivo disso é o da criação original. Quando os conteúdos já formados são assimilados e elaborados por recombinação, é mais fácil que resulte disso uma adaptação ao caráter integral da província cultural; mas para que uma criação espontânea brote do que o sujeito tem de mais próprio, o exigido é uma formação total, absolutamente ativa, que parte do que há de mais elementar. No caso extremo disto, esse fazer não contém algo da forma universal nem sequer no próprio material; antes, a distância até ela precisa ser vencida pela alma criadora passo a passo, sem deduções. Resulta disso a progressão segundo a qual as atividades femininas são bem ou malsucedidas no interior de uma cultura objetiva, definida pela essência masculina. Entre as artes, seu verdadeiro domínio são as artes reprodutivas, do teatro (que ainda será discutido mais adiante, sob outro aspecto) e da performance musical até o tipo altamente característico da bordadeira, que usa sua habilidade e diligência incomparáveis justamente para repetir um modelo "dado"; nas ciências, chama a atenção a sua capacidade para a compilação e para o "trabalho pesado", e esse trabalho com o que já foi processado chega ao ápice nas suas grandes realizações como professoras, que, apesar de toda a autonomia funcional, transmitem algo dado etc. Resumindo, no contexto da cultura até aqui disponível, as mulheres são mais bem-sucedidas quanto mais o objeto de seu trabalho já tenha assimilado o espírito da cultura, i.e., o espírito masculino, e deixam mais a desejar quanto mais se exige a produção original, i.e., quanto mais elas só possam derramar as suas energias *originais* (nelas desde o começo dispostas de maneira diferente) dentro das formas exigidas pela cultura objetiva, ou seja, masculina.

Mas então essa cultura é masculina de um modo por assim dizer duplo. Não só porque ela procede numa forma objetiva e baseada na divisão do trabalho, mas também porque as implementações dessa forma, quer dizer, as realizações individuais, estão prefiguradas de certa maneira, e é dessa mesma maneira que os elementos a serem realizados estão condensados em profissões específicas — sendo essa, justamente, a maneira adequada à capacidade masculina, ao seu ritmo e intenção específicos. Assim, deixando de lado aquela dificuldade formal elementar, seria mais uma vez inadequado, seria mais uma vez uma renúncia à criação de novas intensidades e qualidades da cultura, caso as mulheres pretendessem tornar-se pesquisadoras ou técnicas, médicas ou artistas no mesmo sentido em que o são os homens. Isso certamente acontecerá com bastante frequência e aumentará de modo inestimável a quantia da cultura subjetiva. Porém, em se tratando da cultura objetiva e da acomodação das mulheres à sua forma, só se deve esperar que as mulheres tragam novas nuances e ampliações das fronteiras culturais, caso elas realizem *o que os homens não são capazes de realizar*. Eis o cerne de toda a questão, o fulcro da relação entre o movimento das mulheres e a cultura objetiva. Em certos domínios, bastará dividir a atividade hoje considerada como uma unidade objetiva (quando na realidade essa síntese de funções complementares era adequada à maneira masculina de trabalhar) para criar esferas de atividade especificamente femininas. Os trabalhadores ingleses implementaram esse princípio num domínio restrito e material. As mulheres muitas vezes aproveitaram-se do seu padrão de vida mais modesto e barato para cobrar um salário menor do que o dos homens, e disso resultou uma degradação do padrão salarial, de modo que em geral os sindicatos lutaram implacavelmente contra a utilização da força de trabalho das mulheres na indústria. Ora, alguns sindicatos, como o dos costureiros de algodão e o dos calceiros, encontraram uma saída com a introdução de uma lista de salários padrão para todo o trabalho da fábrica, inclusive para as menores funções complementares. Elas eram pagas de modo totalmente uniforme, quer fossem executadas por homens, quer por mulheres. Graças a esse modo de proceder, inicialmente concebido apenas para acabar com a concorrência entre homens e mulheres, desenvolveu-se como que por conta própria certa divisão do trabalho, de modo que as mulheres em certo sentido monopolizaram as funções adequadas à sua força física e habilidade, deixando para os homens aquelas compatíveis com as *suas* respectivas forças. O melhor conhecedor das relações entre os trabalhadores industriais na Inglaterra avaliou o seguinte: "Em se tratando de trabalho manual, as mulheres formam uma classe especial de trabalhadores, que têm capacidades e necessidades diferentes das dos homens. Para manter ambos os sexos nas mesmas condições de saúde e com a mesma capacidade produtiva, é amiúde necessário uma *diferenciação das tarefas*". Aqui, portanto, já se resolveu, de uma maneira por assim dizer ingênua, o grande problema do trabalho cultural da mulher, já se demarcou, com esse complexo de tarefas, a nova linha que reúne os pontos predestinados ao potencial especificamente feminino, consolidando-os como profissões específicas. Aqui já vigora a situação em que as mulheres fazem algo de que os homens não são capazes. Pois, ainda que estes até então o tenham feito, as tarefas cabíveis às energias femininas certamente foram melhor executadas graças ao trabalho específico das mulheres.

Não irei mais a fundo na discussão dessa possibilidade, que só no âmbito da prática deverá se tornar evidente (inclusive para o *conhecimento*), para me voltar a esta outra: a de que uma realização extremamente original e especificamente feminina cresça como que nas lacunas deixadas pela masculina. Mesmo no domínio da ciência, são possíveis apenas algumas indicações bem esporádicas, a começar, p. ex., pela medicina. Não está aqui em questão o valor prático e social da mulher médica — certamente muito grande —, que pode e faz tudo exatamente como o homem médico; antes, a questão é se devemos esperar dela um desses incrementos qualitativos da cultura médica que seriam inalcançáveis com os meios masculinos. E parece-me que a resposta a essa questão é positiva, já que tanto o diagnóstico como a terapia dependem em boa medida da empatia com a condição do paciente. Os métodos de investigação clínicos e objetivos muitas vezes não avançam quando não são complementados por um saber subjetivo acerca da condição e das sensações do doente — seja esse um saber imediato e instintivo, seja mediado pela fala. Considero esse conhecimento por empatia um *a priori* que atua sem exceções na arte mé-

Cultura feminina   305

dica, de que em geral só não nos damos conta por sua obviedade; é por isso também que ainda não se investigou as gradações disso, com suas condições e consequências bastante nuançadas. Mas entre tais condições, que sempre precisam estar presentes em *algum* grau — determinando então pelo seu grau o grau do conhecimento médico —, está certa analogia constitutiva entre o médico e o doente; a simulação mental da condição do paciente, que é um fato peculiarmente obscuro e ambíguo, mas não por isso menos efetivo, é sem dúvida sustentada pelo fato de que o médico é uma criatura semelhante ao paciente, e determinada pelo grau dessa semelhança. Nesse sentido, um psiquiatra muito experiente disse uma vez que só se poderia examinar totalmente a fundo e de uma perspectiva médica certas condições nervosas, caso se tivesse ao menos uma vez vivenciado em si algo semelhante. Impõe-se, portanto, a consequência de que, no tratamento de outras mulheres, a mulher médica não só fará melhores diagnósticos e terá um pressentimento mais refinado para o tratamento correto do caso individual, como também poderia descobrir, num registro puramente científico, os nexos típicos que não podem ser detectados pelo homem, prestando assim contribuições específicas para a cultura *objetiva*; pois a mulher tem justamente nessa constituição análoga uma ferramenta do conhecimento que é negada ao homem. E eu gostaria de acreditar que a maior franqueza das mulheres diante da médica — na ausência da qual, por motivos que não é preciso aqui mencionar, a prática revela que a paciente, talvez na maior parte das vezes, assume a postura contrária — também se origina do sentimento de que, em muitos assuntos, ela é melhor compreendida pela mulher como tal do que pelo homem; por isso, o fato aludido deve valer especialmente para mulheres das camadas mais baixas, cujos meios de expressão são deficientes e que portanto dependem mais de que a médica as compreenda por instinto. Assim, neste caso talvez as mulheres possam, *devido ao seu sexo*, realizar também no sentido puramente teórico algo em que o homem fracassa. — A partir desse mesmo pressuposto (a saber: o de que um conhecimento distinto é suportado por um ser distinto), a psique feminina poderia mostrar-se útil para a ciência histórica contribuindo com realizações específicas. A crítica do conhecimento expôs a falsidade e superficialidade daquele realismo segundo o qual a história científica seria uma reprodução a mais fotográfica possível do acontecer "tal como realmente foi", uma mera inoculação da realidade imediata na consciência científica. Agora sabemos que o "acontecer", que afinal não é como tal consciente, podendo apenas ser vivido, só se torna "história"[52] por meio da atuação de funções determinadas pela estrutura e pelas intenções do espírito conhecedor; é da particularidade dessa determinação que deriva a particularidade da criação resultante, a história. Com isso, a história de forma nenhuma torna-se algo "subjetivo", impermeável à distinção entre verdade e erro; antes, a questão é simplesmente que a verdade não repousa no espelhamento do espírito diante dos eventos, mas sim numa certa relação funcional com eles, bem como na circunstância de que as representações, ao seguirem suas próprias necessidades, ao mesmo tempo obedecem a uma exigência das coisas — que, qualquer que seja, em todo o caso não é a exigência de ser fotografadas por aquelas. Menciono aqui apenas um dos problemas que repousa nessa dependência inevitável da imagem histórica em relação à estrutura espiritual do historiador e à sua singularidade. Se restringíssemos o conhecimento histórico ao que é "empírico" e consolidado no sentido estrito do termo, teríamos apenas um monte de fragmentos desconexos; isso só se transforma nos encadeamentos unitários da "história" por meio de interpolações contínuas, de complementos com base em analogias, de arranjos conforme certos conceitos de desenvolvimento — como se sabe, é disso tudo que também depende até mesmo a descrição de uma multidão de rua feita por testemunhas oculares. Porém, sob essa camada, em que até mesmo os encadeamentos dos fatos imediatos só podem tornar-se coerentes e plenos de sentido por meio da espontaneidade do espírito, está uma outra camada formadora de história, que se configura inteiramente por meio dessa espontaneidade. Mesmo se todo o acontecer discernível pelos sentidos no universo humano fosse conhecido sem falhas,

---

[52] Temos aqui um jogo de palavras que não admite boa tradução; "acontecer" traduz *Geschehen*, e "história", *Geschichte*. (N. do T.)

Cultura feminina

tudo isso que se pode ver, tocar e ouvir seria algo tão indiferente e sem sentido como o passar das nuvens ou o ciciar dos ramos, se não fosse também considerado como manifestação anímica. Não se discute aqui o problema metafísico ou epistemológico, que diz respeito a como afinal o ser humano como um todo, no qual a existência sensorial e todo pensar, sentir e querer são uma unidade, poderia tornar-se acessível para nós com base nessa fração diminuta do seu ser que se transmitiu como história (um problema em que apenas se reitera a mesma coisa que se passa na vida cotidiana, mas numa formação e com uma complicação especiais). Basta estabelecer o seguinte: a concepção das personalidades históricas não é uma simples "cópia" do seu ser e acontecer interiores por parte do espírito concebedor, nem tampouco uma "projeção" da constituição anímica deste naquelas; tais alternativas não permitem nem examinar a possibilidade do acontecimento enigmático, nem explicá-lo. Antes, isso que designamos como o compreender de uma pessoa ou de um grupo de pessoas por parte de uma outra parece ser um fenômeno originário, do qual não é possível detectar um elemento mais simples ou causal, mas apenas, por assim dizer, algumas condições e consequências externas de sua ocorrência. Entre essas condições, está a peculiar relação de identidade e diferença entre o sujeito do conhecimento histórico e os seus objetos. Precisa estar presente certa identidade básica: o terráqueo talvez em última análise não pudesse "compreender" o habitante de um outro planeta, mesmo que toda a conduta externa deste fosse conhecida por aquele; e em geral compreendemos melhor os compatriotas do que os povos estrangeiros, os membros da família do que os estranhos, as pessoas de mesmo temperamento do que as de temperamento contrário. É claro que não conhecemos um espírito só porque somos idênticos a ele; porém, em alguma medida (ainda que o conceito quantitativo de medida seja aqui bem pouco adequado), essa identidade parece condicionar aquela compreensão. Mas isso não deve ser compreendido como um paralelismo que funciona na base da reprodução mecânica: não é preciso ser César para compreender César, nem Augusto para compreender Augusto; aliás, alguma diferença muitas vezes cria uma distância mais favorável ao conhecimento psicológico de um outro do que o faz o confinamento à mesmíssima constelação anímica. É evidente que a compreensão psicológica e, portanto, também a histórica define-se por uma relação muito variável, que ainda não foi em absoluto analisada, entre o seu sujeito e o seu objeto, que certamente não se elucida com a expressão abstrata de uma simples mistura quantitativa entre identidade e diferença. Mas, com base no que se indicou até aqui, já parece possível estabelecer o seguinte: fatos inquestionavelmente exteriores podem ser adotados por um número a princípio ilimitado de estruturas psicológicas; dentro de certa margem de jogo, decerto delimitada por construções fantásticas e frágeis por si sós, a mesma imagem exterior pode acabar gerando diferentes imagens internas (i.e., imagens de algo exterior interpretadas de uma perspectiva anímica) em almas diferentes, todas elas igualmente justificadas. Não se trata em absoluto apenas de hipóteses acerca de um mesmo estado de coisas, das quais só uma pode estar correta (embora, é claro, isso muitas vezes também ocorra); antes, elas se relacionam entre si mais ou menos como retratos feitos por pintores diferentes e igualmente qualificados a partir de um mesmo modelo, nenhum dos quais é "o certo" — ao invés disso, cada um é uma totalidade fechada, justificada por si mesma e pela sua relação particular com o objeto, de modo que cada um é testemunha de algo que simplesmente não tem espaço no testemunho do outro, mas que esse outro também não nega. Assim, por exemplo, a interpretação psicológica que as mulheres encontram em meio aos homens é muitas vezes fundamentalmente diferente daquela que as mulheres concedem umas às outras — o que também vale no caso inverso. Parece-me que, dos nexos assim indicados, resulta que, admitindo que a história seja psicologia aplicada, a índole feminina poderia ser a base para realizações inteiramente originais nesse âmbito. As mulheres como tais têm não só uma mistura de identidade e diferença com os objetos históricos distinta da dos homens e, com isso, a possibilidade de enxergar coisas diferentes das que eles enxergam, como também, graças à sua estrutura anímica específica, a possibilidade de enxergar diferentemente. Assim como elas, a partir de seu *a priori* essencial, interpretam a existência em geral de maneira diferente do que os homens, sem que essas duas interpretações este-

Cultura feminina

jam subordinadas à simples alternativa do verdadeiro ou falso — assim também o universo histórico poderia revelar, pelo *medium* da interpretação psicológica feita pelas mulheres, um outro aspecto da relação entre a parte e o todo. Por mais que essas possibilidades pareçam problemáticas e provisórias, por mais que pareçam importar apenas em consideração aos nexos elementares — ainda assim eu acho que poderia haver funções especificamente femininas na ciência histórica, realizações oriundas dos órgãos de percepção, empatia e construção específicos da alma feminina, que iriam desde a compreensão de movimentos populares obscuros e de motivações não confessadas pelas pessoas até a decifração de inscrições.

A objetivação da essência feminina nas produções culturais parecerá mais plausível no domínio da arte, em que já existem certos rudimentos nesse sentido. Ao menos na literatura, já existe uma série de mulheres que não têm a ambição servil de "escrever como um homem" e que não dão a entender, ao usarem pseudônimos masculinos, que não têm ideia do que podem realizar de realmente original e especialmente significativo como mulheres. É certo que, mesmo na cultura literária, trazer à tona a nuance feminina é muito difícil, já que as formas universais da poesia são produtos masculinos e por conseguinte provavelmente revelam uma inconsistência tácita e visceral ao serem preenchidas com um conteúdo especificamente feminino. Mesmo na lírica feminina, e aliás justamente na que consegue ser muito bem-sucedida, eu sinto com frequência certa dualidade entre o conteúdo pessoal e a forma artística, como se a alma criadora e a sua expressão não tivessem exatamente o mesmo estilo. Por um lado, a vida íntima, que urge pela sua objetivação na criação estética, não preenche totalmente os contornos dados por esta, de modo que, já que as demandas impostas pela forma precisam ainda assim ser satisfeitas, isso nesse caso só pode ocorrer com o auxílio de certa banalidade e convencionalismo; por outro lado, ou seja, o da interioridade, um resquício de sentimento e de vitalidade permanece sem ter sido formado e redimido. Talvez aqui se faça valer a expressão "a própria poesia já é traição". Pois parece que as duas necessidades do ser humano — a de desvelar-se e a de encobrir-se — estariam mescladas na psique feminina de maneira diferente do que na masculina. Mas acontece que as formas interiores tradicionais da poesia lírica — quer dizer, o seu vocabulário, o domínio sentimental a que se prende, a relação entre a vivência e o símbolo expressivo — estão, mesmo considerando toda a margem de manobra no caso individual, ajustadas a certo grau genérico de revelação anímica, a saber: o masculino. Ora, caso a alma feminina, cujo temperamento difere nesse aspecto, queira expressar-se nas mesmas formas, então é compreensível que, por um lado, surja facilmente certa insipidez (que, a bem da verdade, é característica de boa parte da lírica masculina, mas sem que isso se deva a um nexo tão *genérico*); e que, por outro ladro, surja essa indecência agressiva que, para algumas poetisas líricas modernas, brota como que por conta própria da discrepância entre a sua essência e o estilo tradicional da expressão lírica, enquanto, para outras, serve para documentar sua liberdade em relação à forma íntima da feminilidade. Em todo o caso, parece-me que em algumas publicações dos últimos anos ao menos já desponta à distância a formação de um estilo lírico como documentação de uma essência especificamente feminina. Além disso, é interessante que, no plano da canção popular, as mulheres são em muitos povos no mínimo tão produtivas quanto os homens, e produtivas num sentido igualmente original. Isso significa justamente que, no caso de culturas ainda não desenvolvidas, de uma objetivação do espírito ainda ausente, não há ensejo para a discrepância aqui questionada. Na medida em que as formas culturais ainda não tenham sido forjadas de modo específico e rígido, elas tampouco podem ser resolutamente masculinas; enquanto ainda se encontram no estado de indiferenciação (correspondente à maior homogeneidade dos corpos masculino e feminino entre os primitivos, constatada pela antropologia), as energias femininas ainda não estão na enrascada de ter que se expressar de uma maneira inadequada para elas, de modo que se formam livremente e seguindo as próprias normas — mas aqui ainda sem se diferenciarem das masculinas, como no caso hodierno. Nesse ponto, como em tantos outros desenvolvimentos, o grau mais elevado repete a forma do grau mais baixo: a criação mais sublime da cultura do espírito, a matemática, talvez esteja mais além do masculino e do feminino

Cultura feminina

do que qualquer outro produto do espírito, seus objetos não dão nenhum motivo para reações diferenciadas do intelecto. E isso explica por que foi justamente nela, mais do que em todas as outras ciências, que as mulheres chegaram a uma penetração profunda e a realizações significativas. A abstração da matemática está por assim dizer num ponto *ulterior* da diferença psicológica entre os sexos, do mesmo modo como aquele estágio da produção de canções populares estava num ponto *anterior* a ela. — A criação feminina de romances parece apresentar menores dificuldades do que as demais formas literárias; e isso porque, consoante o seu problema e a sua estrutura básica, o romance é o que tem a forma menos rígida e consolidada. O seu contorno não é inequivocamente delimitado, ele não pode reatar à sua unidade todos os fios que vão se desenrolando dentro dele, mas, ao invés disso, muitos desses fios correm como que para fora de seus limites rumo ao indeterminado; seu realismo inevitável não admite despojar-se do caos da realidade com um ritmo tão irredutível e uma estrutura tão ostensivamente regrada, como nos casos da lírica e do drama. Com as formas rígidas de ambos, neles está dado um *a priori* masculino, do qual a volatilidade e plasticidade mais arbitrária do romance está livre, de modo que o instinto da mulher literária a levou desde o começo ao romance como o seu domínio próprio. Sua forma, justamente por não ser "forma" num sentido muito rigoroso, é suficientemente flexível para permitir a alguns romances modernos tornarem-se criações especificamente femininas.

Ora, é nas artes visuais, que dispensam a dependência da palavra rigorosamente transmitida, que se chegou talvez mais perto de uma cunhagem do ser feminino em obras caracteristicamente femininas. Não há mais dúvida de que todas as artes plásticas dependem das relações entre a mente e o corpo, da maneira de converter os movimentos anímicos em físicos, das sensações de inervação, do ritmo da vista e do tato. O modo em parte mais imediato e em parte mais reservado com o qual a vida íntima das mulheres ganha visibilidade, seu modo específico, determinado anatômica e fisiologicamente, de movimentar-se, a relação com o espaço que necessariamente decorre da velocidade, amplitude e formação peculiares de seus gestos — por isso tudo, só podemos esperar delas uma interpretação e composição particulares das aparências nas artes que lidam com o espaço. Se é correto para o conhecimento teórico que o espaço está na alma, então o gesto mostra que a alma está no espaço. A gesticulação não é simplesmente o movimento do corpo, mas sim o movimento visto como expressão de uma entidade anímica. Por isso, ela é uma das pontes e pressupostos mais essenciais da arte, cuja essência é afinal que o visual seja o veículo e a revelação de uma entidade anímica, espiritual, mesmo que nem sempre no sentido da psicologia. Com a gesticulação, o ser humano por assim dizer ocupa com o espírito uma parte do espaço que é por ela designada. Compreenderíamos a espacialidade de modo totalmente diverso, se é que a compreenderíamos, se não nos movêssemos nela, e o modo como tais movimentos se dão é o que sustenta o modo dessa compreensão. É claro que o artista não transpõe mecanicamente os seus gestos na sua imagem, mas o modo como ele se move no espaço, passando por inúmeras conversões e mediações, acaba sim definindo a sua interpretação visual das manifestações espaciais. Isso talvez alcance a maior nitidez no caso do caráter caligráfico que foi determinante para a pintura do leste asiático: nesse caso, o traço imediatamente revela o traçado fisiológico da mão, e o estímulo que provoca está na leveza, ritmo e naturalidade do movimento da mão, tal como capturados pela mediação visual. Com os gestos particulares das mulheres, a particularidade de seu trejeito anímico se revela o mais diretamente possível numa forma externa observável. Assim, seu ritmo interior objetivou-se desde muito cedo na dança, já que nela o esquematismo das formas tradicionais dá um espaço incomparavelmente amplo para a impulsividade, graça e gesticulação individuais. Estou convencido do seguinte: caso se fixassem os movimentos das verdadeiras artistas da dança como linhas ornamentais, elas seriam tais que homem nenhum seria capaz de executá-las, não importa por meio de que inervações (a não ser que as imitasse conscientemente). Até que a psicofísica e a estética avancem muito mais, só se pode indicar de modo tateante e incomprovado que a mulher pode muito bem ter uma relação com o espaço diferente da do homem — o que pode derivar tanto de sua peculiaridade psicofísica, que transcende a história, como do confinamento histórico da sua

Cultura feminina

esfera de atividade ao âmbito doméstico. Os gestos de uma pessoa dependem do espaço em que ela costuma se mover. Compare-se os gestos das pinturas alemãs do século XV com os das pinturas italianas dessa mesma época, e observe-se em seguida, lado a lado, as casas nobres de Nuremberg e os palácios italianos. Todo esse aspecto tímido, encarquilhado, constrangido dos gestos — que faz com que as vestes que recobrem tais gestos pareçam ter ficado por muito tempo dobradas do mesmo jeito no armário — nada mais é, senão o trejeito das pessoas habituadas a se movimentarem apenas em espaços estreitos. O confinamento dos movimentos femininos às "quatro paredes" não me parece em absoluto ter consequências ligadas apenas à sua estreiteza, mas sim sobretudo à homogeneidade e à familiaridade duradouras com esse ambiente. Uma vez que o homem, ao atuar "fora", movimenta-se em espaços variados, nebulosos, que eles dominam menos, falta-lhes amiúde esse jeito apanhado, desenvolto e placidamente equilibrado que constitui a graça especificamente feminina; essa graça pode surgir pelo movimento continuado por espaços nos quais, digamos, não se tem mais nada a conquistar, que já se transformaram completamente na extensão física da personalidade. Por isso mesmo, essa graça nada denota de puramente estético, mas é possivelmente um jeito específico de sentir o espaço, uma relação específica entre o interior não-espacial do movimento e o seu respectivo visual espacial; como eu disse: não há atualmente comprovação possível para tal, mas parece plausível que, nas artes para as quais o essencial é a composição do espaço, a relação específica com o espaço indicada pelos gestos femininos eventualmente permitirá uma objetivação em obras especificamente femininas — exatamente como os modos particulares pelos quais as pessoas do leste asiático, da Grécia e do Renascimento sentiam o espaço acabou se condensando nos seus estilos artísticos.

Mas o que há de específico na realização feminina revela-se de modo perfeitamente inequívoco no teatro, e aliás não somente porque aí o papel é, dependendo do seu conteúdo, uma tarefa feminina, mas sim por conta da essência mais profunda do teatro em geral. Não há outra arte em que a obra e a totalidade da personalidade estejam tão profundamente unificadas como o estão no teatro. A pintura, a poesia e a música certamente têm seu fundamento no ser humano pleno, de corpo e espírito; entretanto, elas transmitem as suas energias por canais que fluem num único sentido, sendo que a obra emerge só no fim desse fluxo, de modo que boa parte dessas energias acaba ficando invisível — e isso ocorre até mesmo na dança, já que ela suprime a fala, e na performance musical, já que nesse caso o visual é irrelevante. Nessas artes, o que forma a expressão temporal disso é a separação entre o momento atual da criação e o produto que segue existindo de modo autônomo, ao passo que o teatro não pode deixar nenhum intervalo possível entre o processo e o resultado da realização; aqui, os seus aspectos subjetivo e objetivo coincidem de modo incondicional num único momento da vida, e assim proporcionam o correlato ou a forma prefigurada daquele encaixar-se sem reservas da personalidade integral na manifestação artística. Se é que afinal existe algo como uma fórmula da essência feminina, ela se alinha com essa essência do teatro. Pois — preciso aqui reiterar o que afirmei acima — as inúmeras observações a respeito do diferencial da psique feminina podem ser assim resumidas: para ela, o Eu e o seu fazer, o centro da personalidade e a sua periferia, fundem-se mais estreitamente do que no caso do homem; ela converte mais imediatamente o acontecimento interior na sua expressão (contanto que tal acontecimento não precise ser encoberto por conta da moral ou do interesse), resultando na conexão peculiar que permite que, entre as mulheres, as alterações anímicas traduzam-se em corporais com uma facilidade muito maior do que entre os homens. Essa é justamente a razão mais profunda — da qual nos ocuparemos mais adiante — pela qual as mulheres costumam deixar a desejar no âmbito da criação da cultura objetiva: elas não remetem o seu fazer a uma objetividade que segue existindo além do fazer; o fluxo de sua vitalidade interior procede sem nenhuma mediação da sua fonte à sua foz. Isso que facilmente aparece como uma falha — embora seja um equívoco, pois na realidade trata-se de um jeito de ser próprio e positivo, situado no polo oposto ao masculino — é, no teatro, a estrutura mais íntima da realização; ali, onde justamente dispomos da obra por um único momento, já não é possível separar o interior e o exterior, a exposição do im-

Cultura feminina

315

pulso central e a sua manifestação já exposta, ou seja, o resultado do fazer não pode ser objetivado em contraste com o fazer. O nexo estreito de todas as partes essenciais, que a mulher transforma não numa essência subjetiva (como tão amiúde se ouve), mas sim numa essência para a qual a separação entre o subjetivo e o objetivo realmente inexiste — é justamente esse nexo que se desenha, digamos, na "ideia" estética e perfeitamente suprassubjetiva do teatro, em que a vida interior, não sendo dividida por nenhum hiato temporal, espacial ou objetivo, traz em si mesma sua expressividade visual e auditiva. Não é por acaso que os povos romanos, aos quais um instinto difícil de substanciar desde sempre outorgou um caráter de certo modo feminino, são os verdadeiros povos do teatro.

Ora, o teatro contém um emaranhado de elementos últimos que além disso o põe numa relação distinta e bem fundamental com a essência feminina. A poesia dramática retrata a continuidade dos destinos que vão se desenrolando, sendo inexoravelmente movidos por sua lógica interna. Já que o ator converte esses destinos em sensações, e que o visual que ele apresenta não é uma simples transposição do texto poético que lhe confere a concretude plena e natural, mas sim uma obra de arte em si mesma, governada pelas próprias normas valorativas — então aquele acontecer que flui sem intervalos e que é por assim dizer o acontecer inerente ao drama desmembra-se numa sequência de imagens sensíveis mais ou menos permanentes, que estão submetidas a uma lei definidora de sua beleza. É de uma maneira peculiar que as categorias do devir e do ser chegam nesse caso a uma harmonia: a inquietação perene do destino é envolvida pela serenidade atemporal da beleza, presente tanto no cenário na sua totalidade como na aparência do ator individual. Mas aquela harmonia pode ser ajustada de diversas maneiras, pode-se realçar mais o devir, ou seja, o destino e a atividade, ou mais o ser, que é nesse caso, por assim dizer, a seção transversal aparente que corta o destino no seu proceder contínuo. Quanto mais se realça o ser, tanto mais a performance torna-se adequada à essência feminina, e tanto mais se cumpre com isso aquela exigência objetiva da cultura imposta às mulheres: realizar o que o homem não é capaz de realizar. É por isso, aliás, que um dos nossos mais eruditos teóricos do teatro destacou que, quando as mulheres realmente desempenham papéis ativos no drama, ou seja, papéis que mudam o seu destino, elas acabam sempre adquirindo traços masculinos.

E aqui a questão da "beleza" — que aparentemente implica um desvio em relação ao nosso objeto, mas que com efeito relaciona-se de perto com o significado cultural mais profundo da mulher — exige uma série de reflexões à parte. O costume banal e repulsivo em designar as mulheres como o "belo sexo" traz em si, apesar de tudo, uma pista relevante. Caso haja uma polaridade dos valores essenciais, configurada de modo que um deles represente a relação formadora e ambiciosa com uma exterioridade real ou ideal, e o outro, a perfeição da existência fechada em si mesma, ajustada a todos os elementos do seu ser de acordo com sua própria harmonia interior — então pode-se designar o primeiro valor como "relevância", e o último como "beleza". O que é relevante põe "algo" em relevo,[53] a relevância é decerto um ser, mas um ser transitivo, que extrapola o próprio perímetro ao tornar-se realização, ganho, conhecimento, atuação, e que, por mais que de resto domine a si mesmo, extrai dessa relação a medida do seu valor. Se reduzíssemos a uma expressão abstrata todas as inúmeras variantes do dever-ser considerado historicamente como "masculino" — ou seja, deixando de lado a ética humana universal —, chegaríamos ao seguinte: o homem deve ser "relevante"; isso, claro, contanto que se despoje a palavra de todas as deturpações acidentais do seu uso vulgar. E caso se resuma, correspondentemente, o dever histórico "feminino" a este imperativo: a mulher deve ser bela — então isso também é válido apenas no sentido amplo e abstrato, que não admite de forma nenhuma reduzir a beleza a algo como um rosto bonito. Dizer que uma velinha corcunda pode ser "bela" não é em absoluto uma violação do conceito. Pois, no seu sentido pleno, esse conceito denota a integridade do ser fechado em si mes-

---

[53] Temos aqui mais um jogo palavras. "Relevância" traduz *Bedeutendheit*, que é, literalmente, a qualidade abstrata de algo que é relevante, importante, significativo (*bedeutend*); "pôr em relevo" traduz, por sua vez, *bedeuten* (significar, denotar). (N. do T.)

Cultura feminina

mo como um todo, integridade essa que sortiu a obra de arte, a mais fechada das obras humanas, com a sua relação tantas vezes mal-entendida com a "beleza" — e que, bem entendida, está tanto na unidade entre o interno e o externo, com todo o seu simbolismo amiúde repleto de meandros, como na capacidade de repousar em si, sempre de modo autônomo, mesmo com toda sua existência-para-os-outros. Enquanto o homem parte para fora de si mesmo e descarrega a sua força na sua realização, de modo a "pôr em relevo" algo que em certo sentido está fora dele, seja de modo dinâmico ou ideal, seja criando ou demonstrando — enquanto isso, a ideia essencial da mulher é aquela ligação contínua com a periferia, aquela delimitação orgânica cujas partes essenciais estão em harmonia tanto entre si, como na sua relação uniforme com o seu centro — exatamente como na fórmula do belo. Afinal, no simbolismo dos conceitos metafísicos, a mulher é a que é [*die Seiende*], e o homem, o que se torna [*der Werdende*];[54] por isso, ele precisa conquistar o seu significado buscando-o numa coisa ou numa

[54] Simmel refere-se aqui às categorias centrais do Ser (*Sein*) e do Devir (*Werden*), que são um tópico recorrente do seu pensamento, e que já apareceram algumas vezes ao longo do livro; ele as discute mais detidamente no segundo capítulo de seu *Hauptprobleme der Philosophie* [Problemas centrais da filosofia], de 1910. Na passagem em questão, Simmel constrói dois neologismos, *die Seiende* e *der Werdende*, que são formas substantivadas criadas a partir do particípio presente dos verbos *sein* e *werden* (diga-se que *werden* é um verbo muito mais trivial, polissêmico e multifacetado no alemão do que o equivalente no português, de modo que o contraste com o verbo *sein* "faz mais sentido" para um filósofo alemão). O neologismo *die Seiende* poderia ser diretamente traduzido como "a ente", mas a construção análoga em português não parece ser uma opção, restando perífrases como "o que devém, o que se torna, o que vem a ser" (*der Werdende*). Observe-se que, embora *Seiende* seja um termo corrente e mais fácil de encontrar em dicionários (ao contrário de *Werdende*), Simmel o registra, por razões que dispensam explicação, como substantivo feminino, quando o registro padrão e gramaticalmente correto seria o neutro (*das*, e não *die Seiende*). Nesse ponto, convém primeiro apontar que, diferentemente do português, o alemão opera com três gêneros; e, segundo, que a norma, nesse caso quebrada de propósito por Simmel, dita que substantivos criados dessa maneira a partir de formas verbais devem ser sempre de gênero neutro. (N. do T.)

ideia, num universo histórico ou cognitivo, enquanto a mulher deve ser bela no sentido em que o belo é "feliz em si mesmo". É claro que essa relação entre o princípio feminino e o princípio da beleza (em que a beleza é pensada, por assim dizer, não como valor, mas sim simplesmente como uma formação da existência) também se manifesta na aparência física em si. Os motivos de Schopenhauer para afirmar que o corpo masculino é mais belo não me parecem satisfatórios. Também nesse caso pode-se considerar o masculino mais como algo *relevante*. A compleição mais forte dos músculos usados para o trabalho, a finalidade decididamente mais visível da estrutura anatômica, a expressão da força somada ao aspecto agressivo e por assim dizer angular das formas — isso tudo é a expressão menos da beleza e mais da relevância, i.e., da possibilidade do extrapolar-se, do contato eficiente com algo exterior. Pois a "finalidade" do corpo *feminino* não é voltada a um contato desse tipo, mas sim a uma função ou passiva, ou que transcorre além da atividade e da passividade. O rosto imberbe, a ausência de órgãos sexuais secundários dispostos de modo a interromper a fluidez do contorno do corpo, a distribuição arredondada e uniforme da gordura subcutânea — isso tudo põe o corpo feminino muito mais no caminho do ideal estilístico da "beleza" do que no do ideal ativo da "relevância". Para o ideal da beleza, as formas arredondadas são mais adequadas do que as angulares, pois conferem visibilidade à relação com um centro uniformemente congruente por todos os lados e, com isso mesmo, também à integridade fechada em si, na qual a essência feminina encontra a sua expressão simbólica. Portanto, a qualidade da beleza é mais patente na aparência feminina do que na aparência masculina — mesmo que apenas no sentido de que a mulher traz consigo uma predisposição natural maior para a beleza; correspondentemente, no âmbito anímico, embora as mulheres de maneira nenhuma sejam todas "belas almas", ainda assim trazem na sua estrutura psíquica a intenção dessa forma de existência livre de conflitos, cuja unidade suspende como que automaticamente as contrariedades da vida masculina, envolvendo a ideia na sua efetividade; de modo que a bela alma encontra realização empírica quase que exclusivamente nas mulheres. Ora, assim como, em geral, a obra de arte dispõe da

Cultura feminina

magia que permite reunir numa unidade natural séries valorativas que na realidade empírica correm de modo independente e sem relação umas com as outras, sendo que a essência mais profunda da obra de arte talvez esteja nessa capacidade — assim também o ator vincula o acontecimento dramático à beleza visual (duas séries em si completamente distintas uma da outra), chegando assim a uma unidade artística. Fora a dança, que é nisso semelhante ao teatro, não há outra arte cuja beleza dependa de modo tão imediato da performance pessoal — e não do resultado da performance —, o que vale tanto para a inércia do momento, como para a desenvoltura dos gestos; pois como a continuidade incessante do acontecer e do mover-se é revestida pela serenidade da beleza visual, surge o fenômeno específico da "graciosidade". O ator masculino responde àquela exigência mais no âmbito valorativo da relevância, mas a atriz (não importa o quanto essa outra exigência também se imponha a ela) já está inclinada pela fórmula da sua essência a realizar a síntese teatral por meio da assimilação do conteúdo dramático a essa fórmula. —

Vou interromper aqui a discussão sobre as possibilidades de demarcar, dentro do domínio geral da cultura, aquelas províncias destinadas às criações femininas, para me voltar agora aos dois domínios de realizações femininas que são, ou supostamente são, criadores de cultura em larga escala, a saber: a casa e a influência das mulheres sobre os homens. Mesmo quem se refere à "casa" atribuindo-lhe o maior valor, na verdade acaba sempre associando esse valor às realizações domésticas individuais, e não à categoria da vida em geral que ela de fato representa. Eis o esquema peculiar seguido por uma série de criações culturais da máxima importância: por um lado, criações dessa espécie são parte da vida como um todo, estão coordenadas a outros domínios igualmente delimitados pela sua forma essencial, compondo junto e em interação com eles a totalidade da nossa existência individual, social e espiritual. Mas, por outro lado, cada um desses domínios compõe *todo* um universo, i.e., uma forma em que os conteúdos da vida em geral são assimilados e com isso regulados, tratados e vividos conforme uma lei específica. Da primeira perspectiva, a estrutura da nossa existência aparece como uma soma de conteúdos entrelaçados, formados; da outra, como uma espécie de soma de universos, cada um dos quais abarca o mesmo conteúdo da existência numa forma em cada caso específica, ou numa forma que representa certa totalidade. É assim com a religião, com a arte, com a vida prática, com o conhecimento. Cada um deles é uma parte da vida, formando em conjunto — em combinações variáveis, atuando ora como elementos primários, ora como secundários — a unidade de toda uma existência tanto individual como pública. E, entretanto, cada um deles é também *todo* um universo, i.e., todos os conteúdos da vivência podem ser vividos sob o aspecto do seu significado religioso, todas as coisas estão a princípio sujeitas às possibilidades de formação artística, tudo que o mundo nos oferece pode se tornar objeto da atitude ético-prática, o âmbito de tudo que é dado constitui ao mesmo tempo quer a efetivação, quer a tarefa do conhecimento. A realização empírica desses universos formados cada qual por sua respectiva lei formal apriorística é obviamente bastante fragmentária. A hegemonia de toda lei formal do gênero é sempre refreada pela situação histórica dada, e a incorporação dos conteúdos é delimitada pela força e duração de vida dos indivíduos. Mas a princípio há tantas totalidades universais como há formas dessa espécie, e todo conteúdo precisa, para ser vivenciado, encaixar-se ao menos numa delas — fora das quais só é exprimível como ideia abstrata. Há também criações concretas que atuam à maneira dessas formas, com certas restrições. É o caso do Estado. Dentro da totalidade de uma vida, mesmo naquela mais engajada no Estado, este é afinal apenas um elemento ao lado de outros, que pertencem aos demais círculos de formação dos nossos interesses. Mas, por outro lado, o Estado pode ser considerado uma forma universal, em cuja organização e esfera de influência podem ser de algum modo implicados todos os conteúdos da vida — ainda que os Estados históricos realizem essa possibilidade elementar nos mais variados graus. E, finalmente: também a "casa" desempenha esse duplo papel categorial. Por um lado, ela é um elemento da vida dos seus participantes, que, com seus interesses pessoais e religiosos, sociais e espirituais (por mais consideráveis ou mínimos que eles possam ser), vão além da "casa", construindo sua vida ao combiná-la com aqueles interes-

Cultura feminina

ses; mas, por outro lado, a casa é com efeito uma modalidade específica em que *todos* os conteúdos da vida ganham forma, não havendo — ao menos não no âmbito da cultura europeia mais desenvolvida — um único interesse, um único ganho ou perda de tipo interno ou externo, um único domínio de algum modo afetado pelos indivíduos que não conflua, junto a todos os demais, na síntese peculiar da casa, que não se sedimente de algum modo nela. A casa é uma parte da vida e ao mesmo tempo uma maneira peculiar de agrupar, refletir e formar a vida como um todo. A grande realização cultural da mulher foi ter concretizado isso. Aí está uma criação objetiva cuja qualidade não é comparável a nenhuma outra, e que foi cunhada pelas capacidades e interesses, pela sensibilidade e intelectualidade específicos da mulher, pelo ritmo da sua natureza como um todo. Embora os dois significados da casa que mencionei — ou seja: como uma parte e como um todo — sejam válidos para ambos os sexos, o seu grau é distribuído de tal modo que para o homem a casa significa mais uma parte da vida em geral, e, para a mulher, mais uma totalidade da vida formada de maneira específica. Por isso, o sentido da casa não se esgota (quer objetivamente, quer para a mulher) com qualquer de suas tarefas individuais, nem mesmo com a que diz respeito aos filhos; antes, a casa é um valor e um fim autossuficientes, sendo nisso análoga à obra de arte — que, embora todo o seu significado cultural subjetivo esteja no efeito que tem para quem a aprecia, é ainda assim dotada de um significado objetivo, que segue apenas a sua própria perfeição, que obedece às próprias leis. Se muitas vezes não se tem clareza da formação cultural da casa, tal como indiquei, isso se deve aos detalhes fluidos, lábeis de sua aparência, postos à serviço dos assuntos cotidianos e pessoais — diante dos quais se ignora o significado cultural objetivo da *forma* na qual a casa realiza a síntese dessas realizações fluidas e passageiras. Em todo caso, isso que a "casa" possui para além da soma de suas realizações momentâneas e como a sua formação peculiar em termos de valores duradouros, ou seja, em termos de influências, memórias e organização da vida — isso está, a cada momento, mais radicalmente ligado à vida variável e pessoal do que é o caso das realizações objetivas de estirpe masculina. Aqui seria possível, avançando ainda mais com a abstração, indicar uma correlação universalmente humana. Com seu dualismo, sua inquietação e sua entrega à indeterminação do devir, a essência masculina (tal como designada pelo contraste com a essência feminina, para além das modificações individuais) precisa encontrar a sua redenção na atividade objetivada. Todas as diferenciações flutuantes do processo da cultura, com as quais o homem (sendo a seguinte expressão simbólica talvez necessária) desgarrou-se do solo do ser natural, de certo modo produziram um contrapeso na obra permanente, objetiva, supraindividual, a que tende o trabalho cultural do homem como tal, seja ele rei ou peão. Poder-se-ia concluir que o ser humano em geral precisa de certa mistura ou proporção entre estas duas tendências básicas: o devir e o ser, a diferenciação e a concentração, a entrega ao decurso do tempo e a suspensão dele por algo ideal ou substancial. Mas, mesmo com tais abstrações, não é possível expressar essas contrariedades na sua pureza: elas são elementos essenciais formais do ser humano, que tornam-se apreensíveis para a consciência apenas junto a algum material específico, inerente ao seu funcionamento. A maneira como elas se combinam no tipo feminino é exatamente contrária a como se combinam no tipo masculino, tal como acima indicado. Nós sentimos a mulher muito menos sob a ideia do devir do que sob a do ser — por mais indefinido e sugerido apenas à distância que tal conceito seja. Mas parece mesmo que a unidade, a naturalidade, o estar-concentrado-em-si pelos quais a essência feminina destaca-se da masculina encontra aí a sua categoria abstrata. Ao passo que a sua "contrapartida", e, com isso, aquele balanço da existência universalmente humana, encontra-se no caráter dos conteúdos da atividade feminina: que são fugidios e que se entregam às individualidades, que devêm e desaparecem com a exigência do momento, que não atuam construindo um universo cultural suprapessoal e em certo sentido permanente, mas sim servindo ao cotidiano e às pessoas que permitem edificar tal construção. Em função disso, a mesma correlação ocorre neste outro caso, agora com certa especificidade: embora a mulher apareça, em relação ao homem (que é por assim dizer nascido para ultrapassar os limites), como a natureza fechada, cercada por limites rígidos — mesmo assim, nas suas realizações artísticas, ela deixa a desejar

Cultura feminina

justamente lá onde prevalece a integridade rígida da forma: no drama, na composição musical, na arquitetura. Com a reserva de que tais simetrias conceituais não são construções rígidas, mas apenas representam um núcleo reduzido, em torno do qual gravitam milhares de variáveis, então podemos dizer que a essência e a sua validação têm papéis invertidos nos sexos: um, na sua essência mais profunda, está num incessante devir, atua de modo expansivo, enreda-se no jogo temporal de um dualismo íntimo, enquanto na sua validação atua com o que é objetivo, permanente, substancial; a outra, concentrada em si mesma e assentada no próprio sentido, para validar-se dedica-se à vida que flui, sem orientar-se por nenhum resultado que não possa ser reintegrado nesse πάντα ῥεῖ dos interesses e aspirações atuais.[55]

Ora, já que a casa possui essa estrutura peculiar — ou seja: permite não só que todas as linhas do cosmos cultural de algum modo confluam na sua integridade serena (presente ao menos na sua ideia), como também que o fazer e criar transcorram dentro dela numa unidade interna, dotada de uma concretude permanente —, a ela compete aquela relação real e simbólica com a essência feminina, graças à qual a casa acabou se tornando o grande feito cultural da mulher. — O outro significado cultural que se atribuiu à mulher segue uma fórmula completamente distinta, e pode ser expresso mais ou menos da seguinte maneira: a realização cultural original e objetiva das mulheres consistiria em que a alma masculina seria em grande parte moldada por elas. Assim como fazem parte da cultura objetiva, por exemplo, a realidade da pedagogia ou a influência jurídica das pessoas umas sobre as outras, ou mesmo a tratamento de um material por parte de um artista — assim também fariam parte dela as influências, formações e transformações efetuadas pelas mulheres, e devido às quais a alma masculina é exatamente como é. As mulheres expressariam a si mesmas ao formarem a alma masculina, elas criariam assim um constructo objetivo e possível apenas por elas, bem no sentido em que é dado

---

[55] O termo em grego significa "tudo flui", sendo uma famosa expressão atribuída a Heráclito. (N. do T.)

falar da criação humana em geral, que significa sempre uma resultante da influência criadora e das forças e determinações próprias do seu objeto. Seguindo nesse argumento, seria possível dizer que a obra da mulher é o homem, já que com efeito os homens seriam diferentes do que são, se as influências das mulheres sobre eles não ocorressem; e isso obviamente se estenderia ao fato de que o comportamento e a atividade dos homens, resumindo, toda a cultura masculina, baseia-se em parte na influência ou, como já disseram, na "inspiração" das mulheres. Entretanto, há nisso certa confusão. Não importa o quão forte seja essa "influência" — ela só adquire um significado para a cultura objetiva ao converter-se, nos homens, naqueles resultados que correspondem aos modos de ser *masculinos* e que só podem ser engendrados *neles*. Isso é radicalmente distinto de toda produção cultural verdadeira, cujos conteúdos são primeiro transformados em outros e só então tornam-se suscetíveis aos diversos efeitos que ela eventualmente possa provocar. A nossa cultura é masculina não apenas pelos seus conteúdos acidentais, mas também por sua forma como cultura objetiva, e do fato de que os seus portadores ativos sofram influências (por mais fortes que sejam) das mulheres não decorre que essa cultura como tal torne-se "feminina", em qualquer sentido que seja — assim como uma cultura sulista, cujos portadores sofrem a maior influência do clima quente no tocante às suas atividades, tendências e conteúdos de vida, não é por isso uma cultura "quente". Aquela teoria do significado cultural "indireto" da mulher incorre numa profunda confusão categorial: confunde a transmissão de um conteúdo substancial-espiritual (que a partir daí pode seguir influenciando o processo de vida do receptor) com uma influência imediata sobre essa própria vida, que dispensaria a mediação de algum conteúdo de certa forma atemporal, que idealmente poderia se desatrelar do seu portador. Essa diferença se verifica em todas as relações das pessoas umas com as outras, desde a mais efêmera até a que tem a maior importância histórica, nas suas inúmeras combinações práticas: numa das alternativas, um sujeito influencia o outro do mesmo modo como o avanço dos raios do sol afeta o crescimento da planta, ou como a tempestade arranca as suas raízes, quer dizer, provocando um resultado que não está em absoluto prefigu-

Cultura feminina

rado na parte responsável pela influência, de modo que a causa e o efeito não estão vinculados por nenhuma *igualdade de conteúdo*; na outra alternativa, essa igualdade entre eles existe, e o que assim se criou persiste na sua identidade — como um presente, mas um presente que, por ser espiritual, não deixa de ser propriedade de um quando passa a ser propriedade de outro. Ali se transfere um efeito da vida, aqui um conteúdo da vida. Aquele efeito pode não raro ser mais profundo, pode trazer os segredos das derradeiras reverberações e transformações vitais entre uma pessoa e outra; mas é o outro caso que é efetivamente cultural, é ele que converte o ser humano numa essência histórica, no herdeiro das criações da sua espécie, é ele que revela que o ser humano é de essência objetiva. É só nesse caso que o ser humano recebe o que o outro possuiu ou possui, enquanto no primeiro recebe-se algo que o próprio doador não tinha, algo que se converte numa nova criação dentro do próprio receptor, sendo determinado unicamente pela essência e pelas energias deste último. É só na medida em que, dentro do espírito, o processo vital separa-se dos seus conteúdos — no que se baseia a primeira e também a última possibilidade da cultura —, que a influência das pessoas umas sobre as outras se liberta da causalidade pura e simples (na qual o efeito é, por assim dizer, morfologicamente indiferente quanto à causa), permitindo então que o receptor realmente tenha o que é dado pelo doador, e não apenas o seu respectivo efeito. Aquela teoria segundo a qual a realização cultural das mulheres está na sua influência sobre os homens confunde esses dois significados da palavra "influência". Ela só pode mesmo ter em vista algo distinto da transmissão de um conteúdo que as mulheres teriam criado para os homens. Mesmo a "moderação dos costumes", que se poderia afinal aqui mencionar, remonta em grau bem menor às mulheres do que a tradição vulgar gostaria. Nem a abolição da escravidão no começo da Idade Média, nem a da servidão, que veio depois; nem a humanização das práticas de guerra, com o tratamento oferecido ao inimigo derrotado, nem a eliminação da tortura; nem a introdução eficiente da assistência aos pobres em larga escala e, nem a superação da lei do mais forte — nada disso, até onde sabemos, remonta à influência feminina. Antes, a superação das atrocidades absurdas deve-se justamente a uma objetificação da vida, a uma coisificação que despoja a atividade propositiva de todas as impulsividades, excessos e miopias subjetivas. É claro que a objetividade pura (dentro da economia monetária, por exemplo) traz consigo rigores e faltas de escrúpulo que talvez não surgissem caso os procedimentos fossem mais pessoais, ou seja, mais movidos pelo sentimento. Contudo, a "moderação dos costumes" não resulta disso, mas sim dos desenvolvimentos puramente objetivos do espírito, que ostentam justamente o que a cultura tem de especificamente masculino. O tipo segundo o qual uma pessoa dá a outra o que ela mesma não tem alcançou a sua mais intensa realização na relação das mulheres com os homens. A vida e até a espiritualidade de muitos homens seria diferente e mais pobre, caso eles não recebessem algo das mulheres. Mas o que recebem não é um conteúdo da vida que existiria como tal nas mulheres — ao passo que o que os homens dão à vida espiritual das mulheres costuma ser algo já convertido numa forma consolidada. O que as mulheres dão é, dito de forma paradoxal, algo mais imediato, é um ser que permanece dentro delas e que, ao entrar em contato com o homem, desencadeia algo nele que não possui a menor semelhança fenomenológica com aquele ser; é algo que só se torna "cultura" dentro do homem. É somente sob essa modificação que se pode compreender que as mulheres sejam as "inspiradoras" das realizações masculinas da cultura. Mas, se nos ativermos a um sentido mais imediato, que envolva o próprio conteúdo, isso não procede: não se pode chamar Raquel de "inspiradora" do trabalho de Jacó, e nesse mesmo sentido Dulcineia de Toboso tampouco "inspirou" os feitos de Dom Quixote, assim como não o fez Ulrike von Levetzow em relação à "Elegia de Marienbad".[56]

Portanto, em termos gerais, a casa permanece a grande realização cultural das mulheres, pois a estrutura peculiar da casa como uma categoria da vida (nos termos que indiquei) possibilitou que as naturezas em geral mais afastadas da objetificação da sua

[56] Trata-se de um poema de Goethe, a propósito de sua relação com a baronesa Ulrike von Levetzow (1804-1899). (N. do T.)

vida pudessem ainda assim realizá-la, e isso no mais alto grau. A administração doméstica está, numa medida proeminente, entre aquelas categorias culturais da "originalidade secundária", que sublinhei no início destas páginas. Estão aí prefigurados certos fins típicos e certas formas universais de realização, mas ainda assim referidos à variabilidade individual, às decisões e responsabilidades espontâneas inerentes a situações irrepetíveis. Assim, a profissão das donas de casa é, apesar de toda a sua pluralidade, regida por um sentido inteiramente unitário, e é desse modo uma criação intermediária entre a produção do Eu como criador original e a mera repetição de formas prefiguradas de atividade; isso é o que fundamenta a sua posição na cadeia dos valores sociais. Há uma série de profissões masculinas que não requerem nenhum talento específico e entretanto não são inferiores, que não são necessariamente criadoras e individuais e entretanto não privam o indivíduo de um posto social: é o caso das profissões jurídicas e de várias profissões comerciais. A profissão das donas de casa também possui essa formação social: ela pode ser executada por qualquer pessoa de talento meramente mediano e entretanto não é subalterna, ou pelo menos não precisa sê-lo. Deve-se aqui reiterar uma observação que há muito tornou-se trivial. Já que o desenvolvimento moderno afasta um número cada vez maior de mulheres da profissão de dona de casa, tal profissão se torna cada vez mais intrinsecamente vazia para as restantes, o que se deve à misogamia dos homens, à dificuldade imposta ao casamento com a individualização crescente, à redução do número de filhos, à expatriação de inúmeros aspectos produtivos para fora da casa — de modo que a camada de atividade da originalidade secundária se fecha cada vez mais para as mulheres, que são compelidas à alternativa entre profissões ou muito elevadas ou muito rasteiras: nas mais elevadas e espiritualmente produtivas, elas dependem sempre de um talento absolutamente excepcional, ao passo que as profissões inferiores permanecem abaixo das suas pretensões sociais e pessoais. Como correlato para a carreira jurídica, que é inespecífica mas não subalterna, elas possuem apenas a profissão da dona de casa, descontando outras áreas demasiado restritas; pois considerar como tal a profissão de professora é um engano desastroso, que só pode ser explicado pela necessidade urgente de uma profissão intermediária como essa; na realidade, a atividade pedagógica exige uma predisposição exatamente tão específica como qualquer atividade científica ou artística.

Sendo esse o aspecto fornecido pela realidade histórica tal como está dada, então torna-se naturalmente muito mais difícil mensurar as possibilidades futuras (na direção do que foi acima indicado) existentes para uma cultura objetivamente feminina, para a produção daqueles conteúdos que os homens como tais não são por princípio capazes de realizar. Caso a liberdade de movimento da mulher, recentemente almejada, leve a uma *objetificação da essência feminina*, assim como a cultura atual é uma objetificação da essência masculina, e não a repetições idênticas do mesmo conteúdo da cultura atual, nesse caso apenas operadas por mulheres (algo cujo valor específico não ponho em discussão) — então com isso realmente se descobriria uma nova parte do universo da cultura. Podemos aqui considerar como ideal do movimento das mulheres não uma "humanidade autônoma", como já se chegou a designá-lo de um outro ponto de vista, mas sim uma "feminilidade autônoma"; isso simplesmente porque, se levarmos em conta a identificação histórica do masculino com o humano, aquela humanidade se revelaria como masculinidade, assim que os seus conteúdos fossem observados mais detalhadamente. Todas as proposições alinhadas àquele outro ponto de vista remontam ao fato de que as mulheres querem tornar-se e possuir aquilo que os homens são e possuem. Não contesto o valor disso, mas, do ponto de vista da cultura objetiva, não é *esse* o valor que deve ser ponderado, mas apenas a *feminilidade* autônoma, i.e., o desatrelar do elemento especificamente feminino em relação à imediaticidade do processo fluido da vida rumo à autonomia de criações reais e ideais. Seria mesmo possível ir tão longe em prol desse ideal a ponto de consentir que a sua condição *mais imediata* seria o seu extremo oposto, ou seja: o nivelamento mecânico da educação, dos direitos, das profissões e dos comportamentos; poder-se-ia mesmo pensar que, como a realização e a posição das mulheres foram por tanto tempo mantidas numa desigualdade tão desmedida diante dos homens, isso teria tolhido a elaboração de uma objetividade especificamente feminina, de modo que seria agora preciso que se passasse ao extremo oposto disso, à igualdade desmedida, antes que se pudesse edificar uma nova síntese que superasse tal extremo, a saber: uma cultura objetiva enriquecida com a nuance do feminino — assim como há hoje individualistas extremos que são socialistas, pois presumem que só com a passagem por um socialismo nivelador teríamos uma hierarquia verdadeiramente natural e uma nova aristocracia, em que se teria realmente o predomínio dos *melhores*.

Entretanto, não discuto aqui nem os caminhos para uma cultura feminina objetiva, nem quantos dos seus conteúdos teriam a chance de chegar à realização. Mas persiste um problema formal que não se pode ignorar, situado no plano dos princípios, que, por todas as ponderações feitas até aqui, é forçoso considerar como o problema mais profundo e de última instância: pode ser que afinal a objetivação de seus conteúdos contradiga o ser especificamente feminino no que ele tem de mais íntimo; pode ser que só por colocar essa questão, só por impor essa exigência, incorra-se no mesmo equívoco que foi aqui tantas vezes condenado: transpor para a essência feminina um critério de realização que deriva precisamente da essência distintamente masculina. O conceito da cultura objetiva aparece como um conceito tão abstrato que, mesmo que historicamente fosse preenchido apenas com conteúdos masculinos, ainda assim poderia dar lugar à ideia de sua futura concretização feminina. Mas talvez a cultura objetiva — considerada não como o seu conteúdo disponível até aqui, mas sim como tal, como forma de validação em geral — seja tão heterogênea em relação à essência feminina que uma cultura objetiva feminina seria uma *contradictio in adiecto*.

Ninguém nega que as mulheres individuais cheguem a criações culturais objetivas ou possam a elas chegar; mas com isso ainda não se resolve se o feminino como tal (ou seja, algo de que homem nenhum é capaz) está ou não objetivado nessa criação. A ideia de que se reconhece o ser humano nas suas obras só é válida quando vigorosamente modificada: às vezes somos mais do que a nossa obra, às vezes (por mais paradoxal que isso soe) a nossa obra é mais do que somos, e às vezes, as duas coisas são como que estranhas uma em relação à outra, coincidindo apenas em trechos acidentais. Não podemos dizer com absoluta certeza se em alguma criação cultural — além da "casa", com a sua estrutura particular — a unidade da essência feminina realmente tornou-se "espírito objetivo"; por isso mesmo, é tanto mais provável que o que inibiu a cultura especificamente feminina seria não o acaso dos conteúdos individuais da cultura e do seu desenvolvimento histórico, mas sim uma discrepância elementar entre a forma da essência feminina e a da cultura objetiva em geral. Quanto mais radicalmente a essência masculina e a feminina assim se separam, tanto menos decorre dessa cisão a desclassificação das mulheres (que é costumeiramente dela inferida), e tanto mais autonomamente o seu universo se edifica sobre um alicerce inteiramente próprio, sem dividi-lo com o universo masculino, nem depender do empréstimo dele — com o que, é claro, podem surgir inúmeros elementos comuns, posto que de forma nenhuma tudo o que o ser humano faz e vive origina-se daquele fundamento último do seu caráter feminino ou masculino. Nesse caso, seria possível alcançar e até mesmo deixar para trás o ponto mais extremo a que o ideal de autonomia e equivalência das mulheres pode chegar no âmbito da observação da história da cultura — ou seja: uma cultura objetiva feminina, paralela à masculina, que acabaria abolindo a idealização, imposta à força pela história, da cultura objetiva masculina. Aquele monopólio masculino da cultura objetiva retornaria, mas agora como algo legítimo, pois, como princípio formal, seria de antemão unilateralmente masculino, ao lado do qual a forma feminina de existência — que não pode ser medida pela escala masculina, e sem que os conteúdos de um princípio descuidem dos conteúdos similarmente formados pelo outro — apresentar-se-ia como uma forma distinta e independente do ponto de vista de sua essência última. O seu sentido não tenderia mais à equivalência *dentro* da forma universal da cultura objetiva, mas sim a uma equivalência entre dois tipos de existência dotados de um ritmo totalmente diverso: um deles, o dualista, estaria voltado ao devir, ao saber e ao querer, objetivando os seus conteúdos de vida de modo a sacá-los do processo vital e encaixá-los num dos universos da cultura; enquanto o outro, situado além da dualidade instalada no sujeito e

Cultura feminina

desenvolvida no objeto (no sentido indicado), precisaria, por isso mesmo, buscar para si uma perfeição voltada para dentro, ao invés de fruir os seus conteúdos vitais numa forma que lhe é em certo sentido externa. E por isso seria então possível rejeitar a expressão anterior, segundo a qual as mulheres possuiriam um *universo* próprio, incomparável com o masculino quanto ao fundamento. Pois a essência feminina é concebida no sentido radical que visa descrever não a mulher individual, mas sim o princípio da sua peculiaridade; sentido radical que, se agora de fato reconhece a equivalência segundo a qual "objetivo = masculino", o faz para suprimir de um modo ainda mais fundamental aquela outra, segundo a qual "masculino = humano"[57] — de modo que talvez a consciência feminina não se formule em absoluto como um "universo". Pois um "universo" é uma forma dos conteúdos da consciência obtida pelo pertencimento de cada um deles a um todo, em que cada parte está fora de todas as demais, estando a soma dessas partes em certo sentido fora do Eu. Trata-se aí, portanto, do ideal — jamais plenamente realizável — de um Eu cuja função transcendental é o partir para fora de si mesmo, é a composição de seu exterior. Tal universo estaria, portanto, fora de questão como categoria transcendental, sempre que a essência metafísica das unidades anímicas, ao invés de orientar-se pela direção dualista-objetivista, definisse a si mesma como um aperfeiçoamento do ser e do viver.

[57] As aspas foram acrescentadas pelo tradutor. (N. do T.)

Sobre o autor

Georg Simmel nasceu em 1858, em um prédio situado num dos cruzamentos mais movimentados de Berlim, o que pode ser lido como um augúrio sobre a sua conexão com a vida urbana e o tema das grandes cidades. Foi o último dos sete filhos de uma rica família de ascendência judaica convertida ao cristianismo, e casou-se em 1890 com Gertrud Kinel, com quem teve um filho, Hans Simmel.

Toda a sua formação superior fez-se na Universidade de Berlim (hoje Universidade Humboldt), onde estudou filosofia e história, doutorando-se em 1881, com uma tese sobre Kant. Lecionou nessa mesma universidade entre 1885 e 1913, sem jamais integrar formalmente, no entanto, o corpo de professores da instituição. Apesar de suas aulas serem muito frequentadas, e de se firmar como um dos intelectuais mais influentes de Berlim, Simmel só obteve uma cátedra em 1914, na Universidade de Estrasburgo (então parte do Império Alemão), onde permaneceria até a sua morte, em 1918, pouco antes do fim da Primeira Guerra Mundial. As demais tentativas de obter a cátedra em outras universidades acabaram frustradas, em grande parte por conta do antissemitismo crescente. Foi com o coração pesado que Simmel deixou Berlim, como revelam as cartas que enviou a seus amigos, e que chegaram até nós. Na despedida, a revista semanal *Die Gegenwart* publicou um artigo com o título "Berlim sem Simmel", lamentando a ida do influente professor e criticando a universidade local por não lhe conceder um posto fixo.

Fundador da *Deutsche Gesellschaft für Soziologie* — a Sociedade Alemã de Sociologia — ao lado de Ferdinand Tönnies, Max Weber, Werner Sombart e outros, Georg Simmel influenciou por meio de suas aulas, conferências e livros mais de uma geração de importantes pensadores, dentre eles Georg Lukács, Karl Jaspers, Karl Mannheim e Walter Benjamin.

Autor de mais de duzentos artigos, ensaios e resenhas, colaborou assiduamente com jornais, revistas e periódicos científicos de seu tempo e teve muitos de seus artigos acadêmicos publicados no exterior ainda em vida. Entre os mais de vinte livros que escreveu, podem ser destacados: *Os problemas da Filosofia da História* [*Die Probleme Der Geschichtsphilosophie*, 1892], *Filosofia do dinheiro* [*Philosophie des Geldes*, 1900], *Schopenhauer e Nietzsche* [*Schopenhauer und Nietzsche*, 1907], *Sociologia* [*Soziologie*, 1908], *Pro-*

blemas fundamentais da filosofia [*Hauptprobleme der Philosophie*, 1910], a coletânea de ensaios *Cultura filosófica* [*Philosophische Kultur*, 1911, revista em 1918], os estudos estéticos *Goethe* [1913] e *Rembrandt* [1916]; e as reflexões metafísicas contidas em *Visões da vida* [*Lebensanchauung*, 1919] — livro que terminou de revisar quando estava moribundo, e ao qual dedicou suas últimas energias.

ESTE LIVRO FOI COMPOSTO EM SABON
PELA BRACHER & MALTA, COM CTP E
IMPRESSÃO DA EDIÇÕES LOYOLA EM
PAPEL PÓLEN SOFT 80 G/M² DA CIA.
SUZANO DE PAPEL E CELULOSE PARA A
EDITORA 34, EM NOVEMBRO DE 2020.